Rainer Kirsch
Werke II

Rainer Kirsch
Erzählungen & Porträts

Werke / Band II

Eulenspiegel Verlag

Sauna
oder
Die fernherwirkende Trübung
Erzählungen

Die Rettung des Saragossameeres

Es waren ein grüner und ein roter Wal. Beide schwammen im Meer. Wir wollen uns über die Welt erzählen, sagte der eine, ich schlage vor, über Plankton. Das heißt, du willst über dich erzählen, sagte der andere, Plankton ist deine Leibspeise, auch ich soll über dich erzählen. Bedenkst du, daß hier das Eismeer ist, sagte der grüne Wal, manchmal fürchte ich, wir sind zu groß. Daß wir groß sind, hält uns warm, sagte der andere. Wir wollen tauchen und Erfahrungen sammeln.

Das Saragossameer gibt es, oder gibt es nicht, ein Schiff jedenfalls segelte darüber hin, an Deck ein junger Mann, sein Haar wehte im Wind. Es gibt einfache Tätigkeiten, sagte der junge Mann, die fest sind, ich will sie fest nennen. Ein Segel aufziehen, an Deck stehen, den Kurs ändern, oder ihn halten. Die Sonne ist eine Naturerscheinung, aber auch sie bedeutet etwas, sie geht auf und unter, ich segele, aus solchen Verhältnissen setzt sich das Glück zusammen. Sicher ist auch, daß die Balearen Inseln sind und im Ozean liegen.

Du hast die Entfernung vergessen, sagte eine Stimme. Der junge Mann erschrak, es war niemand an Deck. Er sagte: Ich werde zum Philosophen werden, daß ich mit mir selber rede. Er hielt sich mit der Linken fest und schützte mit der Rechten die Augen vor der Sonne. Etwas Blinkendes schwamm neben dem Schiff schnell in den Wellen. Delphine, sagte der junge Mann. Er hörte es lachen. Du willst sagen, ich irre mich, sagte der junge Mann, denke nicht, ich hätte nichts von Halluzinationen gehört, eine

Fahrt zu den Balearen ist lang, man verschafft sich seine Unterhaltung.

Ich bin eine Hexe, sagte die Stimme. Sie näherte sich, er sah ihren Rücken und rötliches Haar. Sie schwamm in gleicher Geschwindigkeit mit dem Schiff, ohne die Arme zu bewegen. Das Leben ist interessant, sagte der junge Mann, ständig begegnet mir etwas. Wie das, sagte die Hexe, wie ihm schien spöttisch. Ich vergleiche Neugier dem Fahren auf Schonern, sagte der junge Mann, dennoch ist, finde ich, in deinem Ton etwas Unpassendes. Du bist jung und schwimmst geschickt, wenn du wie jetzt auf der Seite liegst, hinterläßt deine linke Brust eine eigene schmale Kielspur. Hast du einen Fischschwanz?

Glaubst du, ich verzichte auf alles, sagte die Hexe. Sie richtete sich auf, es schien, als stützte sie den rechten Arm auf eine Welle. Gegen die Sonne erkenne ich deine Augen nicht, sagte der junge Mann, aber deine Worte klingen nach einer Enttäuschung. Die Hexe schwieg. Ich dachte es mir, Affairen, sagte der junge Mann, demnach bist du freiwillig Hexe geworden? Jeder wählt, was er wird, sagte die Hexe, wußtest du das nicht? Die Sonne stand jetzt günstiger, der junge Mann sah, wie die Hexe ihr Haar als Segel in den Wind oder als Steuer gegen die Wellen stellte.

Ein Märchen ohne Trompeten, was ist das, sagte der rote Wal. Wir werden lange schwimmen müssen, sagte der andere. Er blies eine Fontäne und schwieg. Auch ich habe eine Zeitlang den Landweg erwogen, sagte der rote Wal. Vergiß nicht, sagte der andere, unser Aufenthalt wird uns zustatten kommen. Das Saragossameer, sagte der rote Wal, ist unsicher, wir könnten uns in den Tauchtiefen irren. Wir wollen uns später nichts vorzuwerfen haben, sagte der grüne Wal. Schwimmen wir.

Sie waren gut vorangekommen, der junge Mann bemerkte fliegende Fische, auch schienen Delphine dem Schiff zu folgen. Er sagte: Trompeten in der Luft, oder ein Schloß, die Krieger sprengen auf die Zugbrücke, der Held aber, sieben Speere im Schild, durchrennt mit diesem die feindlichen Reihen und gelangt zum Zelt des feindlichen Königs, das aus weißer Seide ist, mit den stumpfen Enden der Speere reißt er es auf, mit der Rechten die Königstochter vom Lager, so gewannen sie früher die Schlachten. Was sind Geschichten, sagte die Hexe. Ich verstehe, sagte der junge Mann, du bist hier, um mich zu verzaubern. Dieses Gerede von Fischschwänzen, sagte die Hexe, auf dem ganzen Weg bin ich kaum drei Nixen begegnet. Um verzaubert zu werden, mußt du dich fürchten oder es selber wollen. Von beidem bin ich gleich weit entfernt, sagte der junge Mann. Die Hexe streckte den linken Arm und überholte das Schiff. Ein Schwarm fliegender Fische senkte sich herab, die Sonne verschwand.

Die Dinge, sagte der rote Wal, liegen schwieriger, als ich annahm. Ich werde ein Wanderer werden und durch die Steppe gehen. Und ich werde Russisch lernen, sagte der grüne Wal. Glücklichen Weg, ich wünsche dir Erfolg. Den letzten Satz verstand der rote Wal nicht, er war auf russisch. Er antwortete: Auch die Steppe kann Gewinn an Erfahrung bringen.

Der junge Mann erwachte, er sah nach den Segeln, korrigierte den Kurs, übergoß sich mit Seewasser und briet Fisch zum Frühstück. Er legte sich auf Deck und wartete. Ich kann mich ebensogut entschließen, sagte er kurz darauf. Er trat an die Luvseite, die Hexe schwamm gleichauf mit dem Schiff. Ich habe Fisch zum Frühstück gebraten, sagte der junge Mann. Was versprichst du dir, wenn ich hinaufkomme? sagte die Hexe. Ich will zu den Balearen, sagte der junge Mann. Angenommen, sagte die Hexe, du gelangst hin, wem wirst du davon erzählen, wenn auf dich niemand wartet? Es gibt einfache Tätigkeiten, sagte der junge Mann, die glücklich machen, ich könnte Beispiele anführen. Die Hexe streckte einen Arm und begann das Schiff zu überholen. Es ist gut, rief der junge Mann, ich bin bereit. Er sprang von Bord, Wasser schlug über ihm zusammen.

In der Steppe, zwischen Rjasan und einem anderen Ort, ging eine dicke Gestalt, sie nährte sich vom eigenen Fett und kehrte in den Dörfern ein, wo sie eine Tasse Schafsmilch nahm und sich mit den Weisen unterhielt. Zur selben Zeit erschien bei einem Mongolenfürsten eine andere dicke Gestalt, verbeugte sich und bot ihre Dienste an. Ich habe einen Krieg vor, sagte der Mongolenfürst. Ich beherrsche das Russische, sagte die Gestalt. Du bist eingestellt, sagte der Fürst. Der Krieg begann und gelangte in die Gegend zwischen Rjasan und dem anderen Ort; in einem Dorf erbrachen die mongolischen Reiter das Haus eines Weisen, ergriffen, was darin war, und brachten es vor den Fürsten. Mein Fürst, sagte der Dolmetscher, erlaubst du eine Bitte? Du beherrschst das Russische und hast mir das Muschelessen beigebracht, sagte der mongolische Fürst, beides sind schätzbare Eigenschaften. In diesem Fall, sagte der Dolmetscher, bitte ich, diesen Gefangenen freizulassen. Könntest du aufhören, in fremden Sprachen zu reden, murmelte einer der Gefangenen. Was ist das für eine Sprache, fragte der Fürst. Ein Dialekt, antwortete der Dolmetscher. Es ist gut, sagte der Fürst. Der Dolmetscher und der freigelassene Gefangene traten vor das Zelt. Haben wir noch Zeit? fragte der eine. Es kann sein, antwortete der andere, aber morgen werden wir den Fluß nehmen und meerwärts schwimmen. Einen Monat später verlor das mongolische Heer den Krieg, der Fürst hatte unzuverlässige Dolmetscher gefunden, einer von ihnen erdolchte ihn im Schlaf.

Wieso, fragte der junge Mann, ertrinke ich nicht? Es wurde dunkler, Fische und Kraken zogen vorbei. Du bist verwandelt, sagte die Hexe. Hier sind keine Spiegel, sagte der junge Mann, das Leben hat mich Vorsicht und Zuversicht gelehrt, es handelt sich um rein wissenschaftliches Interesse an meiner jetzigen Gestalt. Du bist ungeduldig, sagte die Hexe, es stellt sich heraus.

Eine Seenelke schwamm vorüber. Die Hexe pfiff, die Seenelke kehrte zurück. Es ist nicht recht, daß du mich anhältst, sagte sie, in letzter Zeit geschieht hier viel Sonderbares, man kommt kaum zum Singen. Dann sind die Sirenen endgültig fortgezogen, sagte die Hexe. Gewiß, sagte die Seenelke; wird es bekannt, werden alle die Gegend verlassen, möglicherweise bricht der Ozean zusammen, wenn niemand darin ist. So haben wir Seenelken es übernommen, gelegentlich helfen die Schildkröten, aber sie halten den Ton nicht. Ich wollte dich fragen, ob du junge Männer verschlingst, sagte die Hexe. Ich liebte sie, antwortete die Seenelke, jetzt bin ich alt und lebe für meine Kinder. Würdest du diesem sagen, wem er ähnlich ist, sagte die Hexe. Er lebt, sagte die Seenelke, aber seit ich mich auf das Singen konzentriere, haben die Augen nachgelassen, man hat nicht nur auf die Frequenz zu achten, es soll auch klingen. Was ist mit den Höhlen, fragte die Hexe. Es sind mehr geworden, antwortete die Seenelke, wir singen jeden Tag und hoffen, wir können es aufhalten. Sie entfernte sich singend. Habe ich recht verstanden, werde ich kämpfen müssen, sagte der junge Mann. Sie erzeugen den Ton durch Zittern mit den Nesselfäden, erklärte die Hexe. Du mußt ausruhen und essen. Wie soll ich wissen, was jetzt meine Nahrung ist, sagte der junge Mann, da ich nicht weiß, in was du mich verwandelt hast. Die Hexe schwieg. Der junge Mann versuchte, sie zu küssen. Ich rate dir ab, sagte die Hexe, du könntest blind werden. Ist es sehr wahrscheinlich, fragte der junge Mann? Bisher, antwortete die Hexe, wurden es alle, aber auch das Gegenteil kann eintreten. Sie küßten sich. Ich kann nicht sicher behaupten, daß ich schärfer sähe, sagte der junge Mann, in jedem Fall sehe ich. Zu seiner Rechten öffnete sich eine Höhle, er faßte die Harpune und trat ein.

Es muß sich um das Schwarze Meer handeln, sagte der rote Wal, bist du nicht der Meinung, wir hätten uns in den Städten umhören sollen? Man kann nicht mit allem rechnen, antwortete der grüne Wal, wir müssen es durch Geschwindigkeit ausgleichen. In der Steppe, sagte der rote Wal, war die Rede von einem unterirdischen Seeweg, allerdings bezweifle ich, daß sie sich Meere vorstellen können. Wir sind zu tief in der Geschichte, um jetzt aufzugeben, sagte der grüne Wal. Wir wollen etwas Plankton nehmen und nach unserem Gewissen handeln. Sie verdoppelten die Geschwindigkeit.

Der junge Mann stieß auf eine metallene Kiste, sie mochte von einem untergegangenen Schiff stammen. Er brach die Kiste mit der Harpune auf und fand Gin, Fruchtsaft und Rauchfleisch, er aß und trank. Ein Laternenfisch schwamm auf ihn zu, das Wasser erzitterte. Es wird zum Kampf kommen, sagte der junge Mann, besser, du verläßt mich. Davon ist keine Rede, sagte der Laternenfisch, notfalls gehe ich aus.

In der Tiefe der Höhle blitzte es auf. Vor dem jungen Mann erschien eine Flunder, umgeben von zehn Schwertfischen. Ich nehme an, sagte der junge Mann, ihr seid eine Abordnung. Mit Freude, antwortete die Flunder, bemerken wir, daß das Rauchfleisch dir zusagt, und grüßen dich als unseren Verbündeten. Das weckt mein Interesse, sagte der junge Mann. Du hast deine endgültige Gestalt noch nicht angenommen, und wir zweifeln nicht, daß du unseren Vernunftgründen folgen wirst, sagte die Flunder, du wirst dich für uns entscheiden. Die Vernunftgründe, sagte der junge Mann. Fest steht, sagte die Flunder, daß die Sirenen die Gegend verlassen haben. Daraus folgt, daß, wenn das bekannt wird, das Saragossameer von allen Lebewesen, eingeschlossen die Alge, verlassen werden wird. Daraus folgt, da ein unbewohntes Meer nicht zusammenhalten kann, daß der Ozean einstürzt. Dies vorausgesetzt, welche Maßnahmen würdest du ins Auge fassen?

Die Sirenen zurückholen, sagte der junge Mann. Es ist die Logik der Dinge, sagte die Flunder. Fest steht, daß weder Bitten noch Bestechung die Sirenen zur Rückkehr bewegen. Verleumder streuen aus, dies liege an gewissen Aktionen unsererseits, sie sind zur Rechenschaft gezogen. Ich spreche nicht von den singenden Seenelken, genauer den ehemals singenden Seenelken, genauer den ehemaligen Seenelken. Da Sirenen über so gut wie kein Abstraktionsvermögen verfügen, bleibt allein, ihnen die Folgen ihres Weggangs praktisch vor Augen zu führen. Kurz, um den Einsturz des Saragossameeres zu verhindern, muß man es zum Einsturz bringen, wir denken an ein System untereinander verbundener Höhlen.

Wenn, sagte der junge Mann, ich mich eurer Art zu folgern nicht anschließe? Wir lieben die Logik, antwortete die Flunder, und der Anblick dieser Schwertfische mag dir die Klarheit unserer Absichten deutlich machen. Der junge Mann glitt in eine Grotte, mit Hilfe der metallenen Kiste hielt er den Zugang schmal. Den ersten Schwertfisch tötete er, ebenso den zweiten und dritten, der vierte und fünfte verloren ihre Schwerter am Metallmantel der Kiste, im sechsten blieb die Harpune. Der junge Mann ergriff ihn und drehte ihn gegen seine Gegner, das Tier tötete in seiner Raserei die vier übrigen. Das Wasser war trübe vom Kampf, der junge Mann erschöpft. Ich fürchte, sagte die Flunder, du gibst dich Illusionen hin. Das Vorgefecht hat seinen Zweck, uns in Kampfstimmung zu versetzen, ausgezeichnet erfüllt. Was dort in der Tiefe der Höhle aufblitzt, sind Flundern. Du wirst einige von uns töten, aber rechne nicht mit einer abschreckenden Wirkung, die vorderen Zehntausend sind Wahlflundern, sie brennen darauf zu beweisen, daß sie nicht nur die äußere Gestalt wechselten, sondern als Flundern fühlen. Du kannst für dich anführen, daß deine Gestalt undeutlich konturiert ist, doch werden wir die Grotte mit unseren Leibern füllen; einfache Logik sagt, daß, wo kein Fels und keine Flundern sind, du sein mußt. Du kannst, solange du lebst, durch bloßen Entschluß unsere Gestalt annehmen und würdest dann straffrei ausgehen, unser Ziel ist Überzeugung, nicht Rache. Übrigens werden wir, falls du dich nicht entschließt, was bedeutet, daß du gefressen wirst, verbreiten, du seiest zu uns übergelaufen; wir versprechen uns moralische Wirkung und werden nicht verschweigen, daß du zehn Schwertfische getötet hast, ja möglicherweise ihre Zahl auf siebzig aufrunden. Was auch verbreitet wird, sagte der junge Mann dem Laternenfisch, richte der Hexe aus, daß ich gekämpft habe, sie sieht mich auf den Balearen oder nie mehr. Der Laternenfisch entfernte sich.

Die Flundern rückten heran, es mochten dreizehn Millionen sein. Der junge Mann spießte sieben auf die Harpune, sie waren schwer abzustreifen. Er spießte nochmals sieben und verlor die Harpune, danach ergriff er die abgebrochenen Schwerter der Schwertfische und erschlug siebenhundert. Seine Kräfte ließen nach, kleinere Flundern strömten, schwer zu treffen, ins Innere der Grotte, er verlor das Bewußtsein und sah Fontänen.

Alle Geistesgegenwart, sagte der rote Wal, wäre ohne Nutzen, wenn wir zuvor nicht gereist wären; andererseits, was ist Erfahrung. Es war deine Idee, mit Fontänen zu beginnen, sagte der grüne Wal, es stiftete Verwirrung und lenkte die Aufmerksamkeit auf den Eingang; der Anblick zweier geöffneter Walmäuler muß auf Flundern entmutigend wirken. Ich war immer der Meinung, sagte der rote Wal, daß Aberglaube sich nicht lohnt, das Gerücht, wir äßen Flundern, ist eins der ältesten. Dumm sein ist dumm,

Dummheit verbreiten dümmer, pflegte mein mongolischer Fürst zu sagen, er fühlte sich nicht wohl in seinem Beruf und war kein übler Mann, sagte der grüne Wal. Er wurde erdolcht, sagte der rote Wal. Alle Fürsten, sagte der grüne Wal, kommen so oder so um, die weiseren etwas früher, es ist historisch belanglos. Für unseren Urlaub schlage ich die Kolchis vor, sagte der rote Wal. Ich bin einverstanden, sagte der grüne Wal, vorausgesetzt, wir nehmen den Umweg über das Eismeer, es gibt dort die erfreulichsten Frauen.

Der junge Mann schlug die Augen auf. Aus der Form der Wolken, der Farbe des Himmels und dem Geruch des Wassers schloß er, daß er auf dem Saragossameer trieb. Ein Schiff näherte sich, von der Reling hing eine Strickleiter. Er kletterte an Deck und bemerkte zwei Fontänen, die sich nordwärts entfernten. Er erreichte die Kajüte, bestrich seine Wunden mit einer Salbe und fiel in Schlaf. Am nächsten Morgen nahm er Kurs auf die Balearen.

Der junge Mann segelte sieben Tage. Wäre hier, sagte er, nicht ein natürlicher, von Palmen umstandener Hafen, hätte die Fahrt nicht gelohnt. Eine Bucht tat sich auf, er lenkte das Schiff hinein und vertäute es. Palmen regten sich am Ufer. Sind deine Wunden verheilt, fragte eine Stimme. Ich wußte, du würdest hier sein, sagte der junge Mann, tatsächlich hast du keinen Fischschwanz. Glaubtest du, ich lüge, sagte die Hexe. Kolibris umflogen sie. Ich werde, sagte der junge Mann, ein Lager bauen, zuunterst Zweige, darauf Gras, darauf weiche und weiße Decken, wie ich sie auf dem Schiff habe. Drei Tage vergingen. Mond und Sonne, sagte die Hexe, sind dreimal auf- und untergegangen, ich muß dich verlassen. Die Sonne ging auf, der Mond, danach die Sonne, danach wieder der Mond, danach die Sonne, danach der Mond, sagte der junge Mann: wie also kannst du so reden, da auch die Liebe jedesmal anders war? Kann sein, es ist wahr so, sagte die Hexe. Mir fiel auf, daß dein Gang weniger leicht wird, sagte der junge Mann, ist es der

Preis, wenn man den Fischschwanz ausschlägt? Man hatte mich gewarnt, sagte die Hexe. Ich werde dich tragen, sagte der junge Mann; im übrigen dachte auch ich an Aufbruch, ich will den Weg durch die Dardanellen nehmen und das Goldene Vlies holen. Die Meere, sagte die Hexe, sind unsicher heute, ich werde neben dem Schiff schwimmen. Ich werde es nicht dulden, sagte der junge Mann, falls du nicht versprichst, zu jedem Abendessen in der Kajüte zu sein. In diesem Fall, sagte die Hexe, wollen wir Früchte und Kokosnüsse auf das Schiff tragen, wie du sie zum Frühstück liebst.

Vor Georgien schwammen ein grüner und ein roter Wal, jeder begleitet von einem grauen Wal seiner Größe und einem kleineren seiner Farbe. Die Mendelschen Regeln, sagte der rote Wal, gelten statistisch, grübeln wir nicht, wir haben gut entwickelte Söhne. Was ist mit den Seenelken, singen sie? fragte der kleinere rote Wal. Ein Schiff erschien, daneben in den Wellen eine weiße Gestalt, die ihr rötliches Haar sei es als Segel, sei es als Steuer benutzte. Tauchen wir nach Plankton, sagte der grüne Wal, wir werden es erfahren.

1967/1970

Erste Niederschrift

Das Angebot wurde mir in einer Berliner Kneipe gemacht, einer der wenigen, in denen man noch für mäßiges Geld gute Portionen bekommt, rasch und heiß serviert, obwohl es dort meist voll, indessen nicht laut ist; etwa Kartoffelbrei mit sauren Nierchen auf Hausfrauenart, Suppe und Nachtisch kann man sich sparen, ein großes Bier reicht. Vormittage in Städten, die frei von Verpflichtungen sind, haben ja etwas Träg-Helles; selbst die Ahnungen, die einen im Zustand linder Euphorie – in den mich freilich schon eine unerwartete Freundlichkeit setzen kann – oft befallen, sind dann erträglich, zumal die Erfahrung sagt, daß sie manchmal eintreffen, manchmal nicht. Auch heute, da ich nicht weiß, ob ich zum Erschießen verurteilt bin oder der Rat, sei es aus staatsmännischem Kalkül oder weil er meine Frechheit als auf bedauerliche, doch inkorrigible Weise mit meinem Beruf verbunden einsieht, mich einfach laufen läßt, bin ich nicht sicher, ob ich an irgendeinem Punkt mich anders hätte verhalten können – es gibt Gelegenheiten, die verpaßt oder ausgeschlagen zu haben man sich länger vorwirft, als wenn sie zum bösen Ende führen. Möglicherweise hängt die Entscheidung auch von dieser Niederschrift ab, die ich deshalb, Ergänzungsbereitschaft andeutend, numeriere. Wie dem immer sei, ich war, nachdem ich einen leeren Vierertisch gefunden, Zigaretten und Streichhölzer vor mich gelegt und die Bestellung angesagt hatte, damit befaßt, die Umsitzenden zu mustern, ohne jemanden zu fixieren: ich schätze Rücksichtnahme und übe sie, soweit es geht, gern selbst. Der harmlose Sport, dem ich nachging, war, aus Gesicht, Kleidung und Eßgewohnheiten irgendeines Unbekannten dessen Beruf und Alter zu raten; ich habe darin, falls nicht Interesse dazwischenkommt – etwa eine Dame, die anzureden oder nicht anzureden man sich entschließen muß – einige Fertigkeit, auch sind Irrtümer so unterhaltsam wie Treffer. Nachträglich erinnere ich, daß der leere Stuhl links von mir sich einmal ohne Grund scharrend bewegte; ich staunte über meine Zerstreutheit erst, als das Bier gebracht wurde und auf ebenjenem Stuhl ein Mann saß, dessen Eintreten ich eigentlich hätte bemerken müssen. Ich würde ihn heute am ehesten für einen Schiffbauingenieur halten; die korrekt nördliche Aussprache – er fragte nach Kartoffeln mit Quark, die aus waren, und entschied sich, ohne auf der Karte zu lesen, für Nierchen – enthielt ein, zwei weich verschliffene Konsonanten, so daß er vielleicht in einem skandinavischen Land länger gearbeitet hatte oder dorther stammte und viel mit Deutschen umgegangen ist; die Kleidung war solid bequem, nicht elegant, das Alter um siebenunddreißig. Kurz darauf bekamen wir serviert und widmeten uns den Nierchen, die hervorragend waren. Als ich aufsah, war sein Teller leer wie meiner; ich zündete mir eine Zigarette an, schob ihm, da er seine Tasche abklopfte, die Streichhölzer zu und lehnte mich nach links, so daß ich ihn nicht mehr im Blick hatte – ich genieße nach angenehmem Essen Sättigung, Ruhe und Zigarette gern für mich, Gespräche strengen mich an. Knapp drei Minuten später fragte er, ob ich vielleicht zweihundert Mark übrig hätte.

Die Summe – ich bin mir heute sicher, daß sie ihm nicht wichtig war – war genau geeignet, mein Interesse zu wecken. Fünf oder zwanzig Mark hätten als Bettelei, hundert als plumper Pumpversuch erscheinen müssen, schon dreihundert vorausgesetzt, ich sei leichtsinnig. Zweihundert dagegen deuteten auf einen mir gerade erschwinglichen raren Gegenstand, den man unter Preis haben konnte; ich antwortete so höflich, es komme darauf an, wofür. Ohne weiteres zog er etwas Gestricktes aus seiner Umhängetasche und legte es vor mich auf den Tisch. Es handelte sich um eine Mütze, wie sie ungefähr Eisschnelläufer tragen; das Material war ausnehmend leicht und gab, im Grundton hellgrau, beim Hin- und Herwenden wenige silbrige Reflexe. In unseren teuersten Geschäften hätte man wahrscheinlich fünfundvierzig Mark dafür bezahlt. Entsprechend enttäuscht sagte ich etwas über die internationale Inflation; er bat mich, das Stück aufzuprobieren. Nun bin ich empfindsam und mag durchaus nicht, wenn ein Lokal mir bei unpassenden Kostümierungen zusieht; die einzigen Abweichungen vom öffentlich Üblichen, die ich mir gestatte, sind gelegentlich radikale Sätze zum Landes- oder Weltzustand, was wieder mit meinem Beruf zu tun hat: Keine Mächtigen der Welt können Chronisten haben, die gut schreiben und gleichzeitig schreiben, was von ihnen erhofft wird. Mir ist klar, daß das hinzunehmen hochbeschäftigten Persönlichkeiten, die aus verwickelten Gründen schweren Herzens täglich die Augen bald offenhalten, bald zudrücken müssen, viel Kraft abverlangt; doch wußte bereits der Große Friedrich, daß, wer schreibt, dies für den König von Preußen tut: allein die Möglichkeit, auszusprechen, was vielen an Haut oder Hals geht, stimmt ja uns naives Völkchen versöhnlich und läßt uns die, die das erlauben, in einem schönen Licht der Nachwelt überliefern. In der Geschichte sind so immer diejenigen Hohen am besten gefahren, die regierten, wie sie wollten, und ihren Schreibern das Papier ließen. Andererseits erschien mir eine Absage so grob wie ohne Not feige; ich stülpte mir also das Objekt über Haar und Ohren und sah in den Spiegel, den mein Partner mir hinhielt. Ich sah nichts. Genauer: ich sah Wandtäfelung, Übergardine und Fenster, wie sie hinter mir nach wie vor sich befanden; ich sah nichts vor mir. Verärgert, daß ich einem Taschenspielertrick aufgesessen war, ja mit der freien Hand unwillkürlich nachgefühlt hatte, ob mein Kopf noch am Platz war, legte ich den Spiegel weg. Im gleichen Augenblick fragte der Kellner, während er das Geschirr abräumte, ob der Herr gegangen sei; mein Nachbar antwortete, ich würde gleich zurück sein. Spätestens hier muß ich begriffen haben, was mir angeboten war. Dennoch zerrte ich aus der Reisetasche meinen Rasierapparat, in dessen Etui ein Spiegel gearbeitet ist, ich sah darin nicht mehr als im ersten. Ich nahm die Mütze ab und zählte von den fünf Fünfzigmarkscheinen in meinem Portemonnaie vier vor den Fremden, der mich melancholisch aufmerksam betrachtete; er sagte (ich erinnere den Wortlaut): »Die Eigenstrahlung bildet mit den Gehirnströmen ein überstabiles Interferenzgitter, um das die Photonen zerstreut herumlaufen« (er sagte »zerstreut«, wohl um »diffus« zu verdolmetschen); »der Effekt ist ein optisches Loch, das kleinere berührte Gegenstände einschließt. Sie macht nicht durchlässig.« Zweifellos war der zweite Satz, der den vorhergehenden ja nur volkstümlich faßt, eine Warnung, ich mißachtete sie – ich war von einer mir heute fremden Aufregung ergriffen. Ich muß hier einfügen, daß ich schon als Kind – obwohl mein Intelligenzquotient im mathematischen Bereich nur knapp gute Werte erreicht – schnell aufgefaßt habe; insbesondere sehe ich in größeren Haufen von Daten leicht Strukturen und komme von da zu Verallgemeinerungen, man nennt das Gestaltverständnis. Ich hatte so die Möglichkeiten, die eine Tarnkappe ihrem Besitzer bietet, bereits überschlagen, das Ergebnis war mager. Der naheliegende Einfall, mir eine oder mehrere Geliebte anzuschaffen, ohne vorzeitig heimkehrende Ehemänner berücksichtigen zu müssen (alleinlebende Frauen eignen sich als Geliebte nicht, da sie immer eheähnliche Verhältnisse anstreben) war dumm: was tut ein Ehemann, wenn ihn die unerklärlich schnell atmende Gattin nackt empfängt? Er durchsucht alle Räume, was mich zu albernen Ausweichmanövern gezwungen hätte, oder er legt sich zu ihr, was anzusehen mir auch keine Freude verschafft hätte. Bankraube oder Griffe in Landeskassen kamen nicht in Betracht, da ich ein althergebrachtes inneres Bild von Verhaltensnormen habe; selbst meine jüngeren Freunde, kenntnisreiche und manchmal fast weise Menschen, die sich aber erst frei fühlen, wenn sie bei geöffneten Fenstern ganze Straßenzüge zum Resonanzkörper ihrer Musikapparate machen, erschrecken mich, wenn ich mir ausmale, ich müßte unter ihnen wohnen. Zöllner und Grenzbeamte zu narren und ungenehmigt um die Welt, zumindest nach Italien, Griechenland und Südostasien zu reisen, verlockte mich, doch bewirkt allein die Vorstellung, ohne gültige Papiere fremde Länder zu befahren, in mir ein Schuldempfinden, das jeder Beamte der Welt, entblößte ich nur den Kopf, mir sofort ansehen würde. Wer sich aber schuldig fühlt, kommt um. Sicher geeignet war die Kappe für zauberkünstlerische Auftritte; leider achte ich diesen Beruf zwar als Handwerk, mag ihn aber nicht des damit verbundenen Zwanges zu Faxen wegen. Es blieb der Gebrauch zum Spaß meiner beiden vier- und achtjährigen Töchter; was indes blüht heute einem Kind, das in Schule oder Kindergarten ernsthaft von einer Tarnkappe berichtet? Ich hätte die Kleinen, wie schon mehrmals, zum Schweigen verpflichten müssen und damit auf die Dauer ihre Gesundheit gefährdet. (Meine Offenheit mag befremden. Doch kann sie entweder mich beurteilen helfen oder, sollte das Schlimmste Beschluß sein, mir auch nicht mehr schaden. Gerade im Punkt der Kosten des Schweigens hoffe ich bei Personen, die explosivste Geheimnisse lebenslang zu hüten haben, auf Verständnis.) Wenn ich die Kappe trotz alldem kaufte, muß, wozu ich sie wollte und schließlich brauchte, mir unterbewußt schon vorgeschwebt haben.

Das anschließende Gespräch war eine Formalie, wie sie nach Geschäftsabschlüssen üblich ist. Eine Gruppe Biophysiker, die, vom Ergebnis ihrer Forschungen erschüttert, unter Mitnahme nur ihnen verständlicher Instrumente sich in isländische Höhlen zurückgezogen hatten, hätte, sagte mein Partner, das Projekt zum Zeitvertreib entwickelt; ob mein Stück ein Unikat war, blieb unerwähnt. Auf die Frage nach möglichem militärischen Mißbrauch erhielt ich ein Kompliment über meinen strikt zivilen Charakter; dies stimmt in der Sache (mein frühes Distichon

Äußerste Vorsicht, rät K., bewahr, siehst du einen Tornister:
Wie bei der Schlange an Gift denk an den Marschallstab drin!

war ehemals auf die Liste der jugendgefährdenden Schriften gesetzt, bald jedoch freigegeben worden, da sich mittlerweile niemand erinnert, wer Napoleon war, und Soldaten keine Tornister mehr tragen, ich habe das Werkchen aber nie bedauert); in Wahrheit wußten wir beide, daß eine mit Tarnkappen ausgerüstete Armee ein denkunmögliches Gebilde ist: Die innere Ordnung jeden Heers beruht auf der Gruß- und Gehorsamspflicht, die ihrerseits allgemein verbindliche Drohsymbole, d. h. sichtbare Rangabzeichen erfordert; sein praktischer Einsatz hat zur Bedingung, daß jeder Kämpfer mindestens weiß, ob der ihm zunächst Feuernde zur eigenen oder feindlichen Partei gehört. Selbst die Benutzung im Spionagedienst schien aussichtslos: Da jedes neuartige Spähmittel mit schneller Regelmäßigkeit an die Gegenseite zu gelangen pflegt, wären die verbotenen Räume bald so voller Agenten gewesen, daß geheim Konferierende sich schließlich mit Lach- oder Tränengas schützen und selber in Gasmasken verhandeln würden, was die internationale Diplomatie unerträglich gefährdet hätte, man stelle sich Fotos von Gipfeltreffen vor. Nach kurzem Austausch über unsere Familien – der Fremde hatte drei Kinder und wünschte sieben – erwähnte er, die Mütze sei brennbar, zahlte und verabschiedete sich durch Kopfnikken. Sein Gang wirkte leicht, als er an der Tür war, sah ich, daß er Schuhe mit sehr weichen Gummisohlen trug.

Eine Tarnkappe zu besitzen zwingt zum härtesten Training, das man sich vorstellen kann. Auf Bürgersteigen etwa setzen wir voraus, daß unsere Bewegungen von Entgegenkommenden wahrgenommen und in deren motorischem Zentrum verrechnet werden, so daß Ausweichmanöver stets beiderseitig sind; der ungeübt Unsichtbare wird folglich nicht nur dauernd gerammt, muß sich also abenteuerliche Sprung-, Fall- und Biegetechniken aneignen, sondern riskiert vor allem, von größeren schwenkbaren Gegenständen, wie Gardinenblenden, Schneeschuhen, zusammengerollten Teppichen oder gestikulierenden Armen empfindlich getroffen zu werden. Daß man schallschluckende Schuhe braucht, versteht sich (ich mußte, mir einige Paare zu verschaffen, den ersten Einbruch meines Lebens begehen und konnte nicht verhindern, daß der diensttuende Wächter in eine Nervenheilanstalt verbracht wurde; mein Versuch, ihn freizuholen, indem ich vor dem Kollegium, das ihn explorierte, den Segeltuchhut des Klinikleiters an einem Schrubberstiel im Zickzack um die Lampe kreisen ließ, schlug fehl: keiner der Herren wagte, etwas erblickt zu haben, zwei allerdings quittierten den Dienst und wurden Bauhilfsarbeiter, mit ihnen würde ich, sollte ein letzter Wunsch notwendig sein, gern Skat spielen). Weit schwieriger war, die Größe kontaktierter Dinge zu schätzen, die das optische Gitter noch umschloß; dieses nämlich wechselte seine Ausdehnung je nach meiner Wachheit, Hirnrindenbeanspruchung und Gefühlslage, so daß bei Schreck ein in der Hand getragenes Behältnis sichtbar werden konnte (jemand erinnert vielleicht den über die Promenade von W. taumelnden herrenlosen Schrankkoffer, der vor drei Monaten nach anfänglicher Nachrichtensperre mit einem durch südliche Trockenwinde beförderten Anfall kollektiver Suggestion erklärt wurde, ich selber machte mir den Spaß, auf einem zum Thema einberufenen öffentlichen Rundtischgespräch entschieden gegen mystizistische Folgerungen aufzutreten); ebenso konnte, dachte ich intensiv nach, ein zufällig angerührter Fernsehapparat jäh verschwinden. Die mithin notwendige dauernde Selbstbeobachtung hätte leicht zur Neurasthenie führen können, wäre nicht das so ausgeglichene wie sinnliche Naturell meiner Frau gewesen, die im übrigen selbstverständlich uneingeweiht bleiben mußte. Viel zu meiner Vervollkommnung trug das physiotherapeutische Waldambulatorium des mir empfohlenen Dr. M. bei, in das ich mich eines vorgetäuschten Kopf-Schulter-Syndroms wegen einweisen ließ und in dem ich bei Schwappbädern, Ganzkörperwickeln, Yogaübungen und ausgedehnten Tennispartien mit dem Chefarzt selber mir sowohl die nötige körperliche Stärkung (ich konnte zum Schluß bis achteinhalb Minuten in den vertracktesten Körperhaltungen verharren) als auch eine beachtliche innere Gleichgültigkeit erwarb; selbst meine Schrift fiel in dieser Zeit, in der ich auch oft Schachprobleme löste, ins Kindliche zurück, was mir Freunde in Unkenntnis des Zusammenhangs entsetzt bestätigten. Damals lernte ich, in fremde Häuser ohne jede Änderung der Herzfrequenz einzutreten und mich mit den Familien zum Fernsehen zu setzen, einige Verhaltensmuster der ahnungslos Besuchten sind der einzige wirkliche Informationsgewinn, den ich der Kappe verdanke. Ich verließ das Ambulatorium im Zustand eines Zehnkämpfers der unteren Mittelklasse mit enorm kurzen Reaktionszeiten, allerdings schrieb ich nicht mehr.

Den Rest weiß der Rat. Wenn ich zu meinem Motiv dennoch den Hergang streife, so nicht, um ästhetisch zu runden, sondern aus langjähriger Gewohnheit, Texte gebrauchsfertig abzufassen, d. h. so, daß sie Blicke auf Wirkliches erlauben, gleichgültig, ob ich viele oder keinen Leser erwarten darf. (Daß ich Staatswichtiges weglasse, versteht sich aus meiner Erziehung – ich bin Beamtensohn – wie aus dem Wunsch, friedlich alt zu werden; es ist auch für nichts wesentlich.) Die Frage nämlich, die mich seit meinem einundzwanzigsten Jahr beschäftigt – und die durch das vom Rat eingerichtete Erziehungssystem, das schon kindliches Interesse aufs Öffentliche lenkt, wahrscheinlich hervorgerufen ist –, war, auf welche Weise Hochverantwortliche untereinander reden. Reines Nachdenken ergab als Alternativen, daß sie sich: A) der fürs Publikum erfundenen, weitgehend formelhaften Sprache aus Gewohnheit oder zur Übung bedienten, so daß in großen Satzbündeln zwei, drei neue oder auch nur umgeordnete Wörter die eigentliche Mitteilung bildeten, oder daß man B) Klartext redete, wie dies Kinder oder große Geschäftsleute tun, etwa nach dem Muster: »Bekomme ich dies, lasse ich dir jenes durchgehen, aber bei mehr als soundsoviel Prozent Zinsen kann dein Schützling X. morgen seine Backenzähne dort und dort suchen.« Ich gebe zu, daß der Unterschied historisch belanglos ist, doch sind – ich entschuldige mich für die Belehrung – Chronisten im Gehirn derart eingerichtet, daß wir, auch wenn wir nicht alles schreiben, alles wissen müssen, und zwar im Detail; unsere Abstraktionen finden wir dann schon selber. Ich hatte Zeit und Ort der Zusammenkünfte bald festgestellt; für die Tat wählte ich einen Spätjunitag, an dem, wie ich annahm, Temperamentsunterschiede der Hitze wegen sich klarer zeigen würden. Das Gebäude – nicht den Raum selber – hatte ich mehrfach ohne Schwierigkeit betreten; für denkbare Komplikationen – etwa daß zwei Wächter gleichzeitig sich mir näherten – hatte ich sichere Techniken in städtischen Warenhäusern geprobt und sogar für den Fall einer Blasenreizung vorgesorgt (man findet die Einzelheiten in einem Illustriertenartikel vom 18. April über Kosmonauten). Eine Viertelstunde vor der Zeit setzte ich mich auf die Freitreppe und erwartete die Ankunft der Wagen, die pünktlich vorfuhren; mein körperlicher Zustand war glänzend, mein Adrenalinspiegel normal. Da das eine oder andere Mitglied verhindert sein konnte, schloß ich mich bereits dem ...ten an, ich gelangte unbehelligt ins Innerste.

Wenn ich mich frage, wieso ich trotz allem scheiterte, erkenne ich die Gründe vor allem in meinem Charakter. Denn obwohl ich mir wiederholte, daß die Beratenden – was sie selber betonen – Menschen sind wie du und ich, wurde ich von dem schwächenden Gefühl erfaßt, etwas Höherem beizuwohnen, und meine erwähnte Neigung zum Konventionellen brach durch. (Daß eine aus dem Tierreich stammende Furcht vor Umzingelung durch statushöhere Artgenossen mitspielte, ist möglich, erklärt aber nichts: das Problem wäre, weshalb ich sie nicht unterdrückte.) Statt nämlich wie geplant mich in die Mitte des schweren ovalen Tisches zu setzen, um den die ungepolsterten Stühle des Rates standen und in der ich vom Rand nicht zu erreichen gewesen wäre, wählte ich als Beobachtungsplatz einen der gelbledernen Drehsessel, die um einen kleineren seitlichen, mit Aschenbechern, Getränken und belegten Brötchen versehenen Tisch locker gruppiert waren, von wo aus man den Verhandlungen aber bequem folgen konnte. Diese waren mit dem Verlesen und Verabschieden von Protokollen an vierzig Minuten, während derer ich mich gut adaptierte, ruhig hingeflossen, als zu einem Wort plötzlich Widerspruch laut wurde; zugleich erhob sich eins der Ratsmitglieder und ging, den – nur aus jenem Wort und dem statt dessen vorgeschlagenen Ausdruck bestehenden – Dialog durch ablehnende bzw. zustimmende Rufe befeuernd, zum Rauchtisch, wohin ihm andere folgten, ohne daß die Sitzung unterbrochen worden wäre. Ich war in diesem Moment vollkommen ruhig und erwartete den bevorstehenden Aufschluß; daß jemand meinen Sessel benutzen würde, war unwahrscheinlich, doch hielt ich mich körperlich bereit. Ich sah, wie einige Ratsmitglieder sich Zigarren anzündeten und der mir zunächst Stehende mit einer weitausholenden Geste zum Reden ansetzte; die Glut der Zigarre streifte die Kappe, die mit einem Verpuffungseffekt aufflammte. (Eine offenbar eingewebte Asbestschicht ersparte mir Verbrennungen.)

Ich wiederhole zum Schluß, daß ich, wie mehrmals mündlich erklärt, allein gehandelt habe; weder hatte ich Mitwisser, noch stand ich in jemandes Auftrag. Über den Verbleib des Fremden kann ich keine Angaben machen, über Zusammensetzung, Struktur und Herstellungstechnik des verbrannten Gewebes ist mir nichts bekannt. Ich bestätige, daß ich gut behandelt werde; meine Zelle ist beheizt und ausreichend möbliert, das Essen nicht ohne Vitamine. Dankbar vermerke ich, daß man mir gestern eine kleine Flasche Weinbrand zugestellt hat. Dessen mittlere Qualität – mindere hätte ich als Demütigung, Cognac als Ankündigung einer letzten Mahlzeit auffassen müssen – bestärkt mich in meiner Hoffnung.

1976

Der geschenkte Tag oder
Der kleine lila Nebel

Es war am 18. November nachmittags kurz vor fünf, als ich den kleinen lila Nebel in der linken oberen Zimmerecke bemerkte; er war rund, knapp doppelt so groß wie ein Fußball und innen mehr lila als außen. Ich hatte eben in der Küche Zwiebeln für einen Paprikasalat geschnitten und wischte mir nun die Augen, danach hing der Nebel rechts und schien etwas länglich. Ich überlegte, ob ich meinen Freund, den bekannten Augenarzt Dr. Okkul, anrufen sollte, ließ es aber und setzte mich an den Schreibtisch. Der Direktor der Städtischen Elektrizitäts-Anstalt hatte nämlich ein Lied bei mir bestellt, in dem die Verse
Röter als Rosen
Glüht unser Kraftwerk!

vorkommen sollten, sie waren von seiner Freundin, die heimlich dichtete. »Wird das Lied schön, kriegen Sie tausend Mark, zwei Jahre Strom und Gas frei und eine Angorakatze!« hatte der Direktor gesagt; ich brauchte also zuerst einen Reim auf *Kraftwerk*. Ich schrieb untereinander
Taftberg
Rafft Werg!

und war gerade dabei, beides wieder zu streichen, als hinter mir eine säuselnde Stimme im sächsischen Tonfall *Saftzwerg* sagte. Mein Arbeitsstuhl ist drehbar, und ich fuhr sofort herum; im Besuchersessel mit der bequemen hohen Lehne saß der kleine lila Nebel. Vielleicht saß er auch nicht, sondern schwebte, jedenfalls war er jetzt ziemlich langgezogen und hatte im unteren Drittel einen Knick. Ich erwog, meinen anderen Freund, den berühmten Zwiefachen Seelenarzt Professor Bast-Seidel, anzurufen, erinnerte mich aber, daß Dienstschluß war, und sagte: »Danke für den Reim, nur woher können Sie Sächsisch?«

»Woher schon«, sagte der kleine lila Nebel, »man hört sich um.«

»Dann sind Sie schon länger in der Gegend?« fragte ich.

»Drei Stunden«, sagte der kleine lila Nebel, »reicht das nicht?«

»Je nachdem«, sagte ich, »möchten Sie vielleicht einen Cognac?«

»Das nun nicht, aber trinken Sie ruhig einen«, sagte der kleine lila Nebel. Ich goß mir Cognac ein, nahm einen Schluck und sagte: »Leider zwingen mich die Umstände, unhöflich zu sein.«

»Bitte, bitte«, sagte der kleine lila Nebel.

»Es ist nämlich so«, sagte ich und nahm noch einen Schluck, »daß ich an Ihrer Existenz zweifele.«

»Existenz?« fragte der kleine lila Nebel, »haben Sie zufällig ein Wörterbuch da?«

»Ich meine«, sagte ich, »daß ich nicht glaube, daß es Sie gibt.«

»Ach so«, sagte der kleine lila Nebel und sprach jetzt hochdeutsch, »das macht doch nichts. Immerhin reden Sie mit mir, schließlich sind Sie Dichter. Möchten Sie einen Reim auf *Elektrizität?*«

»Ich rede«, sagte ich, »hochvermutlich mit mir selber, das heißt mit einem Hirngespinst von mir. Aber wenn Sie schon einen Reim auf *Elektrizität* haben, geben Sie ihn her.«

»*Bell schmeckt die Diät*«, sagte der kleine lila Nebel.

Ich sagte: »Hübsch für einen Anfänger, bloß was soll *Bell* sein?«

»Dr. Bell, der Erfinder des Telefons«, sagte der kleine lila Nebel, »kennen Sie ihn nicht? Er hängt in Ihrem Korridor als Kupferstich. Vermutlich meinen Sie, der Reim läßt sich nicht anwenden?«

»Das meine ich allerdings«, sagte ich.

Der kleine lila Nebel wurde blaßrosa und wieder lila und sagte säuselnd:

»›Im Licht der Elektrizität‹,
Schrie Doktor Bell, ›schmeckt die Diät!‹

Aber das«, fuhr er fort, »hätten Sie auch selber finden können. Kommen wir zur Sache.«

»Gern«, sagte ich, »die Sache ist, daß ich an Ihrer Existenz zweifele.«

»Aber das ist doch langweilig«, sagte der kleine lila Nebel, »meinetwegen, nehmen Sie einen von Ihren Tennisbällen, dort rechts in der zweiten Schublade von unten. Spielen Sie übrigens gut Tennis?«

»So gut, wie Sie reimen«, sagte ich ärgerlich und nahm den abgespieltesten Tennisball, den ich finden konnte, »und was jetzt?«

»Jetzt zielen Sie auf mich und werfen«, sagte der kleine lila Nebel.

»Mit aller Kraft?« fragte ich.

»Ganz wie Sie wollen«, sagte der kleine lila Nebel, »Hauptsache, Sie treffen. Ich werde mich rund machen, damit Sie es leichter haben.«

Ich holte blitzschnell aus und warf so scharf ich konnte, ich traf mitten in das dunklere Lila in seinem Innern. Ich wartete drei Sekunden, der Ball kam nicht zurück. Stattdessen rollte ein schwärzliches Bröckchen auf den Teppich, und es roch nach verbranntem Gummi.

»Was war das?« fragte ich und überlegte, ob ich Bast-Seidel in seiner Wohnung anrufen sollte.

»Ihr Tennisball«, sagte der kleine lila Nebel, »ich wollte ihm die Zeit zurückdrehen, daß er wieder neu und weiß gewesen wäre, aber ich habe mich verschätzt und ihn verschmort. Immerhin glauben Sie jetzt vielleicht, daß es mich gibt, und wir können zur Sache kommen, dem Geschenk.«

»Dem Geschenk?« sagte ich, »ich verstehe nicht.«

»Nun, dem Tag«, sagte der kleine lila Nebel. »Ist nicht Dichten eine schwere Arbeit?«

»Das ist es zweifellos«, sagte ich.

»So daß Sie viel Zeit dazu brauchen, und zwar für gute Gedichte mehr als für alberne und mittelmäßige?« sagte der kleine lila Nebel.

»Klar«, sagte ich, »alberne können ja sogar Sie.«

»Weil demnach«, sagte der kleine lila Nebel zufrieden, »gute Gedichte viel mehr Zeit brauchen, gibt es wenig gute Gedichte, und das Publikum ist an alberne und mittelmäßige gewöhnt. Woran aber das Publikum gewöhnt ist, das will es, und für etwas, das niemand will, gibt es kein Geld. Aber Geld müssen Sie doch verdienen?«

»Unbedingt«, sagte ich, »ich brauche ja zum Dichten Papier, eine Schreibmaschine, einen Besuchersessel, Cognac und Paprikasalat.«

»Also müssen Sie, um gute Gedichte schreiben zu können, öfter welche schreiben, in denen sich *Kraftwerk* auf *Saftzwerg* reimt, und für die guten Gedichte bleibt Ihnen noch weniger Zeit als sowieso«, sagte der kleine lila Nebel.

»Bedauerlicherweise«, sagte ich, »was soll ich machen?«

»Selbstverständlich«, sagte der kleine lila Nebel, »unser Geschenk annehmen, den Tag.«

In diesem Augenblick öffnete sich die Tür, und ins Zimmer trat ein schönes junges Fräulein in schwarzen Samthosen und einem schwarzen Kapuzenmantel. »Ihre Wohnungstür war nur angelehnt, und die Klingel scheint nicht zu funktionieren«, sagte sie, »darf ich hereinkommen?«

»Drinnen sind Sie ja schon«, sagte ich, »vielleicht möchten Sie ablegen und sich setzen?«

Das Fräulein schlug die Kapuze zurück, so daß man ihr seidenweiches langes schwarzes Haar sehen konnte, knöpfte den Mantel auf und ging auf den Besuchersessel zu. Ungefähr einen Meter davor blieb sie stehen, murmelte etwas Unverständliches, schrie »Nein!« und rannte dann ohne weiteres aus dem Zimmer. Gleich darauf hörte ich Wohnungs- und Haustür klappen.

»Das war eine sehr schöne junge Dame«, sagte ich und schloß die Zimmertür.

»Ja, ja, ja«, sagte der kleine lila Nebel, »wir bieten Ihnen also den Tag, das heißt vierundzwanzig Stunden.«

»Sie haben sie verjagt«, sagte ich mißmutig.

»Wenn schon«, sagte der kleine lila Nebel, »schließlich ist es albern, vor mir zu erschrecken. Sie müssen nur sagen, wann Sie den Tag möchten, und was Sie damit anfangen werden. Ich komme morgen vormittag um elf.« Er machte sich sehr lang und verschwand, wie mir schien durch die Steckdose des Fernsehapparats.

Ich legte mich aufs Sofa und muß sofort eingeschlafen sein, jedenfalls wachte ich auf, als es stockdunkel war und Sturm klingelte. Ich öffnete, draußen stand das Fräulein im schwarzen Kapuzenmantel. Ich bat sie herein, bemerkte, als ich aus der Küche Paprikasalat, Brot und Käse brachte, wie sie am Fernsehapparat schaltete, aß mit ihr, goß uns Cognac ein und sagte: »Auf Ihre Gesundheit!«

»Ich weiß, daß es spät ist«, sagte das Fräulein und errötete, »aber Professor Bast-Seidel versichert, daß nur Sie mir helfen können.«

»Mein Freund Bast-Seidel ist ein sehr großer Seelenarzt«, sagte ich, »Sie sind doch nicht etwa krank?«

»Das wollte ich ja von ihm erfahren«, sagte das Fräulein, »aber er ist telegrafisch nach China gerufen worden, weil dort eine hohe Person jeden Mittag um zwölf schwarze Katzen sieht, und mußte heute abend noch lernen, mit Stäbchen zu essen.«

»Aha«, sagte ich, »und was fehlt Ihnen nun?«

»Es ist grauenhaft«, sagte das Fräulein und hatte Tränen in den Augen, »ich habe heute nachmittag auf Ihrem Besuchersessel einen kleinen lila Nebel gesehen.«

»Selbstverständlich hätte ich Sie mit ihm bekannt machen sollen«, sagte ich, »aber Sie sind so schön, daß ich es vergessen habe.«

»Dann wollen Sie behaupten, daß der Nebel wirklich da war?« sagte das Fräulein.

»Was denn sonst«, sagte ich, »ich hatte ja eine ausführliche Unterhaltung mit ihm. Merken Sie übrigens, daß der Sekundenzeiger meiner elektrischen Wanduhr rückwärts läuft? Das war bestimmt auch der Nebel.«

»Und die Farben an Ihrem Fernseher hat wohl auch er durcheinandergebracht?« rief das Fräulein zornig.

»Das konnte er nicht«, sagte ich, »denn ich habe einen Schwarz-Weiß-Fernseher.«

»So!« rief das Fräulein, stampfte mit dem Fuß und schaltete den Fernsehapparat ein, »und was ist das?« Auf dem Bildschirm schossen grünliche Cowboys unter himbeerfarbenen Bäumen einander hellblaue Hüte von den Köpfen.

»Ich kann es mir nicht erklären«, sagte ich.

»Sie könnten es sehr wohl erklären«, rief das Fräulein und schluchzte, »aber Sie machen sich lustig über mich, und ich werde jetzt gehen!«

»Das werden Sie keinesfalls«, sagte ich, »Bast-Seidel verlangt ja, daß ich Ihnen helfe. Allerdings weiß ich nicht wie, es sei denn, ich würde Sie umarmen und küssen.«

»Dann tun Sie das doch«, sagte das Fräulein, »wenn es Sie nicht stört, daß ich die Freundin des Kraftwerksdirektors bin und in meiner Freizeit albernes Zeug dichte.«

Ich umarmte und küßte sie und fragte: »Ist es jetzt besser?«

»Etwas«, sagte das Fräulein, »und ich heiße Constanze.«

»Das bedeutet ›Die Standhafte‹«, sagte ich, »deshalb werde ich jetzt die Kette vor die Tür legen, die Klingel abstellen und das Telefon in den Kühlschrank sperren. Ist dir das recht?«

»Es muß mir ja recht sein«, sagte Constanze und seufzte, »schließlich will ich geheilt werden.«

Am nächsten Morgen machte Constanze uns Frühstück und ging zur Arbeit; ich hatte eben ein paar Verse für das Lied getippt, als es gegen die Wohnungstür donnerte. Ich öffnete, draußen stand der Kraftwerksdirektor. »Das hätte ich nicht von Ihnen gedacht!« rief er, stapfte ins Zimmer und ließ sich in den Besuchersessel fallen, »das nicht!«

»Ich nehme an, Sie reden von Ihrer Freundin?« sagte ich höflich, »möchten Sie etwas zu trinken?«

»Von meiner Freundin?« rief der Kraftwerksdirektor und schnaufte, »kennen Sie sie denn? Selbstverständlich rede ich nicht von ihr, sondern von den fünfhunderttausend Kilowatt!«

»Aha«, sagte ich und schwieg.

»Mein Computer zeigt an, daß Sie sie gestern abend verbraucht haben«, schrie der Direktor, »genau fünfhunderttausendeinskommaacht! Wollten Sie mir nicht Schnaps geben?«

»Bitte«, sagte ich und schenkte ihm von dem Weinbrand ein, den er neulich mitgebracht hatte, »bei mir waren gestern nur Licht, der Kühlschrank und der Fernseher an. Vielleicht irrt sich Ihr Computer?«

»Er kann sich nicht irren, er ist unfehlbar!« schrie der Direktor und roch an seinem Glas, »was haben Sie mir übrigens für jämmerliches Zeug eingeschenkt?«

»Das«, sagte ich und zeigte ihm die Flasche, »mein Stromzähler geht nur bis neuntausendneunhundertneunundneunzig und schaltet sich dann wieder auf Null, so daß Sie, hätte ich Ihre Kilowatt verbraucht, es mir nicht beweisen könnten. Aber was sollte ich damit?«

»Was weiß ich!« rief der Direktor, schnaufte, hielt sich die Nase zu und trank sein Glas leer, »jedenfalls sind die Kilowatt weg, und man wird mich auf den Rügener Leuchtturm strafversetzen. Was macht übrigens das Lied?«

»Ich arbeite daran«, sagte ich.

»So!« rief der Direktor, sprang auf und riß das Blatt aus der Schreibmaschine, »zeigen Sie nur her!« Er las laut:

> *»Röter als Rosen*
> *Glüht unser Kraftwerk;*
> *Vor seinem Tosen*
> *Flieht selbst der Saftzwerg!«*

wurde puterrot im Gesicht und schrie: »Aber das ist gut! Der Saftzwerg, das ist der Feind, stimmts? Und jetzt kommt die Strophe?« Er las:

> *»Wenn die Elektronen flitzen*
> *Strahlt die Stadt im Neonschein –*
> *Heller als von tausend Blitzen*
> *Wird die Nacht von morgen sein!*

Ungeheuer!« rief er, »das hätte ich nicht von Ihnen gedacht! Nach einem Jahr wird kein Mensch von mir als von dem strafversetzten Direktor reden, sondern jeder von dem Direktor, der das Lied hat dichten lassen, und ich werde Direktor eines Atomkraftwerks!« Er zählte zehn Hundertmarkscheine auf die Armlehne des Besuchersessels und sagte: »Das wäre das, zwei Jahre Strom und Gas frei ordne ich an, nur eine Angorakatze habe ich nicht bei der Hand. Wie kommt übrigens dieser schwarze Seidenschal auf Ihr Sofa?«

»Ihre Freundin muß ihn vergessen haben, sie war gestern hier wegen des Liedes«, sagte ich.

»So?« sagte der Direktor, »wissen Sie was, nehmen Sie doch statt der Angorakatze meine Freundin. Ich muß sie sowieso loswerden, sie hat gestern abend bei mir zu Hause angerufen, und natürlich war meine Frau am Apparat.«

»Wollen Sie Ihre Freundin nicht wenigstens fragen, ehe Sie sie verschenken?« sagte ich und wurde rot.

»Ich verschenke sie nicht, ich gebe sie an Stelle einer Angorakatze in Zahlung«, sagte der Direktor und schnaufte, »und fragen können Sie sie ja, wenn sie den Schal holen kommt. Sie entschuldigen mich, ich muß in meinen Betrieb.«

Ich ging in die Küche und zerrieb im Mörser Rosmarin, Basilikum und griechischen Majoran für einen Rinderbraten, um elf erschien der kleine lila Nebel. »Ich sehe, Sie sind guter Laune«, sagte er, »nehmen Sie den Tag?«

»Gern«, sagte ich, »nur wieso läuft meine elektrische Wanduhr rückwärts, zeigt mein Schwarz-Weiß-Fernseher seltsame Farben und fehlen dem Kraftwerksdirektor fünfhunderttausend Kilowatt?«

»Na«, sagte der kleine lila Nebel, »wenn man einen Tag bei sich hat, kann so was schon passieren.« Er streckte sich in Richtung der Uhr, sie ging wieder vorwärts. »Ihren Fernseher lasse ich so, ich könnte ihn verschmoren«, fuhr er fort, »und die paar Kilowatt gebe ich zurück, wenn Sie Wert darauf legen. Wo wollen Sie den Tag verbringen?«

»Mit meiner Freundin auf einer Südseeinsel«, sagte ich, »nebenbei, woher haben Sie ihn?«

Der kleine lila Nebel zog sich zusammen und fragte: »Wie heißt bitte die Mehrzahl von *Weltall*?«

»Es gibt keine«, sagte ich, »*Weltall* bedeutet ›Alles, was in der Welt ist‹, also kann es nur ein Weltall geben.«

»Das dachten wir auch«, sagte der kleine lila Nebel trübsinnig, »Ihrs dehnt sich aus, stimmts?«

»Die Astronomen behaupten das, aber ich habe nie begriffen, wohin es sich ausdehnen soll«, sagte ich; »vielleicht nehmen Sie doch einen Cognac?«

»Unser Weltall schrumpft ein«, sagte der kleine lila Nebel.

»Dann dehnt sich unseres wohl dorthin aus, wo Ihrs Platz gemacht hat?« sagte ich, goß Cognac in zwei Gläser und stellte eins neben den Besuchersessel. Der kleine lila Nebel floß um das Glas, schwebte zurück zum Sessel und wurde blaßgrün, das Glas war leer. »Ich weiß es nicht«, sagte er.

»Dann wissen Sie nicht alles?« sagte ich erstaunt.

»Um Himmels willen!« schrie der kleine Nebel, »das waren doch die großen grünen Nebel, die alles wissen wollten! Bin ich etwa nicht klein und lila?«

»Im Augenblick sind Sie ausgesprochen grün«, sagte ich.

»Ihr Cognac macht das!« rief der kleine Nebel und drehte sich um sich selber, bis er wieder lila war, »wieso fallen Sie nicht um, wenn Sie das trinken?«

»Es liegt an meinem Beruf«, sagte ich, »was war mit den grünen Nebeln?«

»Da sie alles wissen wollten, mußten sie immer größer werden«, sagte der kleine lila Nebel, »und je größer sie wurden, desto mehr Sachen fanden sie, über die sie nichts wußten. Schließlich waren sie so groß, daß sie nicht einmal über sich selber bescheid wußten, und als die ersten so groß waren wie zweihundert Milchstraßen, brachen sie zusammen.«

»Und seitdem schrumpft Ihr Weltall?« fragte ich.

»Nicht nur das«, sagte der kleine lila Nebel, »an manchen Stellen läuft die Zeit rückwärts, das heißt, es wird welche frei.«

»Und Sie sammeln sie ein und verteilen sie bei uns«, sagte ich.

»Immerhin sind Sie die einzigen denkenden Wesen in Ihrem Weltall«, sagte der kleine lila Nebel, »aber wenn Sie frieren, sammeln Sie auch nicht die Wärme ein, die durch die Gegend fliegt, sondern verbrennen Kohlen. Wir zerpulvern ein paar Sterne.«

»Und wieviel Tage gibt ein Stern?« fragte ich.

»Sie meinen, wie viele Sterne einen Tag geben?« sagte der kleine lila Nebel, »ich glaube, ein paar hundert. Übrigens reicht der Tag nur für eine Person, aber wir schieben ihn zwischen vierundzwanzig und null Uhr ein, so daß Ihre Freundin nicht merken wird, wenn Sie weg sind.«

Ich goß meinen Cognac in die Flasche zurück und sagte: »Bestimmt haben Sie noch anderswo zu tun.«

»Sie möchten den Tag nicht?« fragte der kleine lila Nebel.

»Nicht, wenn dafür Sterne zerpulvert werden«, sagte ich, »womöglich schrumpft dann Ihr Weltall schneller und unseres dehnt sich schneller aus und verbraucht mehr Zeit, und wir hier werden schneller alt.«

»Ich ahnte nicht, daß Dichter so pingelig sind«, sagte der kleine lila Nebel, »zerpulvert sind die Sterne ja schon. Sie wissen nicht zufällig, wann Ihr Freund Bast-Seidel in China landet?«

»Vermutlich in zwei Stunden«, sagte ich, »es ist dann dort Mitternacht.«

»Dann alles Gute«, sagte der kleine lila Nebel auf sächsisch, machte sich sehr dünn und verschwand.

Halb drei kam Constanze von der Arbeit, wir aßen Rinderbraten mit Apfelrotkohl und tranken dazu Rotwein. »War der kleine lila Nebel wieder da?« fragte Constanze.

»Er war da«, sagte ich, »aber ich habe den Tag nicht genommen, weil ich ihn ohne dich hätte verbringen müssen.«

»Das war viel zu rücksichtsvoll«, sagte Constanze und umarmte und küßte mich; in diesem Augenblick klingelte das Telefon. »Nimm nur ab«, sagte ich und ging in die Küche, um den Nachtisch zu holen; als ich zurückkam, saß Constanze auf dem Fußboden und rieb sich ein Ohr. »Es war der Kraftwerksdirektor«, sagte sie, »er hat entsetzlich gebrüllt, weil er gerade irgendwelche verschwundenen Kilowatt aus seinen Büchern radiert hatte, und nun sind sie wieder da.«

»Ich dachte, es täte ihm leid, daß er dich mir heute morgen an Stelle einer Angorakatze geschenkt hat«, sagte ich.

»Das ist unerhört!« rief Constanze, »wenn es nicht noch Johannisbeergelee mit Vanillesoße gäbe, müßte ich dich sofort verlassen. Lesen wir jetzt das Telegramm?«

»Ich wußte nicht, daß eins im Briefkasten war«, sagte ich. »Es ist an uns beide«, sagte Constanze, »ich fürchte, es steht etwas Unangenehmes darin.« Sie zog ein Telegramm aus der Tasche und schloß die Augen; ich umarmte und küßte sie, und wir lasen zusammen: DANKE FÜR DEN TAG STOP SEID GLÜCKLICH STOP EUER BAST-SEIDEL FLUGHAFEN PEKING.

1982

Sauna oder Die fernherwirkende Trübung

Ich vermute heute, daß ich ihn schon erkannte, als er die Gangway herunterkam; der elegante Sommermantel, das wach zerstreute Lächeln mit gering abwärtsgezogenen Mundwinkeln – das etwa erzählte: Dinge gehen wie sie gehen, immerhin sollen sie das gegen mich tun –, die Leichtigkeit des Schritts mögen mich abgelenkt haben, obwohl ich alles auf Videostreifen studiert hatte, es trifft auch zu, daß ich Professionalität schätze. Unser Beruf ist, schätze ich, zu vier Fünfteln Auftrittskunst; er war perfekt, indem er nichts spielte, sondern sich als Person bot und merken ließ, das sei genug. Derlei kommt nur langjährigen Alleinherrschern zu, doch war er der beste Mann im Kabinett und weltweit ohne ernsthaften Konkurrenten (der romacinische Kollege, der neben ihm hätte Figur machen können, ist, seit seine schöne Frau vom amerikanischen Präsidenten mit der Gattin des Regierenden Generalissimus verwechselt wurde, Botschaftschauffeur in Tibet und neuestens verschollen). Freilich blende ich vielleicht, was ich jetzt weiß, ins nahe Vergangene, zu fragen wäre dann wozu. Ich fertige diese Aufzeichnungen verbotenerweise, nur kümmern mich Strafen inzwischen wenig, und es wird bei uns, soweit mir ermittelbar, nicht gefoltert. Ich räume ein, daß ich die Möglichkeit von Lagen wie meiner augenblicklichen immer bestritten habe, mithin mein Leben falsch gewesen sein kann; in diesem Fall freilich war vieles um mich falsch, und ich zweifele, ob Falsches ein Recht auf Fortexistenz hat. Ferner glaube ich mit wachsendem Alter desto weniger an Freiheit des Willens: Handeln wir auch drei- oder siebenmal gegen unseren Charakter, tun wir das doch beim achten Mal nicht mehr, und alles geschieht, wie es muß.

(Ich habe obige Seite mehrmals umgeschrieben, und befinde mich in einem Zustand des Ärgers. Offenbar zwingt der Wunsch, Verwickeltes überschaubar mitzuteilen, zum Befolgen irgendwelcher Art künstlerischer Regeln. Ich sage das um so unlieber, als ich von Kunst nichts halte. Nicht, daß ich sie als zersetzend verurteile: Staaten, die anders zusammengehalten würden als durch dauernde Gefahr innerer Zersetzung, scheinen mir denkunmöglich. Doch haben Künstler, nur weil sie eine Summe von Tricks beherrschen – etwa eine Stirn oder eine Landschaft mit wenigen Bleistiftstrichen ins Zweidimensionale zu spiegeln und dem Ganzen den Schein schwer faßbarer Bedeutsamkeit zu geben –, die Vorstellung, an der Verschränktheit der Tatsachen vorbeileben zu können; das wäre nicht schrecklich und ließe oder läßt sich als Schmuck brauchen. Vielmehr mischen sie sich mit dem, was sie machen, fortwährend in die Weltordnung. Meine Ansicht ist, sie müssen das nicht wollen: es geschieht. Und zwar, indem sie sich ganz auf ein Ding oder einen Vorgang konzentrieren und diese angeblich in aller Reinheit der Erscheinung oder Struktur bieten, im Ernst zeigen sie sie nackt. Ich nenne das nicht schamlos, es stellt aber alle mit dem unreinen Wirklichen Befaßten vor eine hingetäuschte höhere Instanz. Ich habe als Pressereferent unseres südlichen Chemiekonzerns – verstimmt über die endlosen Berichte, aus denen ich was Sache war täglich zu filtern hatte – einmal einen Lehrgang zum Abfassen reininformativer Meldungen eingerichtet und die nötigen Kürz-Techniken in Regeln gebracht, den Versuch aber nach wenigen Übungsstunden abgebrochen. Wovor mein Gefühl mich damals warnte, war das Einsikkern von Kunst ins Leben. Verbände denkfähiger Wesen überdauern mit Hilfe der eben geltenden Verschleierungen, die, geglaubt oder nicht, über die Löcher im Realen trösten; Kunst will die Schleier wegziehen. Wie viele mögliche Feinde hätte ich, Hunderte Schriftstücke als mitteilungsleer enttarnend, beschäftigungslos, d. i. gefährlich gemacht! Bedenke ich, was einen Mann wie ihn das Amt hat annehmen lassen, finde ich als Gründe: Naivität, Hang zum rund Vollendeten, und Verzweiflung an der Menschheit. Tatsächlich schätzt er Gegner für wenigstens halb so intelligent wie sich selber, was schon zu Nervenzusammenbrüchen geführt hat; statt Unkenntnis von Verhandlungspartnern zu nutzen, kränkt sie ihn, und er hilft ihr ab; Verzweifeln an der Menschheit schließlich setzt einen Rest Zutrauen in diese voraus. Ich hasse Schimpfwörter und nenne ihn nicht Demokrat, Künstler sind immer für die Diktaturen, die ihnen die Werke verbieten oder aus Schlampigkeit drucken lassen, auch hat sein Einfall, sittliche Sehweisen in die Weltpolitik zu schmuggeln, seit Jahren Erfolg. Was mich, von Vergangenem abgesehen, aufbringt, ist, daß ich, kaum vor leerem Papier, seiner Art mit Vorfallendem umzugehen mich anbequeme: ich muß hoffen, nie Leser zu haben, und zögere beim Formulieren, als wünschte ich welche. Ich will von nun an streng beim Gang der Ereignisse bleiben.)

Der Besuch des transsylvanischen Außenministers war für Mittwoch* nach meiner Berufung angekündigt, und ich

---

* *Ich setze »Mittwoch« für eine dunkle Zeichenreihe, die das Zahlwort »drei« enthält und der weitere unentzifferbare Ausdrücke folgen. Nach einer Mutmaßung der Mannschaft Dr. Eisenlöcher vom* Institut für Volkskunde und Dekodierung** *galt bei Niederschrift die Dekadeneinteilung der Monate, und Verfasser, noch an die Sieben-Tage-Woche gewöhnt, mißbilligt das durch Flüche. Ich danke an dieser Stelle der Mannschaft und erwähne besonders E.s Erfindung des* Dreiköpfig Einkristallinen Multiplen Zeichenaufeinanderabbilders mit Regelbarem Drehmoment *(DEMUZER), ohne den niemand Obenstehendes lesen könnte und über dessen Ächtung gerade weltweit verhandelt wird; er dürfte also bald in jedem Kinderzimmer stehen. Ich versichere ferner, daß ich an* HIRAGTIME (Hochenergetisch Induzierte Rückkrümmung Gravitationsisolierter Raum-Zeit-Felder, vulgär Zeittransport) *nicht glaube; wahr ist allein, daß an einem Augustsonntag*

hatte Omnfack gebeten, mir Material vorzubereiten, das Ergebnis war jämmerlich. Ich drückte die Taste zu Omnfacks Büro, löschte den Ruf aber und ging ins Vorzimmer, wo der Duft von Kaffee sich mit dem frischer Hefebrötchen angenehm mischte; von einem der Ledersessel hinter über Eck angeordneten Glashohlkörpern, in denen tropische Pflanzen derart gediehen, daß ohne die Trauermusik aus dem Radio man die Blätter morgendlich sich regen zu hören hätte glauben können, sah ich der Sekretärin zu, die das Frühstück richtete und dabei auf dem Monitor rhythmisch wechselnde Bilder gelegentlich nachregulierte. Sie trug ein ärmelloses mittelblaues Leinenkleid mit schmalem Gürtel aus Goldimitat und sehr leichte Sandalen, die das Braun der Haut leuchten ließen; offenbar gehörte sie zu den magerschlanken europäischen Frauen, die, aus Beschäftigtsein oder Gewöhnung sich zusammenzunehmen, zwischen achtundzwanzig und Ende vierzig nicht altern. Ich überlegte, wie sie in der Umarmung sich gehen lassen

dieses Jahres ein sechsunddreißig Blätter dickes Konvolut in meinen Briefkasten praktiziert war, dessen wasser-, feuer und korrosionsfestes, nur mit Ziffern und Interpunktionszeichen bedecktes »Papier« nachzuerzeugen bisher fehlgeschlagen ist. Für Interessierte merke ich an, daß heutige Geheimschrift-Entschlüsselung vor allem zur Irreführung bestimmte Zeichen von den informationstragenden zu scheiden hat. Die Täuschbuchstaben sind dabei entweder starr festgelegt, was indes durch Entropiebetrachtungen gut auszumitteln geht, oder werden durch »markierte« Zeichenklumpen an- und abgekündigt; letzteres birgt die Gefahr »Semantischer Schwarzer Löcher«, d. i. des Verschluckens einer Nachricht durch sich selber. Ich verweise auf neuere, selbstverständlich abzulehnende Theorien vom »Informationstod der Geheimdienste«. Trotzdem ist es schon traurig: Würde nur ein Zehntel der fürs Knacken sogenannter Hochvertraulicher Daten *verwüsteten Energie auf das Versorgen der Bevölkerung mit nach Kartoffeln schmeckenden Kartoffeln, Knoblauch und eßbaren Konfitüren gewandt, lebten wir alle wie Gott in Frankreich!*
Berlin-Marzahn, im Dezember 1983　　　　　　　　　　　R.K.
** *Das Institut findet sich unter diesem Namen nicht im Telefonbuch, man mag mir getrost glauben, daß es existiert. Oder möchte mir jemand erklären, wie ein Text, der seine Entschlüsselung allein dem* DEMUZER *verdankt, diesen ganz selbstverständlich nebenbei erwähnt?*

würde, und sagte, als sie zu Kaffee, Butter und Brötchen zwei Schalen mit Milch übergossener roter Johannisbeeren brachte, ich wünschte sie privat etwas zu fragen. Ohne weiteres reichte sie mir ein Album, das außer Familienaufnahmen – ein bärtiger halbentschlossen blickender Mann, zwei erwachsen werdende Töchter – datierte Gruppenfotos enthielt, sie hatte demnach schon bei meinen Vorgängern Dienst getan. Ich gab ihr Omnfacks Dossier und bat um ein Kurzurteil. Sie überflog, während wir frühstückten, die Blätter, berührte den Rechner an ihrem Handgelenk und schob den linken Arm so über den Tisch, daß ich die Ziffer – eine Vier mit Minuszeichen – bequem lesen konnte. Ich hielt unseren Pakt damit für besiegelt, verlangte aber noch Omnfacks Zimmernummer, sie schrieb sie auf und erklärte den Weg. Ihre Stimme war spröde und geschult; als ich in der Tür stand, betrachteten wir einander sekundenlang mit höflichem Interesse.

Auf dem Gang vergewisserte ich mich, daß mein Tonaufzeichner gearbeitet hatte, und schaltete den Schritt-Winkelschreiber ein; ich befand mich in einer Stimmung vollkommener Sicherheit. Ich schwankte, ob der Fußboden seine hallfördernde Konsistenz der Faulheit oder einer Absicht des Architekten verdankte, entschied mich aber, da die Türbezifferung mir unverständlichen Regeln folgte, für Absicht. Wie gestern, als Omnfack mich auf der Freitreppe begrüßt und über Aufzüge und Korridore so beflissen wie ungeduldig zu meinem Büro geleitet hatte, staunte ich, daß kein Mensch mir begegnete; ich widerstand der Versuchung, irgendwo einzutreten und nach der transsylvanischen Abteilung zu fragen (die, falls es sie gab, ja ebensogut Kongregation oder X 5 heißen konnte; ein Chef hat, meines Erachtens, in den ersten vierzehn Tagen seiner Amtswaltung auch kleinste Fehler zu vermeiden und muß noch zwei Monate immer mit der schlimmstmöglichen Wendung rechnen, danach kann er ungefähr tun, was ihm beliebt). Ich genoß den Klang meiner Schritte und erinnerte, wie – vor hundert Stunden! – Magdalona mich mit einem Überfall sommerlicher Zärtlichkeit geweckt und später das Siebenuhr-Bulletin vorgespielt hatte, das meine Ernennung meldete; ich hatte sie sofort nach Hause geschickt, Toilette gemacht und Fladenbrot zu ungesüßtem Tee auf dem Balkon genommen, so daß ich die graue Limousine bemerken und die Herren im Freien erwarten konnte. Übrigens werden einem während der Fahrt keineswegs die Augen verbunden, die Abdunkelung des hinteren Coupéteils genügt; auch enthält die so oft beschriebene Villa, soweit mir einsehbar, außer wenigen lebensgroßen massivgoldenen oder vergoldeten indischen oder chinesischen Skulpturen nichts Kostbares. Der Interimistische Verweser, der, korpulent und kahlköpfig, zwar einem Buddha ähnelt, was täglichem Betrachten jener Standbilder geschuldet sein mag, sich aber derart behend bewegt, daß ich die ihm angedichteten Karatekünste glaube, empfing mich in Hemdsärmeln, ich ertappte mich bei dem Gedanken, wieso gerade er alle drei Katastrophen heil überlebt hatte – als wäre, zählte er zu den Toten, nicht ein anderer an seiner Stelle. Statt einer Begrüßung hatte er mich aus dem Jackett genötigt, das er – ich trug den grauen Flanellanzug – betastete und sorgfältig über einen Sessel hängte; er sagte bestgelaunt: »Im Ernst Wolle, beziehen Sie bei Ahmed?«, packte mich, als ich verneinte, beim Ellbogen, kommentierte: »Es gibt Quellen im Land, von denen ich nichts ahne, Quellen!« und führte mich durch die knapp möblierten, mit schönen Teppichen ausgelegten Räume; dann rief er »Imbiß? Imbiß!« und stapfte auf die weinlaubumwachsene Veranda zu, aus der wir in einen englisch gepflegten, von Vogelgezwitscher erfüllten Garten blickten. Offenbar unterhielt ihn gleichermaßen, wenn ich eine Speise oder ein Gewürz erkannte, wie wenn er Namen oder Rezeptur zu erläutern Gelegenheit hatte; zum Schluß ließ er mich aus serviettenumwickelten Flaschen eine Cognacsorte wählen, grunzte anerkennend: »Der teuerste!« und fragte unter hochgerissenen Brauen: »Was schätzen Sie an mir?« Meine Antwort – die Unsichtbarkeit seiner Wächter betreffend – schuf einen Moment heiterster Harmonie, ich fragte also, welche Instruktionen er für mich hätte. Er sagte akzentuiert: »Es kippelt alles, nehmen Sie nur immer die längsten Balancierstangen«, ich bat um Namen oder Nummer des mir Überordneten oder des Verbindungsmanns zu diesem. Im Garten hatten schwarze Diener mittlerweile eine Tischtennisplatte aufgestellt; er erhob sich, murmelte: »Verbindungsleute wimmeln überall, vielleicht sollten Sie doch bei Ahmed vorfahren?«, half mir ins Jackett, gewann, womöglich durch das erneute Betasten des Wollstoffs, seine Laune zurück, boxte mich in den Oberarm, ließ per Knopfdruck die Frühstückstafel samt allem was darauf war versinken und lief elastisch in den Garten, wo sich ein magerer, zäh wirkender Deutscher oder Schwede mit eingeschlagenem Nasenbein tummelte; die beiden begannen einen furiosen Ballwechsel.

Seit meinem sechsunddreißigsten Lebensjahr bemerke ich an mir die Fähigkeit, auf geringe äußere Unregelmäßigkeiten – die ja immer etwas bedeuten – auch tiefbeschäftigt zu reagieren; die Tür, vor der ich mich fand, unterschied sich von den übrigen, nur mit Nummern versehenen durch eine in Messing ausgeführte Reliefschrift ARCHIV. Ohne zu zögern hielt ich meine Schlüsselkarte in die Aussparung des Infrasensors, die Tür fuhr überraschend geräuschlos in die Wand und schloß sich mit leichtem Schnappen hinter mir. Als hätte er mich erwartet, stand im Vordergrund des fensterlosen Raums ein fast zwei Meter hoher, bleicher Mann mit zerstrubbeltem grauschwarzem Haar, der mich merkwürdig glücklich lächelnd begrüßte; er bestieg ein schaukelpferdgroßes Elektromobil und fuhr, mehrfach die Richtung wechselnd und in einer Art Mitteilungszwang ununterbrochen redend, mir von Zimmer zu Zimmer voraus. Das Archiv, verstand ich, war vor fünfundzwanzig Jahren als Aktenablage eingerichtet und seitdem zu einer gleichsam alleserfassenden Datei geworden, wobei höhere Zuständigkeitskämpfe (er sprach von »Gruppen Übelwollender, Gleichgültiger und Fördernder«) zur Bewilligung immer neuer Räume und Maschinen, andererseits zu laufender Reduzierung des Personals geführt hatten. Da er nicht aufhörte zu reden, blieb ich im achten oder neunten Saal einfach stehen, er kam hinkend zurück und verharrte in düsterer Schicksalsergebenheit. Ich studierte eben eine handgezeichnete Tafel, derzufolge das Archiv nicht nur die meisten Zimmer des Hauses, sondern auch die Kellergeschosse der benachbarten Amtsgebäude einschließlich des Armeemuseums einnahm; um ihn aufzumuntern, erkundigte ich mich nach dem Sinn einer weiß übertuschten rotumrandeten Spirale im Innern. Er murmelte etwas von »Resten aus den Hundert Tagen der Physiker« und brach derart in Schweiß aus, daß ich die Geduld verlor und fragte, bis wann er mir Material über Cherryss beschaffen könne. In diesem Moment ging eine erstaunliche Veränderung mit ihm vor. Sein Gesicht gewann Farbe, der Ausdruck der Augen wechselte von Weltverdruß zu flacher Erfassensbereitschaft, er sagte: »Biografie, Psychogramm traditionell und analytisch, zwanzig Seiten Reden, sechzig Minuten Film«, nickte, als ich die Filmzeit auf fünfzehn Minuten begrenzte, verschwand und kam auf seinem Fahrzeug zurück, das, wie ich jetzt bemerkte, mit einem Datengeber ausgerüstet war, den er in voller Fahrt bediente; wie um seine Fähigkeiten vorzuführen, leuchteten ringsum Zahlen auf, Spulen drehten sich, und den Saal erfüllte das die Weltordnung imaginierende Summen* der Rechner. Ich winkte ihm anzuhalten, und wir verabredeten uns für Mittag; obwohl ich erklärte, allein zurückzufinden, folgte er mir und betrachtete am Ausgang nachsichtig meinen Schritt-Winkel-

---

* *Die ziemlich aus dem Stil fallende Wendung ist nicht als Zitat gekennzeichnet, womöglich war sie zur Niederschriftszeit gang und gäbe. Freilich funktionieren schon heutige Großrechner lautlos; denkbar wäre, daß man das Summen den Maschinen später als seelenpflegerischen Service wieder beigegeben hat.* R.K.

schreiber, vermutlich besaß er besseres. Drei Minuten später schlug ich gegen die Tür von Omnfacks Büro.

Ich hatte mir vorgenommen, den Kampf ohne Schonung auszutragen, den Umständen entsprechend hielt Omnfack sich passabel. Sollte ich ihn beschreiben, würde ich ihn einen mäßig überernährten, durch lange Hochbeanspruchung asymmetrisch gealterten Melancholiker nennen, dessen Muskulatur nirgends normalgespannt, sondern teils verhärtet, teils erschlafft war; dennoch verfügte er über Reserven, die wohl aus früherem Training oder der Überzeugung rührten, das Leben sei einmal so und müsse weggeleistet werden. Ich ging mit leichtem Nicken an ihm vorbei, schritt das Zimmer ab, das sich hauptsächlich durch Staub und ein Dutzend längs der Wände gereihter verschlissener Sofas auszeichnete, und begann mit der Frage, wie er wirklich heiße. Er zeigte keine Reaktion, ich vergrößerte den Abstand und sprach so leise, daß er in die Mitte des Raums zu stehen kam und sich nirgends anlehnen oder aufstützen konnte. Ich sagte: Ob es nicht leichtsinnig sei zu meinen, ein promovierter Chemiker wisse kein Latein? warum er sich nicht Faktotum nenne? oder Klein Jehova? oder gut sylvanisch Allesmacher? Wer, ferner, das blödsinnige K an seinen Namen gehängt habe? ein Analphabet? ein verkrachter Verschlüsselungstechniker? oder er selber aus Potenzprahlerei: *Omnfack = 0mnfick = Allesficker?* Ob er womöglich pornographische Photos sammle? Einer Eingebung folgend, schlug ich die Decke des nächstbefindlichen Diwans zurück, Schubkästen enthielten eine Kartei im Zustand schwer beschreibbarer Verwahrlosung. Ich riß eine Lade heraus, ging auf ihn zu und sah, wie sein Gesicht sich graugrün verfärbte, offenbar hatte er nachts getrunken und vertrug die vertikale Lage nicht. Ich spürte, wie ich in Wut geriet, ließ die Lade fallen und schaltete das Radio ab, dessen fortwährend wechselnde Trauermusik mich störte; das erwies sich als taktischer Fehler. Er wankte zu einem Sessel, stützte sich hinein und erklärte mürrisch, er verantworte nicht die Benennung seiner Funktion. Ich habe als Kind gern Detektivromane gelesen und mich auch später oft tagträumend in die Person des jeweils Aufklärenden versetzt; erstmals konnte ich nun dem Muster der *Vorletzten Seite* – da ein Netz aus Indizien und Ahnungen gelassen und für immer zugezogen wird – handelnd folgen. Ich legte den Schritt-Winkelschreiber auf den Tisch, schaltete das Radio – mit sehr schwachem Ton – wieder ein, setzte mich, bediente mich aus meiner Taschenflasche mit Sliwowitz und sagte: »Nehmen wir an, jemand, der – vielleicht als Sprachregler – in einem Exportunternehmen arbeitet, wird nach der Zweiten Großkatastrophe zu einer Reserveübung einberufen, seine Funktion und ein verstauchtes Knie bringen ihn in den Manöverstab. Er hätte dort nichts zu tun gehabt als Generäle anzustaunen, die eine Desinformationsabteilung unterhalten und deren Verlautbarungen glauben, so daß sie etwa nicht existierende Regimenter aus ebensowenig existierenden Depots zu versorgen anordnen; er geriet indes an einen Enthusiasten. Dieser, ein Oberst, befehligte eine kleine Eingreiftruppe, die feindliche Kommandostände und Raketensilos ausheben sollte, im Ernstfall also in Labyrinthen operieren müssen würde. Dafür hatte er ein Handgerät erfinden lassen, das mit einem Fühlstrahl Weglängen und Abzwigwinkel maß, speicherte und als spreizbare Übersichtszeichnung abrufbar hielt; drückte man die Rückwegtaste, wies es per Ton oder Bild die Richtung und brach bei Fehlschritten in ein überaus widerwärtiges Fauchen oder Flackern aus. Die Mannschaft trainierte in den Katakomben eines frühchristlichen Klosters und hatte kindischen Spaß, aus verschlungensten Gängen jedesmal verlustlos wieder zusammenzutreffen; als Folge ihres Eifers endete das abschließende Großmanöver statt nach drei Tagen nach drei Stunden. Der Oberst hatte das nächste logistische Zentrum besetzen lassen, einen an der Wand hängenden Verteilungsplan benutzt und sich von einem Luftkommodore, mit dem er die Freundin teilte, drei Geschwader Kleinhubschrauber ausgeliehen; bevor sie einen Schuß abgeben konnte, war die als Sieger vorgesehene Gegenpartei ohne Flächenwaffen, Treibstofflager und strategisches Kommando, und ihre sinnlos herumstehenden Einheiten konnten, wie der Oberst sich ausdrückte, unter Führung von Leutnants diszipliniert in Massengräber einrücken. Wie Sie sich vielleicht erinnern, wechselte damals der Verteidigungsminister. Unser Mann, auf ihn zu kommen, zog die Uniform aus und ging um etliche Erfahrung reicher in sein Zivilamt; allerdings vergaß er, das Gerät – der Oberst nannte es Schritt-Winkel-Schreiber, die Mannschaften Fauchwilli – wieder abzugeben. Würden Sie einen Blick darauf werfen?« Ich hatte bis hierhin im lockersten Ton gesprochen und ging jetzt zur Nordseite des Zimmers, die ein mißfarbener Samtvorhang verhüllte; ich fuhr schärfer fort: »Heißen Sie wie Sie wollen, es ist mir egal. Sie sind Sicherheitsbeauftragter, Sie sind Persönlicher Referent und waren das bei meinen Vorgängern; Sie könnten das erste sein, brächten Sie den Mut auf Leute zu benutzen, und das andere, entschlössen Sie sich wer zu sein, indem Sie dienen. Sie sind unfähig zu beidem. Sie haben ein Archiv im Haus, das mehr weiß, als Sie in tausend Jahren auf Ihre Karten klieren können, aber Sie wollten von niemandem abhängen. Statt dessen hängen Sie ab von Ihrer Halbbildung: Sie wissen nicht einmal, wie man ein Stichwortregister anlegt. Nebenbei argwöhne ich, die Sofas dienen nicht nur als Nachrichtenbehälter, sondern auch als Schlafstellen bei irgendwelchen Krisenwachen, die Sie veranstalten; haben Sie nicht Nachttöpfe unter einem? Jedenfalls bemerke ich keine Toilette, und Sie werden Ihre Junggorillas doch nicht nachts in Korridoren mit vertauschten Türnummern pfadfindern lassen. Es sei denn, die Toilette wäre hinter diesem Vorhang.« Ich entsicherte, für den Fall, er verlöre die Beherrschung, meinen silbernen Diffusator (den ich, aus der Villa zurückkehrend, samt einem signierten Büttenblatt mit den Worten *Kleine Ermunterung zur Umsicht* im Jackett vorgefunden hatte), er wandte mir wie in Trance nur mühsam das Gesicht zu. Ich setzte mich auf die Kante eines halbwegs sauberen Sofas und sagte: »Möglicherweise verdiente jeder Ihrer Chefs Verachtung, und ich verdiene nichts Besseres; das vorzuführen war Ihnen Ihr hübscher Dienstname zuwenig. Sie haben mir Angaben über Cherryss geliefert, die mich, wäre ich etwas fauler als ich bin, das Amt kosten mußten; vermutlich wollten Sie mich nicht einmal hereinlegen, sondern sind ein Opfer Ihrer eigenen Kartei. Immerhin wußten Sie, bei wem ich zum Tischtennis war –« (Es gehört zu den Üblichkeiten politischen Gesprächs, den anderen irgendwann mit einer sachten Wahrheitsverrückung zu prüfen, nur Altgediente reagieren darauf kühl und schlagen einem die Kleinigkeit später um die Ohren. Cherryss hat zu Beginn seiner Laufbahn den religionskranken Chefminister eines Drittlandes gestürzt, indem er ihm erzählte, die transsylvanische Führung knabbere bei ihren Sitzungen in siedenden Honig getauchte Termiten; der Mann brauchte auf einem Wahlkampftreffen prompt die Formel »Die transsylvanischen Heuschreckenfresser« und verursachte einen derartigen Aufruhr der Fernsehkommentatoren, daß Cherryss' berüchtigte *Sieben Nicht-Regeln des Umgangs von Staaten miteinander* wenig später widerspruchslos beim Weltrat durchgingen. Omnfack war in diesem Augenblick nicht mehr imstande zu spielen: er wußte nichts. Einzelheiten meines Besuchs in der Villa waren demnach auch über den Innenkanal nicht weitergelangt; ich hatte so allen Handlungsraum, den ich mir nahm, konnte aber ohne Aufwand jederzeit fallengelassen werden: Ich war ein Experiment des Interimistischen Verwesers.) Ich sagte: »Was immer Sie wußten, Sie hingen an Ihrem Lieblingsspaß. Vier Minuten Korridor zwischen Chef und Referenten sind wirksamer als Stahlwände: Kein Hochbetrauter verläßt ohne Not ein Revier, das ihm die Unheimlichkeiten der Welt draußenhält, und riskiert, sich in Fluren zu verlaufen, die er zu kennen hätte und ebendeshalb nie kennenlernt. Daß ein Neuling wie ich im eigenen Amt mit

Kompaß und Uhr herumtappt, ist so unwahrscheinlich, daß damit nur rechnen würde, wer etwas mathematische Statistik weiß: er hielte Unwahrscheinliches nicht für unmöglich. Sie tun das immer noch, dabei hätten Sie das Wegschema auf dem Schritt-Winkelschreiber lesen können, es kehrt in sich selbst zurück. Irre ich nicht, ist die Verbindungstür hier.« Ich war mit drei Schritten am Vorhang, zerrte ihn grob auseinander und sprang erschrocken zurück: Die morsche Halterung an der Decke brach, und die Stoffbahnen sanken, große Mengen Staub von sich gebend, mit einem häßlichen Geräusch in sich zusammen. Als die Sicht wieder frei war, starrte Omnfack, auf seinen Sessel gestützt, mich höhnisch an; an Stelle der erwarteten Tür stand ein gotischer Schrank, wie ich ihn aus Abbildungen von Alchimistenküchen im Chemielehrbuch kannte. Die eichenen Schnitzereien waren von so abweisender Solidität, daß ich mich fast bei Omnfack entschuldigt hätte, allerdings hatte er das Sicherheitsschloß nicht verblenden lassen. Ich wies darauf, er öffnete mit einem winzigen Schlüssel; ich überholte ihn noch im Durchgang und drückte stehend die Taste zum Vorzimmer. Die Sekretärin nahm das Bild, das sich ihr bot – Omnfack lehnte, um Jahre gealtert, an der Wand, ich saß hinter dem Schreibtisch –, so vollendet reaktionslos auf, daß ich Sekunden erwog, mit ihr für den Rest des Lebens auf einer tropischen Insel zu siedeln; ich sagte: »Herr Omnfack und ich sind übereingekommen, künftig jene Tür zu benutzen, sie bleibt vorläufig unverschlossen, in den nächsten Tagen wäre das Schloß zu wechseln. Die Übereinkunft hat Herrn Omnfack Kraft gekostet, er braucht einen Stuhl, hundert Gramm Wacholderschnaps und Bier.« Sie brachte das Verlangte mit schöner Selbstverständlichkeit; während Omnfack sich zusehends erholte, verfügte ich: *(1) Der Zustand des Arbeitsraums des Persönlichen Referenten (Omnfack) wird nach Inaugenscheinnahme als unzumutbar eingestuft, Mobiliar samt Inhalt sind binnen 48 Stunden von städtischen Arbeitern auf den Hof zu werfen und dort zu pulverisieren. Über den anti-*

ken Schrank wird gesondert befunden. (2) Der Persönliche Referent (Omnfack) wird verwarnt wegen Alkoholmißbrauchs. (3) Der PR (O) erhält eine strenge Rüge für Vernachlässigung seines Äußeren, zwecks Neueinkleidung sind ihm 5 (fünf) Monatsgehälter brutto, zinslos und terminfrei aus dem Kommunikationsfonds vorzustrecken. Er wird beauflagt, zu den transsylvanischsylvanischen Verhandlungen übermorgen a) korrekt angezogen, b) mit einer siebenköpfigen Expertengruppe zu erscheinen, die aus sechs tatsächlichen Experten und nur einem Allgemeinkundler besteht, bei letzterem darf es sich um keinen Fanatiker handeln. Wünscht der PR (O) die Rolle eines des Experten selbst zu übernehmen, sind dichteste Detailkenntnisse gefordert. (4) Die Angelegenheit gilt als strikt hausintern, Mitteilungen an Zweitstellen bedürfen der Unterschrift des Ministers. – Ich befahl Omnfack, zu Hause auszuschlafen, machte aber seiner säuglingshaft zerlaufenen Miene wegen noch etliche Aufnahmen mit dem Sofortholographen, dann gab ich der Sekretärin den Weg in sein Büro frei. Als sie zurückkam, gingen wir Blick in Blick sehr langsam aufeinander zu; da sie den Schritt-Winkelschreiber bei sich hatte, beließ ich es bei einem Handkuß. Wir tauschten unsere Vornamen – sie hieß Sylvia –, und ich fragte nach einer Verbindung mit Ahmed; sie hob leicht die Brauen und buchte für den Abend einen Platz im Linientaxi. Die folgenden anderthalb Stunden verbrachte ich im Archiv, wo mein Lob des Cherryss-Materials den Verwalter so entzückte, daß er mich zu *Zwiebel-Maronen-Kuchen mit grünem Tee* in seiner Familie einlud; die Speise, beteuerte er, sei, wenngleich ursprünglich banatisch, »Symbol einstiger, mithin wiederzuerlangender Erdverbundenheit aller Sylvanischsprechenden«, ich sagte für nächste Woche zu. Magdalona, die ich in meine Wohnung bestellt hatte, war diesen Nachmittag verspielt-drängender als gewöhnlich (obwohl ich mich auch sonst über sie nie beklagen konnte, insbesondere schätze ich ihr Talent, meine jeweilige Stimmung zu ahnen und mich die Welt schnell vergessen zu lassen; daß sie als Novizin einer *quellentreu-avantgardistisch* sich nennenden

Musikergruppe Theorien über das »Auflichten zeitgenössischer Partituren durch hochbarocke Artikulation« öffentlich anhängt, stört mich wenig. Sie hat mir das Prinzip gelegentlich zu demonstrieren versucht, und ich konnte mich am Ende nur retten, indem ich sie aufs Bett warf; im übrigen beruhigt mich ihr Gitarrenspiel, während schon der Anblick der Klarinette – seit ich sie beim Üben in eine Art Trance habe geraten sehen – mich hilflos wütend macht. Ich projiziere, hat sie mir erklärt, in das geschnäbelte Ebenholzrohr, das sie seitdem nicht mehr mitbringt, »die Penisse aller Männer, auf die sie in meinen unterbewußten Phantasien wild« sei, selbst falls das wahr ist, halte ich dergleichen Betrachtungswinkel bei einer Vierundzwanzigjährigen für unpassend.) Ich schlief aufs angenehmste erschöpft in ihren Armen ein und ließ sie als Wächterin in der Wohnung, pünktlich neunzehn Uhr bestieg ich das Linientaxi nach Idemeneoburg.

Soviel mir vom Hörensagen bekannt, ist der Teppichhändler Ahmed ein Abkömmling armenischer Steuerpächter, die sich dem 1915er Massaker in der Türkei durch enorme Kontributionen entzogen und von ihrem Besitz einzig eine Molybdänmine behielten, die die Türken für Dreck erachteten; die Sippe stellte – mag das stimmen oder mag Ahmed es haben erfinden lassen – fünfundsiebzig Jahre später den chinesischen Staatsbankpräsidenten, vierzehn Hauptbevollmächtigte übernationaler Konzerne, zwei (von fünf) Maffiakoordinatoren und einen Wagnerdirigenten, der zur fraglichen Zeit über das größte flüssige Vermögen verfügte; aus verwickelten religiösen Gründen begann sie sich indes um die Jahrtausendwende auszurotten, und Ahmed floh als Vorletzter der Familie in einem Großhubschrauber, den es ihm noch mit dreiundzwanzig im Landhaus seines bereits gepfählten Onkels liegengebliebenen Perserteppichen zu beladen gelang. Nach einem Irrflug um die halbe Welt erhielt er Asyl in Sylvanien, wo ihm die eines Erdbebens wegen für unbewohnbar erklärte Region Idemeneoburg zur Kolonisierung überlassen wurde. Manche wollen freilich wissen, das Erdbeben habe nicht stattgefunden, sondern sei vom damaligen Gouverneur zwecks Vertuschung kolossaler Mißwirtschaft durch Fälschen seismischer Protokolle vorgetäuscht worden; jedenfalls erschienen fünf Jahre nach Ahmeds Wohnsitznahme die ersten idemeneoburger Fliegenden Händler in der Hauptstadt und boten – ein unerhörtes Ereignis, von dem mir meine Mutter oft erzählt hat – echten Bienenhonig, Blaubeeren, geräucherte Forellen und Brunnenkresse feil, für die sie ungeheure Preise erzielten; sieben weitere Jahre später verfügte die Region über ein ausgebautes Straßennetz, umfassenden Weinbau, riesige Herden einer bisher unbekannten Waldschafrasse und eine eigene Polizei, deren Angehörige, Hüter genannt, sich durch besondere Höflichkeit auszeichneten; ihre je nach Saison helleren oder dunkleren Baumwollanzüge bester Qualität waren lange modebestimmend, und bis heute geht das Gerücht, jemand, der nicht mindestens dreißig Bienenvölker, einen Forellenbach und mehrere Hirschrudel habe, werde in Idemeneoburg nicht Polizist. Der Abend war schön, und ich genoß die zunehmend hüglige, vom späten Licht sanft getönte Landschaft, auf die die kugelsichere Klarsichtkarosse vollen Ausblick ließ; von meinen beiden Mit-Fahrgästen – einer trotz ihrer Jugend aufgedunsenen pockennarbigen Frau, der ein kreppseidenes schwarzes Kleid mit unzähligen Taschen etwas wie Würde verlieh, und einem zäh-ausgetrockneten, dümmlich blickenden Bergbauern mit allerdings bedeutenden buschigen Augenbrauen, der ununterbrochen seine in Bastbeuteln verstauten Einkäufe sortierte – hatte ich mich durch Drücken des berühmten Isolationsknopfes, dem die Taxilinie ihren Namen verdankt, sofort abgeschirmt. Die als Denkmal stehengebliebenen, noch immer brandigen Ruinen des Startplatzes am Stadtrand waren so bald vergessen; vor siebzehn Jahren hatte dort eine Explosion die gesamte, zur Einweihung der von Ahmed finanzierten Linie versammelte sylvanische Führung in die Luft gesprengt, allein zum Verfüllen des Kraters soll ein halber Kubikkilometer Schutt benötigt worden sein. Ahmed entging dem zweifellos auf ihn gemünzten Anschlag nur, weil sein jüngster Sohn den für die Zeremonie gewebten Gebetsteppich bepinkelt hatte und die idemeneoburger Priesterschaft schon in der Hauptstadt weilte; ehe man einen zum Segnen des Ersatzteppichs berechtigten Eremiten aufgetrieben hatte, war alles vorbei. Für Ahmed spricht, daß er der Schilderung des Vorfalls in Lesebüchern bis heute sich widersetzt, wie er auch seinen Namen in sylvanischen Druckerzeugnissen »weder positiv noch negativ« zu erwähnen gebeten hat, was strikt befolgt wird. Darstellungen des den Teppich nässenden Jungen (der inzwischen Ahmeds Verkaufsabteilung leiten soll) auf Gläsern, Tellern, Wandbehängen usf. sind indes allgemein üblich, freilich dürfte bereits die jüngere Generation kaum mehr wissen, was es damit auf sich hat. Nach einer guten halben Fahrtstunde stieg die Frau, wenig später der Mann aus; jene erwartete ein schäbig gekleideter Diener auf dem Bock einer silberbeschlagenen Kutsche, diesen eine wimmelnde Schar Kinder unterschiedlichen Alters, die sich sofort auf die Bastbeutel stürzten und zweifellos alles zerrissen und verstreut hätten, wären sie von der Frau oder Haushälterin des Alten nicht mit etlichen genausitzenden Reitpeitschenschlägen zur Ordnung gebracht worden, beim Anfahren sah ich durch die Rückfront, wie sie sich zum Handkuß – und offenbar zum Beschenktwerden aus den Beuteln – in langer Reihe anstellten. Der Hügelbewuchs wechselte bald von harten Gräsern zu Krüppeleichen und einzelnen Feigenbäumen, und wir hielten auf einem Rondell, in dessen Mitte ein Steingarten sich wölbte; ich zahlte durch Nennen meiner Kontonummer, stieg aus und sah dem Gefährt nach, das rasch Tempo gewann; der Anblick leitstrahlgesteuerter führerloser Autos (die ich aus dem Spielgarten des Verkehrsmuseums kenne) ist mir noch immer unheimlich. Nichtahnend, wohin ich mich zu wenden hätte, folgte ich einem durch beschnittenes Rosmaringestrüpp gesäumten Pfad in den Steingarten. Lavendel, Thymian und weitere mittelmeerische Pflanzen mischten ihre ätherischen Öle der Abendluft bei, leicht betäubt setzte ich mich auf eine gemuldete Steinbank, die, während mir dunkel vor Augen wurde, mit mir versank. Noch heute, da ich, unausweichliche Entscheidungen vor mir herschiebend, neben der Hochenergieanlage des Archivs dies niederschreibe, scheint mir, ich sei sehr langsam gesunken und in mir nur schemenhaft gegenwärtigen gefliesten Räumen zunächst gebadet und dann, auf einer fahrbaren Liege von Raum zu Raum geschoben, verschiedenen, durchweg schmerzlosen medizinischen Tests unterzogen worden; ob im vorletzten Keller tatsächlich eine der grüngekleideten Schwestern allein mit mir zurückblieb, das Licht auf eine mattsilberne Dämmerstufe drehte und, nachdem sie den steifen oder doch irgendwarum raschelnden Kittel abgelegt hatte, mich zu einem vorbereiteten Lager zog, wo wir auf eine weiche, süße und beiläufige Art einander ernsthaft wie Halbwüchsige liebten, ist mir dagegen zweifelhaft: Es dürfte sich – zumal die bei Tisch bedienende Kellnerin jener Schwester glich – um einen der ohnehin gemindertverfließenden Realität später aufmodulierten Traum oder Wunschtraum handeln. Fest steht, daß ich fünfundfünfzig Minuten nach Verlassen des Taxis angekleidet, bestdurchblutet und heiter-erwartend gestimmt in einem schafslederbezogenen Sessel ruhte, dessen Umfeld – sei es der Dunkelheit oder einer, übrigens angenehmen, Restbenommenheit wegen – mir nicht im geringsten erinnerlich ist; ein mit Fackeln versehener Diener trat auf mich zu, und ich folgte ihm über gewundene Steintreppen in eine von Herdfeuern und indirektem Quarzgelblicht erleuchtete Loggia, der mir entgegenschlagende Dunst von Asche und verbranntem Hammelfett brachte mich vollends zu Bewußtsein.

Wer einer porträtgläubigen Öffentlichkeit, der der Fall einer Stirnlocke oder entschlossene Mundfalten mehr bedeuten als Parteiprogramme, Lohnkürzungen und Massenmorde, sein Bild vorenthält, wird damit rechnen müssen, daß die Leute das Bild sich selber machen; ich hatte mir Ahmed als Geschäftsadligen französischen Stils vorgestellt, die, traut man Filmen aus dem vorigen Jahrhundert, zurückgezogen auf Schlössern lebten, mittels Augenbrauenheben Millionensummen transferierten und sich im übrigen aufreibenden Privataffairen widmeten; die um den schweren Eichentisch versammelte Männergesellschaft – einzig in der linken hinteren Ecke stillte eine braungewandete verrunzelte Alte ein knapp vierjähriges Kind mit einem Mohnschnuller – glich mehr einer Räuberbande. Während zwei kahlköpfige, ungeheuer beleibte Köche schwitzend an den Herdfeuern wirtschafteten und ein dritter auf einem Hackbrett riesige lilaweiße Zwiebeln beängstigend schnell mit einem Fleischerbeil in Ringe teilte, lagen die Tafelgäste – offenbar sämtlich Armenier, denn alle waren mager, gurkennasig und aufs eitelste frisiert – mehr auf der Tischplatte als daß sie davor saßen und hatten statt Tellern Schüsseln vor sich, in die sie, die Gabeln gewissermaßen symbolisch festhaltend, mit den Fingern langten; es schien auch, als ob sie die Bissen weniger kauten als mit Tee oder Schnaps herunterspülten. Wenn ich Ahmed sofort erkannte, so hauptsächlich seiner spielerischen Art zu sitzen wegen; außerdem trug er als einziger ein lichtgraues Seidenhemd mit europäischem Kragen, das die teils erdfarbenen flanellenen, teils papageienhaft bunten Oberkörperhüllen der Übrigen ausstach oder doch ins Unernste stufte. Mein Eintreten schien den Lärm der Gespräche zu halbieren, und ich ging ohne Zögern an den Köchen vorbei auf Ahmed zu; sein linker Nachbar erhob sich währenddessen, ohne mir den freien, nur leicht schräggerückten Stuhl anzubieten. Im Moment, da ich zu einer Verneigung ansetzte, stand Ahmed auf und sagte in die plötzlich vollkommene Stille ein – wohl armenisches – dreisilbiges Wort, das ich möglichst genau nachahmte; wir wiederholten die Prozedur, und meine verbesserte Phonetik erntete Gemurmel; ich fügte im Stil eines Sprichworts hinzu: »Der Anblick gesunder knoblauchessender Männer macht einem gesunden Mann Appetit!« Trommelnder Beifall folgte, ich setzte mich; ehe ich aufblicken konnte, stand vor mir eine dampfende Schüssel, zu der mir Ahmed Löffel und Fladenbrot reichte, die zitronen- und safrangewürzte, etwas sämige Brühe mit Hühnerfleisch und mir fremden halbgaren Kräutern war vorzüglich, und ich befriedigte meinen ersten Hunger, bis erneute Stille mich erschreckte. Die Aufmerksamkeit galt indes nicht mir, sondern erwähnter Kellnerin, die auf silbernem Tablett einen gekochten, mit Grünzeug umlegten Hammelkopf hereingebracht hatte und damit den Tisch umschritt. Obwohl sie nicht schön, kaum hübsch war und ihr hellgelber, zwischen Köchinnengewand und Kimono die Mitte haltender Satinkittel nichts Lasziöses hatte, ging von ihr und dem stumpf-weltwissend in die Runde starrenden Tierschädel eine gleichsam mythische erotische Kraft aus; ich bin sicher, daß jeder am Tisch sie, und zwar sofort und notfalls vor allen, haben wollte, die Armenier gierten vermutlich außerdem nach dem Hammelkopf. Dieser wurde, nach Beendigung des Umschreitens, vor der Alten niedergesetzt; mit einem einzigen raschen Schnitt löste die Kellnerin ein Auge aus der Höhlung und servierte es mit wenig Grünzeug auf einem Teller, darauf trat sie zu mir und bediente mich auf gleiche Weise. Ich sah noch, wie die Alte dem Kind von den Kräutern zu kosten gab; Iris und Pupille des Leckerbissens waren glotzend auf mich gerichtet, und ich fiel in eine Starre, während der ich nichts wünschte als zu wissen, ob die Alte das Auge per Hand oder mit Hilfe der Gabel zu sich nehmen würde. Das Ganze kann nur kurz gedauert haben, ich fühlte mich sacht am Oberarm berührt, und die Kellnerin schloß meine rechte Hand um ein Glas; im verzweifelten Bewußtsein, nicht versagen zu dürfen, erhob ich mich halb, als erwiese ich der Gesellschaft meine Reverenz, riß, ohne etwas zu erkennen, die Lider hoch, tastete mit der Linken nach dem Hammelauge, schob es in den Mund, trank sofort aus dem Glas nach und biß erst dann zu; die Schärfe des Tresterschnapses und der Höhepunkt des Ekels verbanden sich zu einem belebend elektrisierenden Schlag, und ich sank, meine Umwelt wieder gewahrend, auf den Platz zurück, wobei es mir noch gelang, etliche Blätter des Grünzeugs in den Mund zu stopfen, sie verliehen dem, was ich kaute, einen Rest Wohlgeschmack. Röhrend vor Beifall, meinte die Tischrunde lange genug Geduld geübt zu haben: Alle sprangen auf und drängten um den Hammelkopf, der schließlich wie lebendig über die Gruppe kurvte und – seltsamerweise ohne an Würde zu verlieren – sei es mit den Zähnen, sei es mit den Fingern entfleischt wurde; die Köche fungierten dabei als Ordner, indem sie dem einen oder anderen die Hand auf die Schulter legten oder das im Gürtel steckende Messer fortnahmen. Ahmed, der der Szene mit merkwürdigem Beteiligtsein gefolgt war, nickte mir jetzt zu, ging aber erst zu dem Kind und küßte es auf die Stirn; jener junge Mann, der mir den Stuhl überlassen hatte, führte mich durch eine hinter uns befindliche Doppeltür in ein grün tapeziertes, angenehm kühles Kabinett.

Englische Klubsessel umgaben einen Schachtisch, auf dem Mokka bereitstand, der junge Mann nötigte mich aus meinem Jackett, hängte es ohne weitere Prüfung auf einen Bügel, beförderte diesen per Knopfdruck in unerreichbare Höhe und ging; das eher lächerliche Bild des baumelnden Kleidungsstücks ist mir gleichwohl als unangenehm im Gedächtnis. Sobald Ahmed erschien, setzten wir uns und kosteten von dem Mokka; er sagte: »Sie hatten Grund, Ihrem Referenten böse zu sein, er wird vernünftig werden?«

»Ich fürchte, ich war grob zu ihm«, sagte ich, »ich habe ihn verdonnert, zu den Verhandlungen übermorgen korrekt angezogen zu kommen, wie soll er das fertigbringen.«

»Ja«, sagte Ahmed, »natürlich haben Sie nicht die Maße.«

Ich nahm aus der Gesäßtasche die Holographieaufnahmen vom Vormittag und reichte sie ihm, vermutlich begann er eben da mich für geschäftsfähig zu halten. Auf ein mir unausmachbares Zeichen trat der junge Mann ein, Ahmed schob ihm zwei der Fotos hin, sagte: »Doppelte Kollektion, für Sommer und Winter, gute Mittelklasse mit irgendwas Falschem, vielleicht Kantoner Seidenschlipse?«, entließ ihn freundlich nickend und sagte: »Mein Sohn; früher hat er Gebetsteppiche bepinkelt, heute verkauft er sie und hofft dadurch die Religion zu zersetzen: Er ist Atheist. Ich billige das, Geschäftsleute ohne höhere Überzeugung sind nichts, sie kriegen den Krebs oder werden trübsinnig; übrigens wird Ihnen Ihr Landsmann Cherryss erzählen, wir zögen Geld weniger aus dem Teppichhandel als aus Mohnfeldern im schwer zugänglichen idemeneoburger Hochland, womit wir vierzehn Prozent des internationalen Opiumaufkommens bestritten, oder siebzehn Prozent.«

Ich sagte: »Ein Gerücht?«

»Ich habe es ausstreuen lassen«, sagte Ahmed, »wer an Rauschgift reich werden will, muß Gangster vertragen, Gangster sind unglückliche Leute, ich lebe lieber unter Zufriedenen. Wir hier« fuhr er mit plötzlich scharf asiatischem Akzent fort, »wollen in Ruhe Wein und Bienen züchten, alle jammern nach Instruktionen, irgendwer muß auch arbeiten.« Er lächelte und hob die Schultern, als hätte er sich für den Weltzustand zu entschuldigen, ich sagte: »Nach Auskunft meines Archivs ist Cherryss Frauenliebhaber, und ich bin fremd in den Gepflogenheiten, wüßten Sie eine Adresse?«

»Ä«, sagte Ahmed und stand auf, »ich rechne Ihnen das nicht an. Soll ich mich von einem Bergbauern erstechen lassen, der an Jungfrauen und den Stein vor seiner

Haustür glaubt und dem die hübsche Tochter in ein Appartement mit pfirsichfarbener Bettwäsche wegrennt? Oder Leibwachen einüben? Leibwachen sind dumm oder denken Umstürze aus, man muß ihnen Tischsitten beibringen und sie notfalls hinrichten, alles teuer. Der Bergbauer soll Wolle liefern, die Tochter heiraten, der Staatsgast süß träumen.« Er ließ, wie wenn er eine Guillotine bediente, das Jackett heruntersausen, half mir hinein und hielt, als ich mich umwandte, den Tonaufzeichner in der Hand. Offenbar erheitert, daß das Gerät nicht lief, sagte er: »Grüßen Sie also Ihren Archivar, und überessen sich nicht an Maronen!«, draußen wartete sein Sohn, dem ich zur Besichtigung der Vorratslager folgte.

(Wie immer ich Prüfungen als notwendig anerkenne, scheinen sie mir doch lächerlich; ich mißbillige weniger den mir zugemuteten Aufwand, noch Ahmeds Vielrederei, die Tarnung sein mochte, als seinen Aberwitz: das Einrichten eines Paradieses inmitten wüst bröckelnder Menschheitsverhältnisse; schlichtes Überlegen sagt, daß die weggeschafften Störgrößen nicht verschwinden, sondern an die Ränder gedrückt werden, wo wir sie auszulöffeln haben. Zweifellos hätte ich sofort fragen sollen, warum Ahmed Cherryss meinen Landsmann nannte; im Archiv erfuhr ich anderntags, Cherryss sei tatsächlich mit zweiunddreißig einer Erbschaft wegen aus meiner Heimatstadt »ohne Aufsehen« nach Transsylvanien übersiedelt und habe dort durch Poesie stillen Ruhm erworben, bis fünfzehn Jahre später die Ehrungen einsetzten, ich maß dem keine Wichtigkeit bei. Immerhin veranlaßte ich den Archivar – der alter, Verse und Philosophie betreffender Verbote halber keine Zeile von Cherryss gespeichert zu haben schwor –, was er auswendig wußte für mich niederzuschreiben; er schickte am Abend ein in Ziegenleder gebundenes, *Liebhabers Entsinnen* betiteltes Heft, das ich mit Magdalona im Bett durchging, ich konnte damit nicht das geringste anfangen, spürte sie aber in Erregungen geraten, die, so sehr sie mir zugute kamen, einen Rest Unmut hinterließen. Im übrigen besitze ich keinerlei Talent, mir längere Wortfolgen zu merken; selbstverständlich hatte ich außer dem von Ahmed inspizierten Tonaufzeichner einen weiteren im Schuh, muß also auch die Äußerungen von Ahmeds Sohn nur kopieren.) Ich fand ihn von höflichster Schweigsamkeit, die »Vorratslager« erwiesen sich als Verbund in einem Salzstock kilometerweit sich erstreckender Textilfabriken, das zweisitzige Gefährt, das wir benutzten, ähnelte dem des Archivars und hatte bequem in den automatischen Liften Platz. Auf meine Frage, ob die Beschäftigten – wie der Volksmund meinte – im Ernst sylvanische Strafgefangene seien, die Meister oder Entwerfer werden und sogar Kinder zeugen dürften, sagte er erstaunt: »Aber das ist doch besser, als wenn sie Ihre Gefängnisse überfüllen«; mit etlichem Stolz zeigte er die vierlerorts ins Salz getriebenen, täuschend natürlich beleuchteten zimmer- bis saalgroßen Aquarien und Terrarien, die, wie er sich ausdrückte, »zur Beruhigung der Gemüter« dienten. Im Entwurfstrakt wählte ich einen taubenblauen Anzug, Seidenhemden mit passenden Wollkrawatten, Socken und Schuhe und für Magdalona ein rostdunkles gefälteltes Batistkleid, das sie bei ihren Auftritten brauchen konnte; mitteilsam wurde mein Begleiter erst, als wir, auf den Rücktransport wartend, in der klaren Nachtluft der Berge standen, mehr aus Langeweile hatte ich gefragt, was Ahmeds Gruß an den Archivverwalter bedeute, er sagte:

»Sie erinnern sich des gebetsteppichsegnenden Eremiten? Es hat damals Tage gekostet, ihn zu überreden, eine Familie zu gründen, statt sich mit Wildziegen zu behelfen, und Wochen, ihm bekömmliche Arbeit zu suchen. Er hängt am Systematischen und versorgte in seiner Einöde eine Pflanzung von ich glaube siebzig Maronensorten, spiralförmig angelegt, die giftigen außen; jetzt füttert er stille Denkmaschinen, wohnt, wie er es für ernsthaft hält, unterirdisch, und Maronen zieht er außerdem in irgendwelchen klimatisierten Bombenkellern. Nebenbei hatte er kürzlich Besuch von Herren des Generalstabs, die ihm antrugen, eines geargwöhnten Überfalls wegen die transsylvanische Zentralprovinz zu entvölkern, mit einem Pilzgift, das sie in die Trinkwasserfilter kippen wollten.«

»Er ist Philosoph, er muß abgelehnt haben«, sagte ich.

»Die Zentralprovinz lebt ja noch und wird in fünfzig Jahren atheistisch sein, ich verkaufe Teppiche dorthin«, sagte Ahmeds Sohn, »aber er war dermaßen wütend, daß er seinerseits die Herren des Generalstabs vergiften wollte.«

»Sie sind bei der Dritten Großkatastrophe umgekommen«, sagte ich.

»Wir lesen hier alle Verlustlisten«, sagte Ahmeds Sohn, »Regierungen sollten nie Ausflüge auf Flußdampfern unternehmen, man weiß doch, wie verrottet diese Art Fahrzeuge sind. Immerhin waren die Herren möglicherweise schon vergiftet, als der Dampfkessel in die Luft flog, und vielleicht ist er bloß explodiert, weil der Heizer aus Gier die falsche Pilzschüssel erwischt hatte.« Wir betrachteten, bis das Auto vorfuhr, den Sternenhimmel, der Chauffeur weckte mich vorm Haus und erkundigte sich nach irgendeiner Straße, wohl der, wo Omnfack wohnte; Magdalona war von zärtlichster Rücksichtnahme, und ich schlief traumlos.

Erfahrung hat mich zeitig gelehrt, mich nicht unnütz zu wundern; ich verdanke dieser Gewohnheit – außer bei physikalischen Spielen trainierter Denkschärfe und einer Vorliebe für klassisch solide Kleidung, die mir zu verschaffen ich manche Demütigung hingenommen habe – wie ich glaube meinen Aufstieg; einer der wenigen überraschenden Anblicke meines Lebens war Omnfacks Erscheinen im Konferenzsaal. Ich hatte, wie erwähnt, Cherryss an der Gangway empfangen und Omnfack alle diesbezüglichen Vorbereitungen überlassen; er stand, in einem für die Jahreszeit etwas zu warmen hellen Lodenmantel und mit tief ins Gesicht gezogenem Sommerhut, samt etlichen Beamten wenige Schritte hinter mir, und ich überreichte Cherryss sofort nach dem Händedruck jenes in Ziegenleder gebundene Exemplar seiner Gedichte, wobei ich die Zeile *Was, wenn die Welt, uns stachelnd, jäh die Sonne* zitierte, die Magdalona empfohlen hatte. Aus dem bisher Mitgeteilten dürfte klar sein, daß ich Cherryss, seit ich weiß wer er ist, verabscheue, dennoch bedaure ich, daß das Vollendete seiner Reaktion niemand außer mir wird würdigen können. Er sah kurz in das Heft, versenkte es so rasch wie ruhig in der Innentasche seines offenen Mantels, gab, als nestele er am Kragen, ein Zeichen nach hinten, wechselte den Gesichtsausdruck zu offiziöser Vertraulichkeit und erzählte – als hätte er Dringlichstes zu überbringen – dicht an meinem Ohr einen Witz, er sagte: »Ein neureicher Anti-Maffioso parliert mit einem Ölmagnaten und wettet, er würde binnen fünf Stunden den Präsidenten von Caracas stürzen, den dortigen Geheimdienst lahmlegen und die Feinkostläden der Hauptstadt plündern, alles ohne Blutvergießen; der Magnat setzt dreihundert Millionen in bar, der Anti Expertisen über neuseeländische Ölfelder, die Einsätze werden bei einem integren Kirchenmann hinterlegt. Der Anti versieht hundert seiner Leute mit je hundert Stück einer neuen Luftballonsorte, fliegt nach Caracas, und die Leute lassen im Geschäftsviertel die Ballons los; die Dinger haben die Eigenschaft, sich in zweihundert Meter Höhe zu stabilisieren und vier Meter Durchmesser anzunehmen, für Werbezwecke erfunden, tragen sie Riesenbuchstaben. Der Präsident hat das Pech, ABBA zu heißen, A BAS! bedeutet im französisierenden Landesjargon *Tod dem!* oder *Weg mit!*, bei zehntausend Ballons und nur vier Zeichen hängt die Losung *Nieder mit dem Präsidenten!* genügend oft am Himmel, und die Bevölkerung begibt sich je nach Temperament auf die Straße oder versucht per Auto oder Fahrrad die umliegende Pampas zu erreichen. Der Geheimdienst, vom Präsidenten angebrüllt, rückt geschlossen aus und trifft im Durcheinander auf hilflose Armee-Einheiten: die Diffusatoren wirken nur bis hundertfünfzig Meter, die alten Handfeuerwaffen kann kein Mensch mehr bedienen, und die Suchköpfe der Luftabwehrraketen nehmen Ballons nicht für Ziele. Der Anti ruft aus einer Telefonzelle die Feinkostläden an und rät, einer Revolution wegen die Schreibtische des Geheimdiensthochhauses mit Delikatessen zu decken, das wird befolgt; die Geheimdienstler, zurückkehrend, denken an Psychodrogen oder Henkersmahlzeit und zerstreuen sich in alle Winde. Von seinen betrunkenen Leuten wird der Anti auf die Schultern gehoben, was sein Schicksal besiegelt: Alle höheren Beamten und Offiziere sind mit Hubschraubern außer Landes, das Volk braucht wen zum Zujubeln, und er muß die Regierung übernehmen, nach einem ersten Einblick in die Staatsfinanzen erschießt er sich.«* »Er hätte für den Anfang die dreihundert Millionen des Ölmagnaten gehabt«, sagte ich; die Kameras sämtlicher Fernsehanstalten waren auf uns gerichtet, und ich spürte, während ich mein Gesicht durch Memorieren von Wärmeaustauschformeln in zweifelnder Neugier hielt, wie Schweiß mir die Seiten herunterlief. »Er hätte sie gehabt«, sagte Cherryss leichthin und wandte sich zum Flugzeug, »wäre nicht der Kirchenmann damit und den Expertisen unter Zurücklassung eines ausführlichen Demissionsschreibens nach Neuseeland gereist«; im selben Augenblick erschienen am Ausstieg zwei Bedienstete und trugen eine prächtige mannshohe Palme ballettähnlich trippelnd nach unten, wo Cherryss sie mir ruhig überreichte. Es waren dies die Bilder, die noch nachts über alle Sender gingen und den Weltillustrierten Titel lieferten; zum Essen beim Archivar zwei Tage später schmückte eine solche vergrößerte Dar-

---

* *Der hier als wörtliche Rede gebotene Text findet sich – unverschlüsselt und stilistisch flacher – ein zweites Mal im Manuskript, und zwar als abgelichteter Ausriß eines »Internen Bulletins«; demnach hätte entweder a) Cherryss einen wirklichen Vorfall jener Tage als Anekdote berichtet oder b) das sylvanische Informationsamt eine Cherryss-Erfindung für glaubwürdig gehalten und als Nachricht verbreitet, letzterenfalls müßten die Kommunikationskanäle nach Südamerika stark gestört gewesen sein.* R.K.

stellung die Rückwand der Wohnküche, und ich hatte der Dreidimensionalität wegen mehrfach Sorge, die Kinder möchten darin verschwinden. Drei von Omnfacks Leuten waren mir sofort beigesprungen und schleppten das Gewächs so dicht hinter uns, daß es, als wir zum Auto schritten, eine Art Baldachin bildete, Cherryss' Frage, worüber wir eigentlich verhandeln wollten, hatte ich an Omnfack weitergegeben, der mir einen Zettel in die Hand praktizierte; sobald ich neben Cherryss im Wagen saß, las ich MÄANDERNDE FLÜSSE und gab ihm das Blatt, er hob die Brauen, lächelte, zerriß es sorgfältig und ließ während der Fahrt die Schnipsel einzeln aus dem Fenster wehen. Auf transsylvanischen Wunsch waren für die Ankunft die Nachtstunden, für den Verhandlungsbeginn »zwecks Erholtseins der Gesprächsführenden« der Vormittag gewählt worden, ich verabschiedete Cherryss an der Treppe des Gästepalasts und schlief wieder tief, einen Schub paradoxer Überwachheit besiegte ich, indem ich Cherryss' Anekdote abschrieb und ihren gestochen simplen Satzverfugtheiten nachhörte, ich ließ den Text in der Maschine. Vier Minuten vor zehn stand ich, von Sylvia bestens mit Frühstück versorgt, im Konferenzraum, das erste Papier, das sie, diesmal meergrün gekleidet und eigentümlich glitzernden Blicks, mir vorgelegt hatte, meldete das Abbrechen der Trauermusik null Uhr und *normalen Sendelauf,* das bedeute, erklärte sie, die Ministerliste (also auch meine Berufung) seien »von nunmehr allen relevanten Kräften« gegengezeichnet, tatsächlich begrüßte mich Cherryss, der samt seinen sieben Sachkundigen drei vor zehn eintraf, ernst von gleich zu gleich. Meine Großmutter, die, vielleicht weil sie fünfzigjährig noch einen goldblonden Nakkenzopf trug und straffe schöne Brüste hatte, seit meiner Schulinternatszeit oft im Traum zu mir redet (Magdalonas Brüste erregen mich weniger durch Form und Konsistenz als durch ständigen Wechsel der Punkte höchster Empfindsamkeit, für den ich keine Erklärung weiß), pflegte, nachdem sie mich gebadet, frottiert und mit Öl gewalkt hatte, zufrieden auszurufen: »Wie aus dem Jungmachautomaten«; eben diesen Anblick bot Omnfack, als er als letzter unserer Beamten hereinkam und leise die Türen schloß. Schlaf, kosmetische Behandlung und Verzicht auf Alkohol hatten seine Züge nicht geglättet, doch gerafft, der Teint war rosig, das zuvor fettige Haar vom Friseur gekürzt und wolkig verteilt, der lockersitzende Anzug symmetrisierte ihn, weiche flache Schuhe bereiteten ihm sichtlich Genuß beim Gehen; selbst der grellochsenblutfarbene kantoner Schlips wirkte, zumal er ihn wie ein Ausrufezeichen vor sich hertrug, als zur Person gehörig, ja verlieh ihm eigentlich Identität. Cherryss, der ihn nachdenklich musterte, eröffnete nach Austausch der Begrüßungsformeln das Gespräch mit dem Satz, man sei, soweit er begreife, konsent über den Verhandlungsgegenstand MÄANDERNDE FLÜSSE, und könnte die Horizonterklärungen auf zwanzig Minuten begrenzen; da ich zustimmend die Handflächen nach oben kehrte, erhob sich einer der transsylvanischen Experten und begann, unter demonstrativer Auslichtung seines Manuskripts, in sacht beleidigtem Ton vorzutragen. Durch Zufall oder Omnfacks Regie saß unser Allgemeinkundler – kenntlich am mißfarbenen Synthetikanzug, der irgendwann Universitätslehrern zugeteilt worden war – dem Redenden gegenüber, und Cherryss und ich bemerkten fast gleichzeitig, wie sie einander ähnelten: beide waren mittelkorpulent, kurzhalsig, flinkäugig und verfügten über jenes selbstgewiß schlaue und subalterne Lächeln, das anzeigte, sie würden, was immer verlangt war, bis zum Schweigen des Gegners beweisen. Übungshalber setzte ich etliche Perioden lang die Floskeln des Transsylvaniers ins hiesige Bürostandard, als dieser sich verhaspelte; unser Allgemeinkundler, eifrig beim Dezimieren der eigenen Redevorlage, half ihm mit der richtigen Wendung; das Ganze bliebe unerwähnenswert, wäre die Korrektur nicht laut im schauderhaftesten Flachlanddialekt erfolgt, der je Sylvanien verunziert hat. Ich sah, wie Cherryss tief über seine Akten gebeugt etwas notierte und den Zettel in eine Hülse schob; scheinbar ins Leere starrend, schnippte er letztere so über den Tisch, daß sie an eine Wasserkaraffe stieß und mir zutrudelte. Ich gab Omnfack ein Zeichen – er richtete sich sofort straffer auf – und geleitete Cherryss zur Tür; auf dem Weg durch die Korridore wurde das Papier in meiner Hand brüchig und zerfiel, so daß ich schließlich nur noch Staub fortblasen mußte. Sylvia, als hätte sie uns erwartet, servierte gezuckerte frische Erdbeeren und trockenen Tokajer in jener Ecke mit den Tropenpflanzen-Vitrinen, denen nun die Palme beigestellt war; ehe ich mein Glas heben konnte, berührte Cherryss den massiven Eichenkübel, ließ ein Fach aufspringen, entnahm ein zigarrentaschengroßes Gerät und sagte: »Das Gastgeschenk!« Die Aufschrift lautete DEMUZER, und ich gestand, während wir Erdbeeren löffelten, ich ahnte nicht im mindesten, wozu es tauge. »Gerade«, sagte Cherryss, »erzeugt es ein sphäroidförmiges weißes Rauschen, das jedermann am Zuhören hindert, gewöhnlich hilft es beim Ver- und Entschlüsseln.« Er drückte mehrere Tasten und sagte: »Ich beispielsweise frage *Wollen wir ein Abkommen?*, Sie antworten *Eigentlich ja!*, darauf ich *Dann schließen wir keins, denn Ihre und meine Schutzmacht sind durch den Spaß mit der Palme schon so kribblig, daß sie es torpedieren würden; also gründen wir eine Arbeitsgruppe und machen das Abkommen in fünf Monaten.* Immerhin könnten wir uns heute einigen, was darin steht, und wer wann welche Forderungen zurücknimmt.« Er riß einen mit Ziffern und Interpunktionszeichen bedeckten Streifen ab, den der DEMUZER hervorgebracht hatte, und wand ihn um die leere Erdbeerschüssel; vergnügt wie ein Kind – was mir Sylvia, die, vom Aussetzen des Hörkontakts verwirrt, hereingekommen war, nachts bestätigte – sagte er: »Ich weiß nicht, wie geschickt Ihre Decodierer sind, aber sie dürften dreihundert Jahre schwitzen, bis sie das heraushaben. Gibt es hier eine Sauna?« Das endgültige Erkennen geschah in diesem Moment, und zwar als überscharfes Bild, das sich mir seitdem vor alles Wirkliche schiebt; ich habe genügend Selbstvertrauen, es als inneren Ruf zu verstehen, dem ich folgen werde. Zu meinem Vorteil betrachtete Cherryss – ohne irgendwelche Unschicklichkeit – Sylvia gelassen kennerisch von oben bis unten, die leichte Verhärtung meiner Gesichtsmuskeln entging ihm so, allerdings schien es etliche Male, etwas an mir befremde ihn, und er dränge den Verdacht dann beiseite; im übrigen erwartete ich meine Entscheidungen eher als sie zu treffen. Wir verabredeten, nach Cherryss' Saunabesuch – Sylvia wußte eine geeignete Adresse – ein Kammerkonzert anzuhören und später beim Abendessen – zwecks Gesprächsbelebung in Gesellschaft der jungen Solistin, wie ich vorschlug – die Hauptvertragspunkte zu skizzieren; Leibwächter, versicherte ich, seien in dem winzigen Restaurant entbehrlich, und der umsitzenden Gäste wegen könnten wir ja den DEMUZER rauschen lassen. Omnfack, der, als wir in den Konferenzraum zurückkehrten, sprach, befand sich in Hochform, und Cherryss und ich registrierten belustigt, wie Transsylvanier und Sylvanier unter den Salven aus entferntesten Denkwinkeln prasselnder Argumente sich gleichsam duckten; insbesondere die Allgemeinkundler zogen nach dem Satz *Das Mäandern als solches ist, obzwar durch menschliches Unterlassen initiiert, ein Naturvorgang, mithin allen wirklichen und möglichen wettstreitenden Sozialsystemen gegenüber wertneutral, folglich politisch zugriffsfähig, ohne daß Tabuzonen berührt werden müßten* Mienen, als sei ihnen eben die seidene Schnur zugestellt worden. Das Problem bestand, glaube ich, darin, daß ein hundertzwanzig Jahre alter Vertrag die Mitte des Dadarus-Flusses auf dreiundvierzig Kilometer Länge zur Grenze erklärte, beiderseitige Mißwirtschaft das Umland versteppt hatte und der Fluß – eigentlich ein Rinnsal, das nur in Hochwasserzeiten anschwoll – vor fünfzig Jahren zu mäandern begonnen hatte, ja sich bisweilen deltaartig verzweigte, so daß niemand mehr sagen konnte, wo der Hauptarm war oder hätte sein sollen; die naheliegende Lösung, das alte Bett einfach auszubaggern und zu betonieren, verbot sich insofern, als eine dort ansässig gewordene Sumpfeulenart sich von Kleinspringbisamratten nährte und damit das Zusammenbrechen der an die Steppe grenzenden Wälder verhinderte. Omnfack, dessen Darlegungen Cherryss durch Klopfen lobte, dem die übrigen notgedrungen sich anschlossen, verteilte zuguterletzt eine Luftaufnahme des Gebiets (aus dem Gemurmel der Transsylvanier zu schließen, stammte sie von ihrem Geheimdienst) sowie ein quadratmetergroßes *Schema der ökologischen Verzahntheiten,* das neben den Konterfeis von Kleinspringbisam und Sumpfeule die von siebenundzwanzig weiteren Tieren und Pflanzen, alle farbig und sorgfältigst ausgeführt, enthielt, was enormen Eindruck machte; ich stellte mir vor, wie die wartenden Journalisten dreizehn schweigende Diplomaten mit langen Rollen unter dem Arm die Freitreppe herabeilen sehen und zu abenteuerlichen Mutmaßungen gezwungen sein würden, tatsächlich zeigte mir Cherryss vorm Konzert die ersten Kommentare, am schönsten war die Schlagzeile AUSSENMINISTER EINGEWICKELT? eines peleponnesischen Piratensenders. Ich hatte um Plätze in der fünften Reihe gebeten, doch ergab sich von Magdalonas Auftritt an – das rostfarbene Kleid kontrastierte gut zum rötlichblonden Haar und ließ die Sommersprossen in dem etwas großflächigen Gesicht matt schimmern – eine Art Blickbrücke; Cherryss schätzte am ersten Stück (von Haydn) den »ruppigen Grundvortrag, auf dem Kantilenen wie kleine elysische Inseln rührend mühselig schwimmen«, es folgten heutige Abwandlungen eines holländischen Tanzes aus dem 15. Jahrhundert, wovon ich hauptsächlich erinnere, daß die Musiker mit ihren Instrumenten Dinge anstellten, für die diese ungeeignet waren, Magdalona brillierte mit einem laut Programmheft sechsstimmigen, ungeheuer klirrenden Gitarrensolo, das ihr Sonderbeifall eintrug; während der Pause kam sie kurz heraus, und Cherryss machte ein Kompliment, das uns beiden gelten konnte (er freue sich, in Sylvanien musikantischer Kultur von Weltrang begegnen zu dürfen). Das Ereignis des

Abends war indes ein Mozart-Quintett, in dem die Klarinette die Führung hatte; ich merkte, wie nach den ersten Takten Cherryss' Körper sich spannte und sein Gesicht einen fast wölfischen Ausdruck annahm, als würden ihm Welten vorgeführt, die er erwartet, indes nicht gekannt hätte; obwohl Magdalona strikt auf ihr Instrument konzentriert blieb, war es doch, als ob ihre und Cherryss' Gestimmtheiten einander höhertrieben. Die Entrückung hielt während des langsamen Satzes an (ich betrachtete die vielen mäßig gekleideten, meist bärtigen jungen Männer mit ihren Gefährtinnen und überlegte, woher sie kämen) und löste sich im dritten zu einer wilden, gleichwohl disziplinierten Spiellaune, die die Begleitenden zu grimmigheiter rumpelnden Einwürfen stachelte und den Saal mehrfach aufstöhnen ließ; ich fand hier bestätigt, wie kurzgedacht es ist, Musik ihrer Sprachlosigkeit wegen weiter zu gestatten: wie alle Kunst läßt auch sie Ordnungen aufscheinen, die die vom Staat austarierten ins Nichtige oder Ärgerliche schieben, seltsamerweise fühlte ich mich nicht ausgeschlossen und beteiligte mich ohne zu heucheln am langen Schlußapplaus. Im Restaurant plauderte ich, solange Magdalona sich im Gästebad frischmachte, mit Cherryss Belangloses, dann drückte ich die Rauschtaste, und wir entwarfen (zwei entfernt sitzende Herren erhoben sich bald mit allen Zeichen des Mißmuts, wohl weil sie ihre Abhörgeräte für defekt hielten) die Grundlinien des Grenzvertrages bei Vorspeisen und Suppe auf fliederfarbenen Papierservietten, die wir signierten und feierlich Magdalona schenkten, sie verstünde, hatte ich versichert, von Politik so viel wie ich von Versen; Cherryss sprach den Text in den DEMUZER, und wir nahmen jeder eine codierte Kopie. Zum Hauptgang (ein rosa Lammbraten mit Butterbohnen und großen Portionen Gartenkresse, dazu ein Rosé, für den ich Ahmed im Augenblick des Kostens das Hammelauge verzieh) fragte ich, um die Unterhaltung zu befördern, Cherryss nach den *Hundert Tagen der Physiker,* die schon meine Schulbücher nicht mehr erwähnten; kauend und dem Wein nachschmekkend erklärte Cherryss, einer Gruppe Thermodynamiker, die glaubhaft zu machen wußten, im wissenschaftlichen Zeitalter müsse auch wissenschaftlich regiert werden, sei während eines Machtvakuums die Landesverwaltung zugefallen, was sie dazu nutzten, den Kalender zu verbessern, alle möglichen Maßeinheiten auf das Plancksche Wirkungsquantum zu gründen und die ohnehin karge sylvanische Devisenreserve für den Bau einer *Zeittransportanlage* zweckzuentfremden; folgerichtig seien sie nach hundert Tagen durch einen Militärputsch gestürzt worden. Die Anlage übrigens sei, schätze er, der einzige hiesige Gegenstand von Belang, über den der transsylvanische Geheimdienst nichts wisse, nicht weil – wie Magdalona riet – sie so scharf bewacht sei, vielmehr habe der Vorgänger des heutigen Sicherheitschefs eine Notiz *Das Ding ist nicht koscher. Hände weg!* hinterlassen, die irgendwarum in Kraft bleibe. »Wenn«, sagte Cherryss, zu Magdalona gewandt, »ein Geheimdienstler einmal einen Gedanken hat, muß dieser hundert Jahre gehegt werden, schon der zweite kann tödlich sein. War Ihr Vater Militärmusiker?« Angeregt vom Konzert, Cherryss' Zufriedenheit – er wartete spürbar neugierig aufs Dessert – und der abrupten Gesprächswendung, lachte Magdalona und erzählte, sie sei als Kind oft auf Dachböden herumgekrochen und habe, nachdem sie eine intakte Gitarre fand, nicht nur auf dieser spielen gelernt, sondern eine regelrechte Sammelwut für Musiziergeräte entwickelt (sie sagte »entwickelt«, wobei Cherryss leicht zusammenzuckte, ich habe ihr den Unterschied zwischen Amtssprache und Umgangssylvanisch nie recht beibringen können); da sie schließlich einen pensionierten, noch rüstigen Instrumentenbauer aufstöberte und ihr Vater maßgeblich in der Holzbranche arbeitete, habe eine erst geduldete, dann geförderte Kleinfabrikation mit der Zeit Spielwillige angezogen, tatsächlich sei aber ein Vorgesetzter ihres Vaters Militärmusiker gewesen. »Sehen Sie, vielleicht war das Ihr wirklicher Vater«, sagte Cherryss, die beiden verstrickten sich in ein Gespräch über Hölzer, Klangfarben, Tongebung und landeten bei etwas wie der Philosophie der Musik, ich entschuldigte mich durch freundliches Kopfheben und ging zur Toilette.

Ich kann, auch im nachhinein, Magdalonas Verhalten kaum tadeln, sie flirtete mit Cherryss, den sie verehrte, eher weniger als jede es getan hätte, zudem galt zwischen uns, gelegentliche Liebe mit Dritten bedeute nichts; ihr die letzte Entscheidung zuzuschieben war folglich ungerecht. Die fünfundzwanzig Minuten, die ich großenteils auf dem Abtrittdeckel des Personalbads sitzend zubrachte, zählen zu den schlimmsten meines Lebens; es gelang mir nicht, die Bilder von Magdalonas möglichen Reaktionen – sie konnte gleich sinnvoll glauben, ich sei großzügig, zynisch, beleidigt, politikkrank oder festgenommen – wegzudrängen, gegen die immer schneller mein Gehirn überflutenden Wutwellen half am Ende nur, daß ich die Unterarme in kaltes Wasser legte, bis sie gefühllos wurden; ich zwang mich, eine weitere Minute flach zu atmen, und betrat den Gastraum, der leer war, heiter-eilig wie jemand, der dummerweise etwas vergessen hat; dem Besitzer, der mich erschrocken anstarrte, sagte ich, ich wollte für die glänzende Bewirtung nur bestimmtest und selber danken. Vom Münzapparat im Vorraum rief ich den Gästepalast und verfügte, falls Cherryss in Damenbegleitung komme, sei diese ohne Kontrolle einzulassen, der Diensthabende quittierte träge mit der vollständigen Devotionsformel; draußen bestieg ich den Wagen, in dem Omnfack wartete. Ich drückte die Rauschtaste des DEMUZER, erläuterte die Wirkweise und sagte, schwerer Geheimnisverrat fordere, sobald Cherryss morgen aus dem Zimmer sei, radikales zeichensetzendes Handeln, das Omnfack zufalle; gewiß könne er anderwärts um Rat fragen, doch scheine mir das in jeder Hinsicht albern. (Daß ich damit den Ereignissen nochmals Gelegenheit sich zu wenden bot, war, sehe ich heute, Selbsttäuschung: Ohne Schaden für sich konnte der

Verweser mich nicht auf eine unbeweisbare Meldung hin preisgeben und hätte mich allenfalls angeraunzt, Omnfack dagegen, auch wenn er nur untätig blieb, hätte mein Vertrauen verspielt und, zumal er bei den Internstellen kaum Freunde hatte, vorm Nichts gestanden.)

Aus meiner Wohnung wählte ich Sylvias Nummer, die sie mir zum Frühstück auf einem Extrateller serviert hatte, eine wache, etwas schleppende Männerstimme sagte *ichweißBescheid, ichhabedenWagenunten, wirsindinzwölfMinutenvormHaus,* ich bestätigte und fügte hinzu, er müsse nicht warten. Ich duschte ausgiebig, besorgte die verbleibenden Handgriffe – während etlicher Sekunden stellte ich Herzklopfen fest – leise, um den Türgong nicht zu überhören, und öffnete Sylvia im Bademantel; sie ging rasch ins Zimmer voraus, blieb stehen, so daß ich den Rückenverschluß des weiten Leinenkleids lösen konnte, das zu Boden glitt, wandte sich um, schälte mich ernst lächelnd aus dem Bademantel und richtete sorgfältig und sehr langsam das Bett, wobei sie zwischendurch, als hätte sie es vergessen, mit einer ungeduldigen Bewegung den Slip wegstreifte; meine Erregung wuchs derart, daß ich Schmerzen hatte, und wir fielen schließlich gleichsam zeitverzögert uns fortgesetzt im Blick haltend ineinander. Ich danke ihr zwei Stunden vollkommenen Weltversinkens und entsinne mich ihrer in den Pausen noch immer kühlen Stimme, die neu aphrodisierend wirkte; gegen fünf Uhr weckte sie mich, häßlich schreiend und mit den Fäusten auf mich eintrommelnd, offenbar hatte ich im Schlaf geredet. Ich rief ihren Mann an und schob sie zehn Minuten später erleichtert in den Fahrstuhl; kurz nach halb neun betrat ich das Büro, und Omnfack legte mir zwei Couverts vor. Den Farbfotos im ersten zufolge – es war wenig Blut zu sehen – hatte er ein Stilett gebraucht; erst die zusätzlich in Folie gehüllten lila Papierservietten verursachten jene Enge in der Luftröhre, die Tränen anzukündigen pflegt, ich half mir mit Sliwowitz, schenkte auch Omnfack ein und empfand, während er trank, etwas wie Kameradschaft, obwohl die Farbe seines Schlipses mich ekelte. Ich wies ihn an betreffs Pressetext und Transport und ging ins Vorzimmer, wo für zwei Personen gedeckt war; Cherryss kam bald, langte aufgeräumt zu und nannte mich den gerissensten Gastgeber unter der Sonne, er jedenfalls hätte den Abend lang gemeint, die reizende Musikantin wäre meine Geliebte, was dann die Überraschung ins Märchenhafte gesteigert habe. »Immerhin«, sagte ich, »scheinen Sie am Ende ziemlich unzufrieden gewesen zu sein«; ich reichte ihm die Fotos, beobachtete, wie er bleich wurde, und ergänzte, er habe mit seinen Leuten freien Abflug, ferner garantiere die skandinavische Agentur, der die Bilder leider zugespielt seien, Veröffentlichungssperre bis zum Passieren der hiesigen Funkschranke. Er nahm kleine Bissen und Schlucke, hob sogar, als Sylvia verwüsteten Gesichts eintrat, den Blick und sagte in jenem leisen fast dialektfreien Hochsylvanisch, das ich seit unserem Begegnen vor vierundzwanzig Jahren hasse: »Wenn ich stürze, fällt morgen F. aus der Führung meiner Schutzmacht, der mich seit Jahren mit Tricks hält, und bei Ihrer Schutzmacht wechseln übermorgen die Mehrheiten. Wir bekommen Krieg, wissen Sie das?«, ich sah ihn ausdruckslos an, er stand auf und folgte Omnfack, der an der Bürotür wartete. Sylvia näherte sich, brach aber neben der Palme mit einem Weinkrampf zusammen; ich gab ihr Tabletten aus der Emaillekapsel, die ich früh auf meinem Teppich entdeckt hatte, schrieb einen Urlaubsrevers und schloß so gut ich konnte die Sendeeinrichtungen des Vorzimmers blind, im Archiv begrüßte der Verwalter mich verdutzt und strahlend. Ich sagte, Schwierigkeiten beim Schlußkommunique hätten mir Freizeit verschafft, und ich würde, passe es ihm, das für nächste Woche vereinbarte Essen heute wahrnehmen; da Maronenpflücken und Küche ihn gewiß voll beanspruchten, sähe ich mich gern unterdessen in seinem Reich um. Er freute sich über das Wort »pflücken«, korrigierte »Reich« zu *Einsiedelei*, tippte die Lage seiner Wohnung in den

Schritt-Winkelschreiber und fuhr kurvend davon; ich ging zur Hochfrequenzkammer, öffnete mit dem DEMUZER – er hatte am Morgen zweieinhalb Minuten gebraucht, um die Wellenlänge zu treffen – und verteilte Kleidung und Vorräte, die herzutransportieren ich den Stadtbus benutzt hatte, auf die noch immer staubfreien Sessel des Schaltraums, anschließend gab ich Notizen und Tonprotokolle in den Bildschirmrechner und begann obige Aufzeichnungen. Der Weg zur »Klause« des Archivars war leicht zu finden, seine Frau, eine schwarzäugige, kleinwüchsig-dralle Person mit überaus flinken Bewegungen, verscheuchte handwedelnd die Kinder, von denen die jüngsten fortgesetzt an mir hochzuklettern verlangten, und brachte als Vorspeise mit Olivenöl angemachten Salat aus Löwenzahn, Vogelmiere und »Kräutern für die Manneskraft«; als sie etwas kokett fragte, welcher Glücklichen denn diese zugute kommen würde, spürte ich letztmalig einen den ganzen Körper durchziehenden Schmerz. Wohl der Meinung, ich hätte Liebeskummer, strich sie mir übers Haar, holte gräßlich stinkende Tropfen, die mir sofort aufhalfen, nahm mich bei der Hand und flüsterte wichtig, der Verweser wünsche mich zu sprechen; das Zimmer, in dem sie mich alleinließ, enthielt außer einem holzgeschnitzten Armstuhl acht oder neun Monitore. Der Verweser war auf sämtlichen zu sehen, er begann leise, steigerte sich indes bald zu kaum artikuliertem Brüllen, ich fand schließlich den Sicherungskasten, legte den Haupthebel um und machte ihn unbrauchbar. Die Frau wartete neugierig draußen, ich sagte ihr, ich sei abgerufen und in spätestens dreißig Minuten zurück, sie schmiegte sich kurz, doch heftig an mich und erklärte entschuldigend, sie liebe ihren Eremiten, aber »es tue so gut, einmal einen anderen Mann zu fühlen«, ich rieb ihr die Oberarme mit den Fäusten, was ihr gefiel. Ihr Haar war voller Zwiebel- und Maronenduft, als ich mich nach dreißig Metern noch einmal umwandte, winkte sie, mittlerweile von ihren Kindern umgeben, mir fröhlich zu.

Ich habe seitdem vierundneunzig Stunden, unterbrochen von wenig Schlaf, im Schaltraum des Hochfrequenztrakts mit den Aufzeichnungen beschäftigt zugebracht, gegen Anfälle von Müdigkeit und Verzweiflung halfen mit Sylvias Tabletten, die eine schwebende Überhelle des Bewußtseins herstellen, eine winzige Duschkabine sorgt für ausreichendes Wohlbefinden. Nachrichten zu empfangen ist mir – meines Ungeschicks oder der dicken Betonwände wegen – nicht gelungen, doch gestatten Kameras die umliegenden Gänge einzusehen; mehrfach bemerkte ich aus Richtung des Armeemuseums sich nähernde Gruppen hochrangiger Uniformierter, die indes vorüberliefen und, obwohl die Strecke blind endet, seltsamerweise nicht zurückkehrten. Frage ich mich, wieso ich Vor- oder Nachwelt – ein imaginärer Faktor in der Sendeformel verhindert genaueres Bestimmen – diesen Bericht zukommen lassen will, scheint mir, ich müsse Cherryss auch auf dem letzten ihm verbliebenen Gebiet entgegentreten; freilich beuge ich mich damit wiederum von ihm gesetzten Regeln. Die Tür öffnet sich jetzt, und der Archivar ist, in Händen eine bedeckte Terrine, eingetreten; ich habe versucht den Diffusator zu ziehen, doch hatten die mich umhalsenden Kinder ihn offenbar entwendet. Die zugebilligten zehn Minuten nutze ich, jene erste Begegnung mit Cherryss nachzutragen; es war mein zweiter Saunabesuch, und Institutskollegen hatten mir gelegentlich meines sechsundzwanzigsten Geburtstags gezeigt, wie man zur Förderung des Schwitzens eine Wurzelbürste kreisend auf der Haut bewege. Die Badegesellschaft war mir fremd, doch herrschte bald jene Mischung aus Primatenkumpanei und zentraleuropäischer Höflichkeit, die in allen Saunen der Welt Rangordnungen ungeltend macht. Sowie ich die Bürste brauchte, rückte mein Nachbar – ein ganz der Hitze sich anvertrauender Mann Anfang dreißig – von mir ab und sagte leise in die allgemeine Stille, ich möchte freundlicherweise andere nicht mit meinem Schweiß bespritzen; die Abfertigung – ich fand während der folgenden Prozeduren mit niemandem Blickkontakt – war um so vollständiger, als er beim Ankleiden mir zerstreut zulächelte, also entweder mein Gesicht oder den Vorfall vergessen hatte. Ich beschloß damals, auch bei sprunghaften Höherrückungen geforderte Verhaltensregeln jeweils lange vorher zu kennen, was mir eine dem Aufstieg förderliche innere Sicherheit gab; Rache habe ich, soweit mir bewußt, nicht erwogen. Ich beobachte, wie der Archivar, dessen Gesicht bald nie mehr zu erinnern ich froh bin, das dem hertreibenden Duft nach zu urteilen angenehm gewürzte Pilzgericht mit einer kleinen Stahlkelle auf einen Teller schöpft; ich werde sehr langsam essen und hoffe, die Wirkung wird rasch oder milde und allmählich sein.

1983/1984

Kopien nach Originalen

Vier Porträts und eine Reportage

Der Chirurg Professor Schober

Ich gestehe offen, ich wünschte eine Urgroßmutter gehabt zu haben, die ihre Lebenserinnerungen hat in Druck gehen lassen. Obwohl vielleicht über Familiensinn zu sprechen wäre, oder über Erfahrung von Kontinuität (das hieße, zu wissen, wie die Dinge so gehen), sind es mehr Sätze, von denen ich annehme, sie fehlen mir.

»In glücklicher Ehe lebten nun die Großeltern auf den Gütern Kemnitz, Jerschke und Jels bis zum Jahre 1810. Schwere Zeiten kamen jetzt; die Güter waren heruntergekommen und mußten für einen Spottpreis verkauft werden. Die Großeltern zogen nach Lübben im Spreewalde. Dort traf sie der Verlust zweier Söhne; beide Söhne zogen mit ins Feld gegen die Franzosen, der eine, Karl, fand den Heldentod auf dem Schlachtfelde bei Großbeeren, er war schon Hauptmann, hatte eine schöne Braut, ein Fräulein von Jena, der andere starb in Folge einer Vergiftung durch Buttermilch (die in einem kupfernen Gefäß gestanden), mit der er seinen Durst beim Durchmarsch in irgend einem Dorfe stillte, Eduard hieß er.«

»Auch eine Reise nach Leipzig machte ich mit Tante Lange von Dresden aus; dort blieben wir einige Tage, ihr Vater war Ober-Postamts-Cassirer, ein Titel, der mir jedes Mal, wenn sie die Adresse schrieb, Bewunderung erregte. Er war ein alter Mann, der stark mit dem Kopfe wackelte, sich noch einmal verheiratet hatte und nur Töchter hatte. Den anderen Tag aber sahen wir das erste Mal die Eisenbahn und fuhren III. Klasse, in unbedeckten Wagen, mit Schirmen bewaffnet, die wir auch, da es regnete, aufmachen mußten.«

»Onkel Haugwitz, der wohl so was wie ein Gelehrter gewesen und sogar Italien bereist haben soll ...«

Sätze können Geschichten sein, sie sind dann wahr. Ich vertrete die Meinung, wir brauchen Geschichten. Ich denke dabei nicht nur an freie Abende – selbst in der Liebe, was vermögen in den Pausen Geschichten –, man sagt, sie dürfen nicht langweilen, was tautologisch ist: langweilige Geschichten sind keine im Sinne des Realismus. Vielmehr meine ich einen Ruhepunkt, auf den wir uns beziehen können – um ein Bild aus dem Sport zu wählen: den Ort, auf den wir den Stab setzen, uns über die Latte zu schwingen (zu drücken, heißt es genau). Man kann vielleicht einfach sagen, Großmütter seien dazu da, uns Geschichten zu bewahren, indem sie sie weitergeben; freilich ist es mit der Erziehung so eine Sache.

Professor Schobers Haus steht in Halle, Wittekindstraße 17, am Nordhang des Reilberges. Eine Freundin hat in der Nähe gewohnt, sie war fünfzehn, ich achtzehn, ihre Eltern arbeiteten tagsüber, ich weiß, daß ihre Großmutter, die einen Wohnungsschlüssel besaß, uns einmal erwischt hat, das Zimmer war verschließbar, wir taten, als wäre niemand darin, doch wartete die Großmutter vorm Haus. Am jenseitigen Südhang hatte Mitte des 12. Jahrhunderts das Kloster Neuwerk einen Weingarten angelegt, das Getränk soll so gut gewesen sein, daß der auf Giebichenstein residierende Magdeburger Erzbischof 1182 den Garten gegen einen minderen ertauschte; bei den Fehden der Stadt mit Erzbischof Günther stürmten im Jahre 1408 hallische Bürger in Waffen und Rüstung den Berg und fraßen, nach einem Beschwerdebrief des Bischofs an Kaiser Sigismund, ihm zum Schimpf die Beeren ab. Heute ist alles bebaut. Die Straße, abschüssig, führt verlängert zur Saale unterhalb der Giebichensteinbrücke, die Häuser rechts stehen am Hang, eine Gartentreppe ist zu ersteigen, erst nach links, dann auf das Haus zu, zu dessen Haupttür wiederum eine, breitere,

Treppe führt. Derlei Nebenstraßen werden eigens für Spaziergänger wenig beleuchtet gehalten. Wir schreiben jetzt November, links der Straße liegt Reichardts Garten, der Komponist, Kapellmeister Friedrich Wilhelms II. von Preußen, hatte das Gutsgelände 1794 für 9300 Taler (eine Spende der Fürstin von Anhalt-Dessau) gekauft und einen Garten im englischen Stil angelegt. Stilfragen können ideologisch relevant sein: »Caesar pontem aedificavit« übersetzt man, nach meinem Lateinlehrer, am besten »Caesar ließ eine Brücke erbauen«, dabei kannte mein Lehrer Brecht wahrscheinlich nicht. Reichardt also ließ den Park anlegen. Eichendorff schreibt: »Völlig mystisch erschien gar vielen der Garten mit den schönen und geistvollen Töchtern. Dort aus den geheimnisvollen Boskets schallten oft in lauen Sommernächten wie von einer unsichtbaren Zauberinsel Gesang und Guitarrenklänge herüber; und wie mancher Poet blickte da vergeblich durch das Gittertor oder saß auf der Gartenmauer zwischen den blühenden Zweigen, die halbe Nacht, künftige Romane vorausträumend.« Den 5. oder 6. Mai 1803 las Goethe hier den 1. Akt seiner »Natürlichen Tochter« vor und soll einen Rosenstock gepflanzt haben. Weitere Gäste waren La Fontaine, Jean Paul, Voß, Novalis, Forster, Arnim, Brentano, der Philosoph Schelling und der Theologe Schleiermacher. Hinter dem Haus liegt der Bergzoo. Der Professor wohnt oben, vom Balkon hat man einen schönen Blick auf Baumgrün, die Raubvogelvoliere und das Solbad Wittekind; in der zugehörigen Gaststätte ist sonnabends Tanz, was man dann hört. Im Estrich der Wohnung hängen Familienporträts, Stephenson, der Erfinder der Lokomotive, der eine Großnichte in die Familie gegeben hat, dazu Stiche von Halle, alte Landkarten hinter Glas. Eine Kombination von Sitzbank, Truhe und Bücherschrank, die zwölf Fächer mit Emaillekacheln der hallischen Künstlerin Manthey verziert, enthält in Mappen den größeren Teil von Schobers Grafiksammlung. Aber ich spreche von Vorfahren, man soll ein Thema zu Ende bringen, Geradlinigkeit des Denkens ist es, was wir brauchen. Johann Friedrich Wüsthoff, ein Vorfahr mütterlicherseits, hat als Regimentschirurg unter Nettelbeck bei der Belagerung von Kolberg sich ausgezeichnet. Ein Schober war zu Lebzeiten von Händels Vater im Alter von fünfzehn Jahren hallischer Pestchirurg, der Stadtarzt hatte die für das Amt ausgesetzten 300 Taler Jahresgehalt ausgeschlagen, so daß man wohl auf einen Gehilfen zurückgriff. Es handelt sich um die gleiche Pest, der wir Händel selbst verdanken, Georg H.s erste Gattin starb an der Seuche, so daß er neu heiratete und wenig später mit Dorothea geb. Faust den Sohn Georg Friedrich zeugte. Händels Vater war Kammerdiener und Leibchirurg des Herzogs August von Sachsen, das heißt, wie Schober in einem Vortrag vor der hallischen Händel-Gesellschaft nachgewiesen hat, Feldscher; 1679 findet sich in der Drachstedtischen Chronik die Eintragung:

»Den 14. July wurde Andreas Pönthern zu Giebichenstein die linke Hand mit einem Meißel abgeschlagen, und zur Staupe geschlagen. Die Uhrsache war, von Halle eine gräsende Magd im Felde nothzüchtigen wollen, da er aber seinen Willen nicht vollbringen konte, wegen starker Weigerung des Menschen, nimt er ihr die Sichel, und giebt ihr 15 Hiebe und Stiche. Das Mensch wurde nach Halle gebracht und durch die Geschicklichkeit des Cammerdiener Händels beym Leben erhalten.« Schobers Urgroßvater, Geheimer Justizrat Ludwig Herzfeld, gehört zu den dreißig Ehrenbürgern der Stadt Halle. Er wurde zweiundneunzig, hatte zwölf Kinder und starb 1911; von achtundsechzig Angehörigen zeichnen auf der Todesanzeige zweiundzwanzig im Fettdruck, die Berufe sind: Königlicher Baurat, Landgerichtsrat, Justizrat, Professor und Geheimer Regierungsrat, Sanitätsrat, Ingenieur, Geheimer Bergrat, praktischer Arzt, Dr. und Fabrikbesitzer, Rechtsanwalt, Rechtsanwalt, der Rest sind Ehefrauen. Die Urgroßmutter hat nicht nur Erinnerungen, sondern auch Gedichte verfaßt, das erste mit sechzehn Jahren, das letzte mit achtundfünfzig zum

40. Hochzeitstag, im ganzen etwa vierzig, auf diese Art liest sich eine Biographie schnell. »Schwarz, Roth, Gold«, 1848 mit achtzehn Jahren geschrieben, besingt die Revolution; die adlige Familie der Urgroßmutter mißbilligte die Heirat mit erwähntem bürgerlichem Ludwig Herzfeld, der auch jüdischer Abstammung gewesen sein soll. Ein Doppelsonett von 1855 heißt bereits »Einsamer Abend« und beginnt:

> »Ein Sklavenlos erwartet alle Frauen,
> Sobald sie treten in der Ehe Stand,
> Sie nennen es ein goldnes, süßes Band,
> Was sie umschlingt – es sind Tyrannenklauen.
>
> Man sollte nur den Männern ja nicht trauen.
> Den Frauen wird ihr Recht nicht zuerkannt,
> Sie werden nur so nebenhin genannt,
> Indes am Weltsystem die Männer bauen.«

Ich lese daraus Kenntnis von Versen und Weltverständnis. Einen Freund erinnert es an Friederike Kempner, deren Begabung er freilich zu schätzen weiß, nehmen Sie das auf Heine, das endet:

> »Vitzli putzli, vitzli putzli –
> Alle Poesie ist rein.«

Auf so einen Schluß zu kommen, haben Heere von Lyrikern sich vergeblich abgemüht.

Ich wohne Rathausstraße 7, Fouqué hat gegenüber gewohnt, ein Polizeispitzel soll durchs Fenster beobachtet haben, wie Fouqués Frau diesen mit einem jungen Franzosen betrog, die Dossiers liegen im hallischen Stadtarchiv, das sich gleichfalls in der Rathausstraße befindet. Aus der vom Marktplatz leicht ansteigenden Einbahnstraße gelangen Sie zum Hansering, in dessen Mitte eine aus Spannbeton gefertigte, vierzehn Meter hohe, sich aufrollende und in verschiedenem Rot bemalte Fahne, deren Krümmungen durch Computer errechnet wurden, von einer Tribüne und

85

Springbrunnen umgeben sich erhebt. Am Monument vorbei führen Treppen zu einer Wiese, an die sich rechts der Stadtgottesacker schließt, dessen oberer Teil der Seitenpforte zur hallischen Universitätsklinik schräg gegenüberliegt. Die Klinik besteht aus gelbem Backstein, auf das älteste Gebäude, 1870 rechtzeitig für den deutsch-französischen Krieg im preußischen Domänenstil erbaut, blickt man von der vor der chirurgischen Chefstation gelegenen Terrasse, ein nach leichten Operationen angenehmer Aufenthalt, ich empfehle Mai oder Juni, die jetzt meist sonnig sind.

Professor Karl Ludwig Schober leitet seit 1966 die hallische chirurgische Universitätsklinik und hat den Lehrstuhl für Chirurgie inne. Er gilt als der führende Herzchirurg der DDR, ich habe ihn bei dem Maler Willi Sitte, dem Maler Albert Ebert oder auf einer Premierenfeier kennengelernt, als Kurt Veth hier noch inszenierte. Anfang Dezember trafen wir einander durch Zufall in der Kantine des Berliner Maxim Gorki Theaters, wo er einer jungen Schauspielerin von Mitternacht bis gegen 3.30 Uhr Fragen über künstliche Herzklappen beantwortete. Der Überlegung, warum man, wenn Menschen trotz funktionierender künstlicher Herzklappen an allgemeiner Herzschwäche sterben können, diesen nicht ein künstliches Herz einsetzte, begegnete der Professor mit Fassung, er halte für möglich, daß Geräte entwickelt würden, die ein Herz für einige Tage ersetzen, und wünsche sich nicht, daß es jemals künstliche Herzen geben möge. Ich komme darauf zurück, will aber schon hier die Überzeugung äußern, daß Naturwissenschaft (um diese Hypostase zu brauchen) Raum für Philosophie und Poesie nicht nur läßt, sondern selbst hat. Sie mögen einwenden, ich suchte mir zu meinen Ansichten stimmende Objekte, hatte also nichts bewiesen, das ist richtig, doch sind Beweise Wenn-So-Sätze, mit denen wir hier nicht umgehen.

Karl Ludwig Schober ist 1912 als Sohn eines Arztes in Halle geboren, die Vorfahren väterlicherseits waren Kaufleute, weiter zurück Lehrer und Pastoren, zuvor Bauern. Er besuchte die Lateinschule der Franckeschen Stiftungen, wo er 1930 das Abitur mit »gut« bestand, und studierte in Graz, Halle, Freiburg/Breisgau, Innsbruck und Halle Medizin. Der Vater war im Ersten Weltkrieg Militärarzt gewesen und dachte deutsch-national; Schober befaßte sich wenig mit Politik, er stand im Tor einer Hockey-Stadtmannschaft und war hallischer Meister im Tennis (Herrendoppel). Vor Illusionen über die Nationalsozialisten bewahrte ihn der Urgroßvater, dessentwegen Onkel und ein Großvater 1933 den Notartitel ablegen mußten. Für die Aufnahme in eine Studentenorganisation hatte Schober einen arischen Stammbaum und, da Urkunden über Ludwig Herzfeld nicht vorlagen, dessen Fotografie beizubringen. Die Fotografie wurde von den Leitern der Organisation als semitisch eingestuft, was Schobers Mitgliedschaft verhinderte. Der Urologe Professor Kneise, der als Rechtskonservativer die Nazis ablehnte, suchte 1936 einen Assistenten, Schober erhielt die Stelle, er bestand 1941 die Facharztprüfung. In der Vorstellung, an Stelle des Wehrdienstes für das Vaterland etwas leisten zu müssen, bewog Schober Kneise, mit ihm ein Buch zu schreiben. Es erschien unter dem Titel »Die Röntgenuntersuchung der Harnorgane«, hatte bis 1963 sechs Auflagen und gilt als deutsches Standardwerk. Weiter vom Kriegseinsatz befreit, betrachtete Schober sich dennoch als Schmarotzer und meldete sich ohne Wissen seines Professors zum Militär. Er wurde 1941 einberufen, 1942 ferngetraut und im Januar 1943 in einer Stalingrader Ruine gefangengenommen. In verschiedenen Gegenden der Sowjetunion, darunter Mittelasien, arbeitete Schober als Holzfäller und Lagerarzt, er lernte während dieser Jahre Russisch, das blinde Schachspielen und die Anfänge des Japanischen, baute mehrere Lagerlazarette auf, organisierte Streichquartette, wirkte als Violinist in Lager-Jazz-Orchestern und als Darsteller einer Theateraufführung (»Die russische Frage«). Nicht zuletzt machte man ihn mit den Grundthesen des Marxismus vertraut. 1948 kehrte er nach Halle zurück.

Um diese Zeit trat der Oberarzt einer nahegelegenen Klinik eine Morphiumentziehungskur an, Schober übernahm seine Arbeit. Später wechselte er auf Vermittlung von Kneise, der Schobers Platz in der Urologie an einen ausgebombten Kollegen gegeben hatte, zur chirurgischen Universitätsklinik; er habilitierte sich 1954 und wurde 1959 zum Professor berufen. Schober hat zwei Töchter und zwei Söhne, er ist 1,78 groß, das Gesicht ist länglich oval, der graue Schnurrbart gerade geschnitten, das gelichtete, sehr kurz gehaltene Haar von ins Silbrige spielendem Grau. Seine Lieblingsautoren sind Joseph Roth, Joseph Conrad, Melville und Stevenson. Wie neugierig trägt Schober den Kopf meist etwas nach vorn geschoben; seine Sprache ist ein gedehntes, dabei nicht langsames, hallisch eingefärbtes Hochdeutsch. Das Kolleg findet in einem amphitheatralisch ansteigenden Hörsaal statt, den unten Fliesen, oben eine in Quadrate unterteilte, selbst quadratische und fast die ganze Decke einnehmende Leuchte begrenzen, Schober trägt zum weiten, gerade fallenden weißen Kittel Hose, Socken und Holzschuhe gleicher Farbe. Zu Beginn werden Studenten aufgerufen, die in der unteren Reihe Platz nehmen, um die vorgeführten Patienten nah zu sehen; viermaliges Fehlen bei Aufruf verwirkt den Kollegschein. Je zwei weitere Studenten befragen außerhalb des Saals einen Patienten und erläutern dann Vorgeschichte und Befunde. Von den möglichen Diagnosen scheidet Schober durch Fragen, Röntgenbilder usf. alle bis auf die letzte aus und erläutert Art und Problematik des chirurgischen Eingriffs. Nicht selten schließen allgemeine Betrachtungen an.

Eine Stenotypistin war mit einem Betriebsunfall eingeliefert worden, sie hatte den linken Mittelfinger gegen eine Türklinke oder einen Blumentopf gestoßen, Übelkeit und

Schmerzen waren gefolgt. Der Fingernagel war verbreitert, die Röntgenaufnahme zeigte eine Verschattung, beides deutete auf Enchondrose (Knorpelbildung innerhalb eines Knochens). Mit Recht, sagte Schober, nachdem die Patientin hinausgefahren worden war, zweifeln Sie, daß ein Unfall vorliegt: Stoßen gegen einen Blumentopf kann ein Enchondrom wahrscheinlich nicht verursachen; da Wissenschaft mit dem Zweifel beginnt, haben Sie Ihren ersten Schritt als Wissenschaftler getan. Warum aber spricht die Patientin – Wünsche nach höheren Zahlungen der Sozialversicherung außer acht gelassen – von Unfall? Der Grund ist, daß Leidende der sozusagen gesunden, freilich den Tatsachen widersprechenden Meinung sind, die Krankheit sei dem eigenen Körper fremd, mithin von außen eingedrungen; nach Erhebungen Kreckes gibt es aus der Sicht vom Patienten fünf Krankheitsursachen: Unfall, Erkältung, Schreck, Infektion und Übermüdung. Einem Studenten, der nach dem Lehrbuch mögliche Ursachen für Hypertonie (überhöhten Blutdruck) aufzählte, verwies Schober den Begriff »essentielle Hypertonie« – dieses schöne Wort, sagte er, besagt, daß wir über die Ursachen einer Hypertonie nichts wissen, wir wollen darauf verzichten. Solches Vorgehen auf die Auflichtung von Kunsttheorie angewandt brächte nach meiner Meinung erhebliche Einsparungen.

Mit Recht vermuten Sie, daß ich inzwischen das Gelände der Universitätsklinik durch die Seitenpforte betreten habe, ich ließ das aus gelbem Backstein errichtete Heizhaus hinter mir, rechts, gegenüber der Kapelle aus gleichem Material, ist der Hörsaal, den ein hinterer Zugang mit der chirurgischen Klinik verbindet. Die Vorlesungen liegen dienstags und freitags von $^1/_2$ 8 bis 9, das zweite Kolleg, das ich hörte, praktizierte, wie Schober sagt, eine künftig wichtige und fortschrittliche Form der Lehrveranstaltung. Schober hatte drei Studenten beauftragt, unter ihren Kommilitonen außerhalb des Vorlesungsstoffs liegende Fragen allgemeinen Interesses zu sammeln, und folgende Themen erhalten:

- Erfolgsaussichten einer Herztransplantation (zur Zeit des Kollegs war der Südafrikaner Washkansky operiert und noch am Leben),
- juristische Probleme der Organverpflanzung,
- Möglichkeiten der Gehirnexstirpation (im Zusammenhang mit Theorien, künftig würden Raumschiffe durch ein aus dem menschlichen Körper präpariertes lebendes Gehirn gelenkt),
- Probleme der Sterbeerleichterung (Euthanasie),
- Grenzen naturwissenschaftlicher Diagnostik.

Indes habe ich die Chirurgie nicht durch den Hörsaal betreten, sondern den der Haupteinfahrt zur Klinik gegenüberliegenden Eingang benutzt, zu Anfang des langen Korridors sitzen oder stehen die ambulant Kranken, meist achtzig bis einhundert, die in der Mitte des Ganges nach links aufsteigende Treppe führt zur Chefstation, in deren Bibliothek sich übrigens eine Klopstock-Ausgabe von 1869 befindet. Folgt man dem Flur bis ans hintere Ende, gelangt man durch einen Vorraum, in dem dem Gast Kittel, weiße Haube, Mundschutz und Gummischuhe gereicht werden, in einen der Operationssäle.

Der Operationssaal ist fünfeckig, er wird von einer Glasziegelfront milchig erhellt, etwa zwanzig Personen sind darin. Rechts und links ist je ein kleinerer, durch gläserne Scheiben einsehbarer Raum abgeteilt. Auf das Glas des rechten ist mit roter Ölkreide der Umriß eines Herzens gezeichnet, in das Herz die Zahl 223 geschrieben, sie zeigt die mit der hallischen Herz-Lungen-Maschine unternommenen Operationen an.

Die Patientin wird eingeschläfert, auf den Operationstisch gelegt und mit einer desinfizierenden Flüssigkeit abgerieben. Ein Schlauch wird in die Luftröhre geführt, das Pfeilgift Curare, das die Atemmuskulatur lähmt, gespritzt, die Patientin künstlich beatmet. Der Anästhesist regelt die

Zufuhr von Sauerstoff und des Narkosemittels Lachgas, das seiner euphorisierenden Wirkung wegen so heißt. Er steht am Kopf der Patientin und beobachtet ihre Pupillen, bei Erweiterung, die Schmerzen anzeigte, würde die Dosis des Narkotikums erhöht. Im linken Nebenraum, dem Laboratorium, messen zwei oder drei Laborantinnen in kurzen Abständen Sauerstoff- und CO_2-Gehalt des arteriellen und venösen Blutes und den pH-Wert (Grad der Blutsäuerung). Sie schreiben die Zahlen mit Kreide auf eine Tafel. Der Oberarzt legt, unterstützt von einem Assistenten, in der Leistengegend der Patientin eine Arterie frei, sie wird das in der Herz-Lungen-Maschine von Kohlendioxyd befreite, mit Sauerstoff angereicherte Blut in den Körper leiten. Im mit Herz und Zahl bezeichneten Nebenraum füllen zwei Ärzte Blutkonserven und das die Gerinnung verhindernde Heparin in die Maschine. Der Oberarzt trennt mit dem Cutor, einem elektrischen Hochfrequenzschneider, der durch die an der Spitze entwickelte Hitze die Gefäße an den Wundrändern verschweißt, also Blutungen verhindert, Haut und Fleisch über dem Brustbein. Der Assistent des Oberarztes spaltet das Brustbein in Längsrichtung mit kräftigen Schlägen auf einen Meißel, der einem kleinen Beil ähnelt. Mit einer Stahlklemme wird der Spalt auseinandergedrückt und offengehalten, Herz und Lunge, heftig pulsierend, werden sichtbar. Mit dem Cutor öffnet der Oberarzt das Rippenfell, danach den Herzbeutel. Ein Loch wird in die rechte untere Seite des Brustkorbs gestoßen, in das ein Saugschlauch geführt wird. Er dient als Drainage, falls sich Blut in der Brusthöhle sammelt. In diesem Stadium befand sich die Operation, als mir Professor Schober den Zettel mit den Fragen seiner Studenten zeigte.

Man kennt die einfachsten Dinge oft kaum, so das Herz. Lange Zeit, und bis heute, galt es als Sitz der Gefühle, zahllose Lieder zeugen davon. Aufklärungsversuche einzelner DDR-Dichter – dem einen, H., verdanken wir außer Stücken ein schönes Sonet auf Wieland Herzfelde, er nannte das Herz Pumpe, während der andere, B., Verfasser revolutionärer Gedichte und eines in unseren Tagen spielenden Faust-Stücks, die Bezeichnung »simpler Hohlmuskel« fand – blieben ohne Erfolg. Mir scheint auffällig, daß die poetische Realisation naturwissenschaftlicher Sehweisen, obzwar gefordert, in unserem wissenschaftlichen Zeitalter häufig Schockwirkung auslöst; allerdings beobachtet man den gleichen Effekt auch gelegentlich anderer, darunter alter, Kunstwerke, so daß ich annehme, es handelt sich weniger um Terminologien als um den Realismus. Das Herz, erinnert sich jeder, besteht aus zwei Kammern, deren jede in eine Vor- und eine Hauptkammer geteilt ist. In die rechte Vorkammer fließt das verbrauchte, sauerstoffarme, mit Kohlendioxyd angereicherte, dunkle venöse Blut, wird von dort durch eine Ventilklappe in die rechte Hauptkammer, aus dieser durch die Pulmenalis in die Lunge gedrückt, wo es CO_2 abgibt, den Sauerstoff der Atemluft aufnimmt und sich hell färbt. Über die Lungenvenen fließt es in den linken Teil des Herzens und wird von dort in die Hauptschlagader, die Arterien und weiter in die Körperkapillargefäße gepumpt. Es ernährt die Organe, nimmt Kohlensäure auf, färbt sich dunkel, sammelt sich in den Venen und gelangt wieder in den rechten Vorhof. Eine Maschine, die Herz und Lungen zeitweilig und ausreichend ersetzen soll, muß das Pumpen (Arbeit des Herzens) und den Gasaustausch (Arbeit der Lunge) übernehmen, beides, wie es scheint, einfache Tätigkeiten.

Nach seinem Wechsel zur Chirurgie machte Schober sich mit der Ende der vierziger Jahre entwickelten Intubationsnarkose vertraut. Die Lähmung des Atemzentrums durch Curare und künstliche Beatmung über einen Tubus erlauben, die Lunge während der Operation gebläht, also funktionstüchtig zu halten, zuvor konnten Lungeneingriffe – ein Gedanke Sauerbruchs – nur in Unterdruckkammern vorgenommen werden. Schober studierte die Intubationstechnik 1950 in England bei Derra und bildete nach seiner

Rückkehr Schüler aus. Er wollte bisher unbekannte Verfahren erlernen und wandte sich der Lungenchirurgie zu. Schober erinnert sich der vorbereitenden Tierversuche ungern. Dr. Baust, ein Mitarbeiter Schobers, zeigte mir die im Konsum gekaufte Zinkbadewanne, in der die Hunde anfangs auf 30, später auf 16 Grad Celsius unterkühlt wurden, sie starben sämtlich. Mißmut verbreitete sich. Eines Morgens brachte Schober einen japanischen Fachartikel mit, der eine Versuchsreihe beschrieb, deren einundneunzigster Hund als erster überlebt hatte. Meine Herren, habe Schober gesagt, wir müssen mit asiatischer Sturheit weiterarbeiten. Ich erläutere, daß Schober als Hallenser Sturheit im Sinne von Beharrlichkeit braucht, in diesem wie in anderen Fällen differiert die hiesige schon von der Leipziger Semantik beträchtlich.

Einfache Herzoperationen sind unter Hypothermie auch an Menschen möglich, doch ist die Zeit für den Eingriff auf acht Minuten beschränkt. Stellt sich ein nicht vorhergesehener Defekt heraus, muß der Patient erwärmt und ein zweites Mal operiert werden. Mitralstenosen (Verengung der Öffnung zwischen linkem Vorhof und Kammer) und Vorhofseptumdefekte (Löcher in der Trennwand zwischen den Vorhöfen, durch die sich venöses mit arteriellem Blut mischt) wurden in Halle schon Mitte der fünfziger Jahre unter Hypothermie am schlagenden Herzen operiert. Diese und andere Stenosen (Verengungen), Insuffizienzen (mangelndes Schließen der Herz- oder Aortenklappen) und Septumdefekte (die auch zwischen beiden Kammern vorkommen) sind meist angeboren. Irreversible biologische Veränderungen gehen von ihnen aus, sie müssen so früh wie möglich beseitigt werden. So wandte sich Schober 1956 der Kinderchirurgie zu, noch heute sind die meisten Patienten, die er selbst operiert, Kinder.

1953 gelang in den Vereinigten Staaten die erste Operation mit einer Herz-Lungen-Maschine. Westdeutschland,

Schweden, Ungarn, Polen und die ČSSR importierten Ende der fünfziger Jahre Herz-Lungen-Maschinen zum Stückpreis von 20 000 Dollar. Schober reiste 1960 nach Schweden und im gleichen Jahr nach Budapest, wo Professor Kúdasz eben den sechsten oder achten Patienten an der Maschine operierte. Schober rechnet Kúdasz hoch an, daß er Hospitationen in so frühem Stadium zuließ. Kúdasz redete ihm zu, eine eigene Herz-Lungen-Maschine zu bauen. Zurückgekehrt, besprach sich Schober mit dem Kardiologen Zuckermann und Freunden der naturwissenschaftlichen Fakultät. Der Physikdozent Dr. Struß wurde ihm empfohlen, Schober überzeugte ihn. Schober, Struß und Schobers Mitarbeiter nahmen 1960 und 1961 keinen Urlaub. Ich zitiere:

»Nach einer mehrjährigen Tätigkeit in der geschlossenen Herzchirurgie und der Chirurgie der großen Gefäße in Normothermie und gemäßigter Hypothermie wurde von uns im Jahre 1960 der Entschluß gefaßt, eine Herz-Lungen-Maschine zu bauen. Der Grund hierfür war die große Anzahl angeborener Kardiopathien, welche von Prof. Dr. Zuckermann ... diagnostiziert und zur Operation ins Ausland geschickt werden mußten.« (Zentralblatt für Chirurgie, 1964, Heft 44.) Für das Projekt standen Forschungsgelder der Medizinischen und der Naturwissenschaftlichen Fakultät von 13 000 Mark zur Verfügung. Ich weise darauf hin, daß schon hier ein Thema zur Sprache kommt, auf das ich an anderer Stelle eingehe: das Störfreimachen unserer Wirtschaft und der Zusammenhang von Ideologie, Ökonomie und dem Wohl des einzelnen, in unserem Fall der Herzgeschädigten. Nicht nur mußten bis 1961 Patienten außer in die Tschechoslowakei auch nach Westberlin geschickt werden – nach neuen Erkenntnissen wird in Zukunft auf eine Million Menschen eine Herz-Lungen-Maschine kommen. Dr. Baust, ein Mitarbeiter Schobers, berichtet:

Für den Oxygenator, die Lunge der Maschine, wurde V2A-Stahl, eine seltene Legierung, die sich Blut gegenüber neutral verhält, gebraucht. In konzentrischen Kreisen oder vom Zentrum aus spiralförmig unternahm Dr. Struß Spaziergänge über die Schrottplätze Halles und zunächst der näheren, dann der weiteren Umgebung; auf dem Platz des Reichsbahn-Ausbesserungswerkes Merseburg entdeckte er einen V2A-Block, der wahrscheinlich aus dem zweiten Weltkrieg stammte, und erwarb ihn zum Schrottpreis. Um V2A-Rohre zu bekommen, fuhren Struß und Baust in die Poldi-Hütte, gaben sich als Mitarbeiter einer wichtigen zentralen Institution aus und nahmen die Rohre mit. Die Verhandlungen über plansymmetrische, hitzefeste silikonhaltige Glaszylinder mit Vertretern der Jenaer Zeiß-Werke endeten erfolglos, als Lieferfrist wurden zwei Jahre genannt. Baust bat um eine Besichtigung der Werkstatt, die Zylinder wurden von Mund geblasen, der Meister erklärte, er habe einen Plan zu erfüllen und für die umständliche Vermessung der Zylinder keine Arbeitskräfte. Struß erläuterte den Zweck der Maschine. Er deutete an, auch der Meister oder seine Enkel könnten herzkrank werden. Der Meister beauftragte Lehrlinge, die Zylinder zu vermessen, die bald in Halle eintrafen. Um nahtlose Keilriemen einer bestimmten Festigkeit zu finden, besuchten Struß und Baust einen Leipziger Betrieb; sie trafen die Belegschaft, ein älteres Ehepaar, in einem finsteren, an Decke und Wänden mit Keilriemen behängten Raum beim Frühstück, das sich eine Stunde hinzog. Keilriemen der gewünschten Größe waren dennoch nicht zu erhalten, Struß konstruierte die Maschine nach der Größe der vorhandenen Keilriemen um.

1962 erhoben leitende Mitarbeiter des Ministeriums für Gesundheitswesen gegen die Auszeichnung von Schober, Struß und Zuckermann mit dem für technische Leistungen in der Medizin vergebenen Virchow-Preis Einspruch. Die Maschine sei außerhalb des Plans gebaut, Schober ein Planbrecher, an Planbrecher könnten Preise nicht vergeben werden. Auch die Dialektik zwischen wissenschaftlicher Führung und Bereitschaft zu persönlicher Verantwortung läßt sich demnach am Beispiel der hallischen Herz-Lungen–Maschine darlegen. Die Professoren erhielten die Auszeichnung ein Jahr nach dem Termin. Die nach dem Patent Schober-Struß gebauten Maschinen arbeiten heute in Rostock, wo ein Schüler Schobers, Dr. Huth, die Herzchirurgie leitet, in Berlin, und in Bad Berka; auch diese Teams wurden von Mitarbeitern Schobers eingewiesen. Aus den für 40 000 Westmark 1960 nach Leipzig importierten beiden veralteten westdeutschen Modellen machten die dortigen Chirurgen eine, sie ist heute schrottreif. Ein drittes Thema ist der internationale Stand unserer Herzchirurgie. Gegenüber der Weltspitze besteht ein Rückstand von mehreren Jahren. In der DDR werden noch immer Herzklappen aus Kunststoff oder Stahl eingesetzt, während man international zu Kälber- oder Leichenklappen übergeht. Neue chirurgische Techniken lassen sich aus Literatur nicht übernehmen, außerdem geben Ärzte an Zeitschriften nur gesicherte Ergebnisse, diese drucken Manuskripte lange nach Eingang.

Ich stocke, ein Gespräch, weiß man, braucht einen Ort, ein Ort erlaubt etwas vorzuweisen, einen Treppenaufgang, der in eine Wohnung führt, Bilder an den Wänden. Auch Straßen sind möglich, die Jahreszeit ist an den Bäumen, der Feuchtigkeit des Asphalts und der Temperatur beschreibbar, die Tageszeit am Verkehr; ich könnte das Gespräch also in die Wohnung der Schauspielerin verlegen, in die wir, nachdem in der Theaterkantine das Bier ausgegangen war, zogen. Die Schauspielerin könnte schöner sein als gewöhnlich, obwohl es auf Morgen geht, und fragen, wie es heute mit den Ärzten ist: Früher hatten die Leute den Pfarrer, bei dem sie beichten konnten, heute? Doch betrifft das Schober weniger, zum Chirurgen kommen die Leute, falls die Operation nicht zu schwer ist, gern, um danach in Ruhe sich zu erholen. Auch was ein längeres Leben des Menschen in Zukunft betrifft, erklärt Schober sich nicht zuständig, die kurative (behandelnde) Medizin kann, statistisch gesehen, wenig tun, es sei eine Frage der Prophylaxe, gesunde Lebensweise, saubere Luft, ein optimales Verhältnis von psychischer Belastung und Entspannung. Ich könnte an diese Stelle einen Dialog mit Schobers Schüler Baust einfügen, der über Kybernetik arbeitet, er sagt:

Der Mensch, als kybernetisches System betrachtet, ist programmiert, dazu gehören Ausweich- und Ersatzprogramme, der Tod aber ist im Programm nicht vorgesehen, er tritt ein, wenn das System sich irrt!, diese Irrtümer müssen korrigierbar sein.

Der Tod, sagte ich, ist nötig für die Entwicklung der Art, dachte ich.

Jedenfalls, sagt B., löst unsere Umwelt, Lärm, Nikotin, Chemie, Radioaktivität, Fernsehen, viele Irrtümer des Systems aus, experimentell müßten schon heute diese Faktoren ausgeschaltet werden. Ich denke an Bergbewohner, die sehr alt werden.

Sie denken an eine Art Kolonie, sagte ich, sollen die Leute dort kein Radio hören, und was wissen sie dann von der Welt?

Es wäre ein Experiment, sagt B., die Menschen könnten glücklich und in Weisheit leben und alt werden.

Besser, ich verlege das Gespräch in Schobers Wohnung, man benutzt von der in der Leninstraße gelegenen Klinik die Straßenbhanlinien 15 oder 30, die von Ammendorf oder Schkopau kommen, wenige hundert Meter zurück ist die Hochstraße in Bau, die 1969 fertig sein wird, die Strecke führt über das alte Steintor, das heute Marx-

Engels-Platz heißt, über die Wuchererstraße zum Reileck, von da nördlich in Richtung Zoo. Es ist Winter, im Januar 1968, in Mecklenburg schaufeln Freiwillige Züge aus dem Schnee, Kreiskatastrophenkommissionen treten zusammen, in der Stadt Halle gehen, des Frosts wegen, die Erkältungskrankheiten zurück, wird Johnson die Bombardierung von Nordvietnam einstellen? Den Rest des Weges habe ich beschrieben, hinzu kommt, daß Städte, und Seitenstraßen!, eingeschneit etwas Vertrautes gewinnen, das gilt selbst für Halle, auf das in der Stunde 22 Tonnen Ruß fallen, eine Zeitlang bleibt der Schnee immer weiß, natürlich spielt auch die Entfernung des Betrachters eine Rolle. Schober hat in seiner Jugend das Violinspiel erlernt, noch jetzt trifft er alle vierzehn Tage Freunde zum Streichquartett, er sagt: Die Mitspieler wechseln, ich bleibe, wahrscheinlich sieht jeder der anderen sich genauso. Schobers Interesse für bildende Kunst dagegen resultiert aus der Zeit seiner sowjetischen Gefangenschaft.

In einem kasachischen Steppenlager bewohnte Schober mit drei Feldschern ein langes, sehr schmales Zimmer. An einer Längswand hatten sie zwei Doppelstockbetten aufgestellt, von denen man auf die gegenüberliegende weiße kahle Wand blickte. Einer der Feldschere war mit einem Maler befreundet, den Schober als 1,90 groß, dunkelhaarig, spitznasig und in traurigem Ernährungszustand befindlich beschreibt. Wilhelm Neufeld, heute Dozent an einer Mainzer Schule für Werkkunst, hatte bei guten Meistern studiert, eine Stipendienzeit in Italien hinter sich und liebte Goethe derart, daß er dessen Farbenlehre verfocht und gegen naturwissenschaftliche Überzeugungsversuche hartnäckig ablehnend sich verhielt. Er schrieb Goethegedichte, die er auswendig wußte, in Kunstschrift auf kleine Zettel, hing der Anthroposophie an und glaubte an einen Gott. Schober stellte ihn als Sanitätshelfer ein. Sonderverpflegung half dem Maler auf, Schober beauftragte ihn, die Wand zu schmücken. Neufeld verschaffte sich Ton, aus dem er braune, gelbe, rote und grüne Farben herstellte; das Gemälde habe vor einem Hintergrund von Bergen, Pinien und Zypressen ein Wasserbecken gezeigt, um das antik gewandete Gestalten schritten. Im Vordergrund fütterte eine weibliche Figur Tauben, während ein Läufer auf den Betrachter zueilte und ein Jüngling ein in starker Verkürzung dargestelltes Roß tummelte. Der Lagerkommandant erschien; Schober, der über den Kampf zwischen Realismus und Formalismus damals nichts wußte, erklärte, er habe als berufsmäßiger Vorkämpfer für die Gesundheit des Menschen ein Werk in Auftrag gegeben, das Arten der Körperertüchtigung zeige. Er stellte den Kommandanten zufrieden. Drei Jahre nach seiner Rückkehr kaufte er, angeregt durch den Besuch einer Kunstausstellung, das erste Ölbild, wenig später begann er Grafik zu sammeln.

Im Rundfunk lief ein Interview über Herztransplantation, Schober war eben von einem Podiumsgespräch in der Berliner URANIA zurück, an dem auch ein Philosoph und ein Gerichtsmediziner beteiligt waren. Nach Schobers Ansicht müssen in der DDR Staat und Gesellschaft entscheiden, ob Herzüberpflanzungen erfolgen sollen, das Grundproblem sei weder medizinischer noch ethischer, sondern ökonomischer Natur. Eine einzige Herzübertragung erfordert – außer etwa vierzig Mitarbeitern – enorme Mittel und Ausrüstungen. Auch das bislang nur im Westen hergestellte Immuran, das die immunologische Reaktion des Körpers gegen fremdes Eiweiß dämpft, ist außerordentlich teuer. Leider muß festgestellt werden, daß eine unserer Zeitungen die Legende verbreitet hat, wahrscheinlich würden nun Gangster, um gutzahlende Herzleidende mit Ersatz zu versorgen, in der Nähe von Kliniken Leute in die Köpfe schießen; selbst ein Laie kann ausrechnen, daß die Gangster den oder die Betreffenden zuvor untersucht haben müßten und dazu eines ganzen Ärzteteams bedürften. Außerdem ließe sich die gleiche Phantasie gegen seit Jahren übliche Nieren- und Leberübertragungen vorbringen.

Auch der Einwand, der Tod eines Menschen sei heute nicht zweifelsfrei festzustellen, ist nicht haltbar. Ein menschliches Gehirn, das drei Minuten lang nicht durchblutet wird, kann nicht wieder funktionieren; ein Gehirntoter ist tot und kann als Mensch nicht mehr angesehen werden, auch wenn Herz und Kreislauf wieder in Gang gesetzt werden. Zur Feststellung des Gehirntods gibt es voneinander unabhängige Verfahren: das Enzephalogramm, das die Gehirnströme mißt, und die Zirkulationsprobe, bei der ein Kontrastmittel in die Blutbahn gespritzt wird; Röntgenaufnahmen zeigen, ob noch Blut in den Kopf gelangt. Der Kreislauf eines Gehirntoten kann wochenlang aufrechterhalten werden, die Fachsprache bezeichnet ihn als »sogenannte Leiche«, indes ist es nicht nur unökonomisch, sondern auch sinnlos, die wenigen Dauerbeatmungsgeräte eines Landes, die für Lebende gebraucht werden, an Leichen zu hängen.

Schober nahm Bilder von den Wänden, die er auf die Fensterbank stellte, einen Ebert von 1955, »Laternenfest«, etwa 25 mal 18. Schober lobte das Malerische, er schätzt die auf Geschichtenerzählen angelegten Arbeiten des Hallenser Malers weniger. Unter den alten Karten im Estrich ist keine, auf der die Stadt Halle nicht verzeichnet wäre. Im Arbeitszimmer der Klinik hängen drei Stücke, die, wie Schober sagt, die Schönheit von Halle zeigen, »Der hallische Jammermarkt« von Fritz Müller, einem jungen Maler, der lange Jahre seinen Lebensunterhalt durch Tapezieren verdiente, und Stadtansichten von Möhwald und R. Rataiczyk. Schober zeigte die Neuerwerbungen, ein Kubin, »Hochwasser« darstellend, Männern in einem Boot züngelt im Vordergrund eine riesige Seeschlange entgegen, gegen die der am Bug Stehende eine Axt schwingt, Farbholzschnitte der Hallenserin Karin Riebensahm, die für die Innenausstattung des hallischen biochemischen Instituts am Elektronenmikroskop gearbeitet hat und nun Kristallschliffe nachzubilden sucht, ein schön gedrucktes *L* aus dem »Russischen Alphabet« des Münchners Josua Reichert, einen Hundertwasser, bei Mourlot in Paris gemacht, und ein seltsames farbiges Blatt von Antes, das einen auf den Betrachter zu gebeugten Menschen zeigt. Schober hat nur Arbeiten dieses Jahrhunderts gesammelt, er besitzt kein Verzeichnis und kommt allein kaum dazu, die Blätter durchzusehen. Der eigentliche Spaß für ihn sei, Ateliers zu besuchen, zu reden, Arbeiten zu sehen und vielleicht etwas auszuwählen.

Andere Blätter waren von Heckel, Beckmann, Schmidt-Rottluff, Barlach (eine Illustration zu Goethes »Paria«: eine Frau liebte so rein, daß sie Wasser in Kugelform ohne ein Gefäß aus dem Fluß zu tragen vermochte, bis sie eines Tages im Fluß das Spiegelbild eines Fremden sah, sie verlor ihre Gabe, ihr Mann verstieß sie). Schober zeigte Macke, Purrmann, Kanoldt, Feininger, einen frühen Dix, eine Darstellung des Paradieses von Corinth und ein erstaunliches Blatt von Hans Thoma, auf dem Urvögeln ähnliche Kraniche mit krralligen Füßen und lang herabhängenden Pfauenschweifen über einer Schwarzwaldlandschaft fliegen. Fast alle Blätter waren signiert.

Ich zitiere im folgenden aus Schobers Aufzeichnungen über seine Innsbrucker Studienzeit, die er, der Tradition der Urgroßmutter folgend, für die Kinder verfaßt hat. Das Manuskript ist »Nie wieder heute« überschrieben, es schildert auf sechzig Schreibmaschinenseiten Landschaft, studentisches Leben, Schiausflüge, örtliche Eßgewohnheiten und das erste Erlebnis der Nichtumkehrbarkeit der Zeit. Ein Zusammenhang zum zuvor Gesagten stellt sich, hoffe ich, her.

Vor einer Italienreise hatte Schober sich vorgenommen, bei dem Innsbrucker Universitätsprofessor Breitner den chirurgischen »Schein« zu erwerben; dazu war notwendig, eine Woche lang im Kolleg nach Aufruf in der ersten Bankreihe zu sitzen. Schitouren halber versäumte Schober die erste, zweite und letzte Möglichkeit. Er drang dennoch bis zu Breitner vor, dieser, selbst Schiläufer, zeigte sich nachsichtig und verordnete, Schober habe eine Woche lang täglich unter Aufsicht des Kollegassistenten Dr. Spranger in der chirurgischen Poliklinik zu arbeiten. Schober hatte dazu den besten Vorsatz.

»Aber die Sprechstunden lagen nicht günstig, morgens zu spät, gegen 11 Uhr, und nachmittags zu früh, ich glaube um 16 Uhr. Jedenfalls kam mir die gloriose Idee, die Zeit bis zur Sprechstunde morgens mit einer oder zwei Abfahrten durch die ›Rinne‹ auszufüllen, und das am zweiten Tag meiner poliklinischen Laufbahn. Es schien leicht zu bewerkstelligen: $^1/_2$ 8 Uhr wird hinaufgefahren, $^1/_2$ 9 das erste Mal, um 9 das zweite Mal durch die Rinne, $^1/_2$ 10 mit der Seilbahn herunter; daß man um 11 dann in Schitracht zum Dienst antrat, konnte einem in Innsbruck niemand übelnehmen. Die Tage waren strahlend sonnig, noch vorgestern hatte es herrlich aufgefirnt, und ich hatte die Rinne mit Genuß gemacht! Also hinauf und mutterseelenallein die letzte Strecke zum Gipfel gefahren, nur der Gondoliere schaute etwas drollig, als ich die Gondel bestieg. Um diese Tageszeit hatte ich die Rinne noch nie gesehen, die Sonne stand unerwartet weit links im Osten, der Schnee knirschte eklig, ein einziger Mensch – ohne Schi – kroch zwischen den Felszacken herum. Ich fesselte mich auf meine Bretter und rutschte unter dem Krachen des Eises in Richtung Einfahrt zur Rinne. Schließlich hatte ich ja Stahlkanten, damals etwas fast Unerhörtes, und es konnte mir nichts passieren. Der erste Schwung ratschte mörderisch, und ich rutschte ein gutes Stück quer ab. Der zweite Schwung mißriet offensichtlich, ich wurde über den Wall der Pistenkurve, die hier fast einer Bobbahn glich, hinausgetragen, war froh, Haltung und Richtung zu bewahren, und setzte in nahezu hoffnungsloser Situation zum dritten und letzten Schwung an. Rum kam ich noch, aber es war so steil geworden, daß ich quer abging, die Schi nicht mehr faßten und ich mit der Berghand den nun schon hart neben mir auftauchenden Steilhang berührte. Es gab kein Halten mehr. Zunächst Schi zu Tal, dann beim Queren des übernächsten Pistenwalls durch die Luft und – wieder aufs Eis, diesmal Kopf voran mit 45 Grad Neigung und steigender Geschwindigkeit. Der Hang war lang. Die Mütze flog mir vom Kopf, ein Stock und der andere waren zum Teufel, ein Handschuh, und dann splitterte ein Schi ... So bin ich also die ganze Rinne heruntergestürzt, an der Seegrube blieb ich etwas dösig liegen. Die Sonne schien hier schon herrlich warm, aber erst jetzt wurde mir meine ganze Berg-Idiotie klar: daß nämlich Firn nachts auffriert und zu Eis wird. Doch zu langem Meditieren war jetzt keine Zeit.

Ich lese wohl nicht richtig, wird der Leser denken, keine Zeit ist wohl nicht der passende Ausdruck. Sicher, es war eine Minute meines Lebens vergangen, die mir erschienen war wie jene berühmte Ewigkeit, von der niemand weiß, ob es sie überhaupt gibt, da man sie sich weder vorstellen noch ausrechnen kann. Subjektiv hatte ich also einen geradezu enormen Zeitgewinn eingestrichen. Fast alle anderen Menschen, konnte man annehmen, hatten eine ganz billige Durchschnittsminute ›verlebt‹, ich hatte sie ausgedehnt ... Aber meine Hand blutete, es tropfte rot in den körnigen Firn. Also die Schi abschnallen, zusammenbinden, dann das rotkarierte Taschentuch um die Hand schnüren ... Ich mußte lange steigen, um den Handschuh, die Schispitze, beide Stöcke und die Mütze nacheinander wiederzufinden. Unterwegs stellte ich Schi und das Wiedereroberte an unserem ›Sonnenfelsen‹ ab, dann kam ich zurück und baute mir wie immer einen Sitzplatz zwischen den Felsen. Nun hatte ich Zeit. Es gab über manches nachzudenken. Die Vormittagssprechstunde aufzusuchen, hatte offensichtlich keinen Sinn mehr: Was hätte ich mit meiner total zerschundenen linken Hand und dem ebenfalls blutigen linken Unterarm dort helfen können? Am besten, hier erst mal warten, bis es sich ausgetropft hatte, und dann nachmittags als Patient Herrn Dr. Spranger aufsuchen. Schwerwiegender war die Sache mit dem Schibruch. Bis zur Abreise nach Italien war noch eine Woche hin, inzwischen mußte also Schi gefahren werden ... Der Schi war eigentlich verhältnismäßig günstig gesplittert, ein Teil der Aufbiegung war infolge der schrägen Bruchlinie erhalten. Man mußte eben versuchen, ob es nicht einfach so ging, denn eine Reparatur durch Anschäften dauerte einige Tage. Ein Paar neue zu kaufen, hätte bedeutet, die Italienreise aufzugeben.

Als es aufgefirnt hatte, schnallte ich an. Im tiefsten Innern ärgerte ich mich, daß mich der Berg durch meine eigene Dummheit fast bezwungen hatte, und ich beschloß, mich nicht unterkriegen zu lassen. Als ich auf der Seegrube ankam, trat ein Mann auf mich zu und fragte, ob ich derjenige sei, der vor ein paar Stunden die ganze Rinne heruntergeflogen sei. Er gratulierte mir schlicht, und ich dankte. Um so mehr schwoll mir der Kamm. Der Gondelführer und drei junge Männer glotzten beim Hinauffahren auf meine Schispitze und machten Bemerkungen; mich focht es nicht an, mutig blickte ich durch die Schroffen zum Gipfel. Dann kam die Querung zur Einfahrt und die Begegnung mit jener Kurve der Piste ... Der Sieg war leichter als gedacht, die Schi waren brav, der Rest der Aufbiegung tat sein Bestes, die allgemeine Form lag natürlich etwas unter Niveau. Bald war ich im Städtchen, legte die Rüstung ab und begab mich um 3 Uhr pünktlich in die Ambulanz. Dem Doktor hielt ich wortlos meine Blessur entgegen und begab mich damit in seine Hand – in zwiefacher Hinsicht. Er erledigte in seiner Güte und Großmut beide Teile seiner akademischen Aufgabe zu meiner völligen Zufriedenheit. Fortan konnte ich vormittags auf der Seegrube Schi fahren, kam nach Mittag zur Sprechstunde und hatte am Ende des Semesters meinen chirurgischen Schein.«

Um dem mangelnden wissenschaftlichen Austausch in Grenzen aufzuhelfen, begründete Schober 1964 die hallischen Arbeitssymposien für Herzchirurgie. Dem Wortsinn nach ist ein Symposium ein Gastmahl, anläßlich dessen Wenige das schöpferische Gespräch pflegen. Im Laufe des 20. Jahrhunderts ist das Symposium zum Kongreß degeneriert. Auf Kongressen wiederum liegt die einzige Zeit für schöpferische Gespräche bekanntlich nach dem Abendessen, falls offizielle Veranstaltungen nicht angesetzt sind. Das hallische Arbeitssymposium ersetzt einen herzchirurgischen Kongreß der DDR, es kennt keine Vorträge. Der Moderator (aus dem Lateinischen: der Mäßigende oder Gesprächsleiter), Schober also, nennt ein Thema und bittet die Vertreter der herzchirurgischen Zentren durch Aufruf, ihre Ansichten und Erfahrungen mitzuteilen, daran schließt sich ein Wechselgespräch. Seit 1964 wächst die Zahl der Gäste aus den Volksdemokratien und der Bundesrepublik. Als oberes Limit für ein Arbeitssymposium nennt Schober fünfzig Personen, mindestens drei Viertel davon sollen mehrfach zu Wort kommen, die Vergleichsziffer für Kongresse liegt bei eineinhalb Prozent. Dennoch lassen praktische internationale Erfahrungen auch durch ein Arbeitssymposium sich nicht ersetzen.

Die hallische Herz-Lungen-Maschine hat Form und Größe eines quergelegten Haushaltskühlschranks, sie ist fahrbar. Der rechteckige Körper enthält Meßgeräte, zwei Pumpen und Handräder zur Regulierung, die Aufbauten bestehen aus gläsernen Zylindern, Stangen, Schläuchen und einem Wärmeaustauscher. In einem horizontalen Glaszylinder, der Lunge, rotieren etwa sechzig Scheiben des Spezialstahls V2A. Sauerstoff durchströmt den Oxygenator, das vor dem Herzen abgeleitete Blut fließt durch Schwerkraft hinein, die rotierenden Stahlscheiben vergrößern die Oberfläche des Blutes, es gibt Kohlendioxyd ab, nimmt Sauerstoff auf, eine Pumpe transportiert es durch Schlauche über den Wärmeaustauscher in die Arterien. Die Maschine atmet zu schnell, unser Gehirn verlangt eine gewisse Konzentration von CO_2, geringe Mengen werden dem Sauerstoff beigemischt.

Die Folge zu raschen Atmens spürt ein beliebiger Mensch, wenn er ein Feuer anbläst und ihm bald leer im Kopf wird. Der Wärmeaustauscher wird aus der Haus-Wasserleitung beschickt, er kühlt das Blut während des künstlichen Kreislaufs und erwärmt es danach. Unterkühlung hemmt den Stoffwechsel, sie entlastet Blut und Nieren, die den Körper entgiften. Die zweite, kleinere, Koronarpumpe saugt aus dem Herzen fließendes Blut über zwei Schläuche ab, auch das Herz muß während des Eingriffs leben, also mit Blut versorgt werden. Das angesaugte Blut mischt sich mit Luft, es wird durch einen senkrechten, mit Perlongeflecht gefüllten Zylinder, den Entschäumer, geleitet und über den Oxygenator dem Kreislauf wieder zugeführt. Durch die Berührung mit Stahl, Glas und Schläuchen, besonders durch die Koronarabsaugung werden rote Blutkörperchen mechanisch zerstört, die Hämolyse vergiftet das Blut und beschränkt den künstlichen Kreislauf auf drei Stunden.

Jede Herz-Lungen-Maschine ersetzt Herz und Lunge nur notdürftig; Theoretiker nennen den extrakorporalen Kreislauf einen »kontrollierten Schock«, der in engen Grenzen zu halten sei. Schober pflegt seinen Studenten einen berühmten amerikanischen Kollegen zu zitieren, der schrieb: »When the machine begins to run, the patient begins to die.«

Man hatte mir vorausgesagt, daß ich ohnmächtig würde, es traf nicht zu. Unangenehm schien mir einzig der Geruch nach verbranntem Gewebe, wenn der Cutor benutzt wurde; er erinnerte an das Absengen einer Gans oder an eine Dorfschmiede, wenn Pferde beschlagen werden. Es handelt sich, sagte Schober, darum, ob ein Mensch Arbeit als Arbeit ansieht. Ich hatte gerechnet, daß die Spielfilme über Chirurgen, soweit ich sie sah, falsch sind, und fand das bestätigt. Zur Zeit der Operation wußte keiner im Saal, daß das öffentliche Interesse für Herzchirurgen das an Kosmonauten nun ablöst.

Der Eingriff am Herzen war vorbereitet, ich erhielt meinen Platz am Kopf der Patientin zurück, auf der Fußbank, die man gebracht hatte, steht es sich der großen Gummischuhe wegen wenig bequem. Ich las im Gästebuch eine Eintragung, deren Herkunft ich Rivalitäten halber nicht nenne: In Halle erlebe man dankbar eine Operation »ohne Brüllen und fliegende Instrumente«. Der Assistent schimpfte, während er die Hohlvenen vor dem Herzen abband, in herzlichem Ton auf Leute, die nie lernen, die Operationslampen einzustellen. Der Oberarzt Dr. Panzner bat, den Blutdruck »bitte von unten« abzulesen, große Experten hätten schon von Null gemessen. Er erklärte mir seine Handgriffe während der Arbeit und bat mich, mehr zu fragen. Die Venen waren durchtrennt, Kanülen wurden hineingeschoben, im angeschlossenen durchsichtigen Schlauch wurde dunkles Blut sichtbar. Luftbläschen, die eine Embolie verursachen können, wurden herausgedrückt. Ein dafür bestimmter Hahn schloß nicht und mußte ausgewechselt werden; Schober sagte: Laßt das Mädchen nicht auslaufen. Die Maschine wurde eingeschaltet. Schober tastete im schlagenden Herzen den Defekt zwischen den Vorhöfen, Schober und Panzner entschieden, das Herz zu flimmern. Ein hochfrequenter Strom setzt das Herz dabei in Vibration. Es lag nun scheinbar ruhig. Das Herz bietet dem Laien, der Herzen nur aus Geflügelsuppen kennt, einen überraschend weichen und beweglichen Anblick. Die Nadeln der Chirurgen sind gebogen und ähneln Angelhaken. Schober besprach mit Panzner, während er nähte, die günstigste Stichführung. Die Löcher in der Vorhoftrennwand wurden zusammengezogen, eine größere Öffnung brauchte einen Filzpatch. Er wird später von Gewebe durchwachsen. Schober sagte zu Panzner: Ich will den entscheidenden Stich nicht Ihnen zuschieben, aber Sie stehen besser. Beim Nähen im Vorhof kann das Reizleitungszentrum des Herzens getroffen werden, absolute Sicherheit, es nicht zu verletzen, gibt es für keinen Chirurgen. Die Verletzung blockiert die das Herz antreibenden elektrischen Impulse; der Block kann, zumeist, durch andere Stichführung rückgängig gemacht werden. Der Patch liegt, während er angenäht wird, außerhalb des Herzens, die Fäden werden durch die Herzwand, dann durch den Filz gezogen und von Klemmen gehalten. Die Klemmen ähneln stumpfen Scheren, sie werden übereinander gesteckt. Sind Filz und Öffnung in der Vorhofwand umnäht, werden die Fäden angezogen und verknotet. An einer Operation mit einer Herz-Lungen-Maschine sind fünfundzwanzig Personen beteiligt, Messungen, Medikamentgaben und Handgriffe müssen auf Stichwort oder selbständig zum genauen Zeitpunkt kommen.

Schober hat seit Beginn der Versuche die Aufgaben seiner Mitarbeiter strikt abgegrenzt; in der DDR ist das hallische Herz-Lungen-Kollektiv als einziges seit Anfang zusammengeblieben. Ein Kollege erklärt das mit Schobers Eigenschaft, wenig zu kommandieren, außerdem habe Schober jeden Fehler analysiert und die Annahme einer kollektiven Schuld nie zugelassen. Schober schreibt nicht vor, wann und wie lange ein Assistent in der Klinik wissenschaftlich zu arbeiten hat. Publiziert ein Mitarbeiter wenig, muß dieses Wenige ausgezeichnet sein, sonst habe der Betreffende an einer Universitätsklinik nichts zu suchen. Schober hat das Amt eines Prodekans für Ausbildung und Erziehung der Medizinischen Fakultät inne. Die Bewerbung des siebzehnjährigen Sohnes eines Bekannten zum Medizinstudium war abgelehnt worden, er erzählte:

Sechzig Eltern erschienen in der chirurgischen Klinik. Schober versammelte sie in einem Saal, er erklärte die Kapazität der hallischen Medizinischen Fakultät. Bestünden alle auf einem Gespräch, müsse er bis in die Nacht bleiben. Nur sechs, von weither angereist, bestanden darauf. Vor Schobers Zimmer jedoch warteten wieder an die vierzig. Der Bekannte war nach vier Stunden an der

Reihe, Schober habe ihn wirklich und ernsthaft beraten. Schober legt Wert auf ausführliche Aufnahmegespräche mit den Bewerbern zum Studium, die Fakultäten seien sonst auf Zeugnisse angewiesen, was Absolventen großzügig zensierender, also schlechterer Schulen in Vorteil setzt. Auch erfasse keine Stelle die auf den Anträgen genannten Ausweichfächer. Die Medizinische Fakultät muß Bewerber mit einem Leistungsdurchschnitt von 1,8 zum Teil ablehnen, inzwischen sind die Plätze anderer Fachrichtungen durch Schüler mit schlechteren Noten besetzt. Schober hat bei den Aufnahmegesprächen mit Gesellschaftswissenschaftlern zusammengearbeitet und dabei Tests angestellt; so bat er mehrere Bewerber um die Definition des Unterschieds zwischen konvex und konkret, nur einer von acht habe geantwortet, dies seien nicht vergleichbare Begriffe. Gerade solche, auf Urteilsvermögen oder Allgemeinbildung zielende Fragen haben freilich einigen Zeitungen Stoff für die Kampagne gegen Aufnahmeprüfungen geliefert. Schober sieht eine Gefahr darin, daß notwendige Spezialisierung und straffe Studienorganisation zu einer Verschulung der Universitäten führen; diesem Prozeß will er entgegenwirken. Das Verschieben eigener Verantwortlichkeit von der Schule aufs Studium, vom Studium auf die Assistenzzeit, von da bis nach der Facharztprüfung sei nicht geeignet, Persönlichkeiten zu bilden. Trotz oder wegen der Tendenz zu kollektiver Arbeit in der modernen Medizin müsse der Arzt Entscheidungen, zumal die für eine Operation, allein fällen, das sei möglichst früh zu üben. Die Operation war beendet, das Herz vernäht, die Venen wieder angeschlossen. Ein Stromstoß aus einem elektrischen Schockgerät brachte das Herz zum Schlagen. Der Oberarzt bestellte Musik, ein Techniker trug ein altes Smaragd-Tonbandgerät auf einen Instrumententisch und entschuldigte sich: er wisse auch nicht, warum gerade das auf dem Band sei, anderes sei nicht da; das Tonband spielte den Bolero von Ravel.

Professor Schober hatte die Fragen der Studenten am gleichen Dienstag erhalten, er sagte mir, er fühle sich nicht für alle kompetent; den folgenden Freitag erschien er im Kolleg mit Professor Rockstroh und Oberarzt Dr. Hübner, denen er je fünfzehn Minuten Redezeit zubilligte. Rockstroh erläuterte Probleme der Immunsupression bei Organverpflanzungen, auf die ich der Illustrierten wegen nicht eingehen muß; bei keinem der hallischen Ärzte fand ich jene Mystifikation des Herzens, die auch in unserer Republik noch umgeht. Ein Freund erfand kürzlich eine Geschichte, er sagte: Stellen wir uns vor, es gäbe keine Autos. Zum Verkehrsminister kommt ein Mann und sagt: Ich habe das Auto erfunden, ein nützliches und verhältnismaßig billiges Gerät, das zum schnellen und bequemen Transport von Personen und Industriegütern sich außerordentlich eignet. Es hat auch andere Vorzüge; allerdings wird durch meine Erfindung jährlich die Bevölkerung einer mittleren Kleinstadt umkommen, von den Verletzten nicht zu reden. Nierenübertragungen sind seit mehreren Jahren international üblich, die Erfolgsquote beträgt fünfzig Prozent. Auch hier gibt es vorläufig keine Organbanken. Man entfernt dem Kranken die Nieren und schließt ihn zweimal wöchentlich an die künstliche Niere, bis ein geeigneter Spender eingeliefert wird. Über Gehirnexstirpation referierte Dr. Hübner, die Ernährung (Durchblutung) eines isolierten Gehirns ist vorläufig nicht möglich, eine Überpflanzung noch nicht vorstellbar, da es bislang keine Möglichkeit gibt, die Nervenstränge (Rückenmark) zum Verheilen zu bringen. Die Überpflanzung müßte in wenigen Sekunden erfolgen, da das Gehirn schon nach kurzem Ausfall der Sauerstoffversorgung irreparabel beschädigt wird. Ob eine Übertragung ethisch berechtigt sei, schloß Hübner, müsse von unserer Generation noch nicht entschieden werden, immerhin seien Zweifel angebracht, da man einem Menschen dann wohl einen anderen Charakter einpflanze und zu einem anderen mache. Schober schloß hier an: es gäbe Stimmen, die der Meinung seien, Studenten hätten Gesichertes zu lernen und dürften mit ungelösten Problemen der Medizin oder anderer Wissenschaften nicht bekannt gemacht werden, da das sie verwirre; er könne sich diesen Stimmen nicht anschließen. Im übrigen sei die Ansicht, der Charakter eines Menschen liege allein im Gehirn, ein Vorurteil, und das System der inneren Sekretion mindestens ebenso wichtig; so mache allein eine Überfunktion der Schilddrüse einen bisher ruhigen und ausgeglichenen Menschen nervös und unsicher, bekannt sei auch die Wirkung von Kastrationen. So haben Sie, sollte Ihnen einmal ein Gehirn überpflanzt werden, falls Ihre innersekretorischen Drüsen normal funktionieren, erhebliche Aussicht, ein Stück Ihres Charakters zu bewahren.

1968

Der Professor für Schweißtechnik Werner Gilde

»Hoch intelligent, aber stinkend faul.«
(Ein früherer Vorgesetzter über W. Gilde)

Ich schicke voraus, daß ich meine Bekanntschaft mit dem Propheten Hesekiel, der auch Ezechiel genannt wird, hauptsächlich dem Direktor des Zentralinstituts für Schweißtechnik (ZIS) Professor Dr. rer. nat. habil. Werner Gilde verdanke.

Wir leben im Zeitalter der technischen Revolution, gesehen vom wichtigsten für Arbeitsmittel verwendeten Material in der Eisen- resp. Stahlzeit, dieser wird, wie man hört, womöglich eine Plasteepoche folgen, die chemische Bewegungsform ist, wie ich aus dem gesellschaftswissenschaftlichen Grundstudium weiß, gegenüber der physikalischen die höhere, analog könnte aus der Chemiezeit die biologische hervorgehen, was bedeutete, daß man etwa Schiffe nicht mehr bauen, sondern züchten würde; die heute als höchste angesehene Bewegungsform der Materie ist die soziale, halten wir die Analogie aus, würden dann unsere Arbeitsmittel selbständig sich vermehren, schöpferisch arbeiten und Selbstbewußtsein besitzen. Dies wollen wir uns vorläufig nicht vorstellen. Auch ist unsere Zeit gewiß eisern zu nennen, schon die alten Griechen taten das, meinten aber, ihr sei eine silberne und goldene vorausgegangen, was wir, möglicherweise zu Unrecht, bezweifeln. Ein mir nahestehendes philosophisch gebildetes Mädchen vertritt die Ansicht, die sechste und höchste Bewegungsform der Materie sei die Liebe, ich warnte sie, derlei öffentlich zu äußern, da Philosophen sie wahrscheinlich Idealist, Feuerbachianerin oder obszön schelten werden. Aus der gleichen Befürchtung will ich auf den mir eigentlich einleuchtenden Satz verzichten.

Eisen macht, dem Lexikon *Schlag nach Natur* zufolge, etwa fünf Prozent der Silikatkruste unseres Planeten aus, es wird ihr in Form von Eisenerz entrissen, das man zu Gußeisen oder Stahl verhüttet. Der Stahl wird gewalzt und als Blech, Breitflachstahl, Form- oder Stabstahl an die Industrie geliefert. Er wird getrennt, geformt, wiederum verbunden und verbraucht. Das Verbinden geschieht durch Schrauben, Nieten, Falzen, Klemmen, Kleben oder thermisch durch Löten oder Schweißen. Sechzig Prozent des Stahls unserer Republik gehen in Schweißkonstruktionen ein, die Schweißtechnik entwickelte sich in den letzten fünfzehn Jahren doppelt so schnell wie der übrige Maschinenbau.

Im Kampf zwischen Monopolkapitalismus und Sozialismus entscheidet, wie wir aus einer Bemerkung Lenins wissen, letzten Endes die Arbeitsproduktivität. Von der kalten Technik wollen wir uns darum zum Menschen wenden. Unser Standort ist Halle-Trotha, leicht westlich der Wohnstadt Nord vermeidet man die an der Endschleife der Straßenbahn abbiegende Hauptstraße, nimmt statt dessen die in einem Winkel von etwa 40 Grad abzweigende Köthener Straße und hat, überquert man eine Bahnlinie und läßt den Park des VEB Autohof hinter sich, nach etwa sieben Minuten Fußweg das Zentralinstitut für Schweißtechnik zur Linken. Das ZIS (die Abkürzung spricht sich »tziss«) kennt in Halle jeder, der erste, den ich fragte, ein Straßenbahnzugführer, hielt mich für einen weither gereisten Schweißfachmann, die Weite der Reise folgte für ihn aus meiner Unkenntnis. Ich hatte angerufen und von Gilde einen Termin erbeten; die Telefonistinnen des ZIS sind nach meiner Erfahrung die einzigen in Halle, die dem Anrufenden freundlich die Tageszeit bieten, die Formel lautet vollständig *Das ZIS, Guten Morgen,* ich habe Grund zu vermuten, daß das einleitende *Das* auf eine Anordnung Gildes zurückgeht.

Der Prophet Hesekiel lebte um 628 bis 552, etwa gleichzeitig mit dem persischen Religionsstifter Zarathustra, dem griechischen Sklaven und Fabelverfasser Äsop, der lesbischen Dichterin Sappho, dem milesischen Handelskaufmann, Mathematiker und Philosophen Thales und dem Chinesen Laotse. Den Beruf eines Propheten ergriff er mit vierundzwanzig Jahren; mit Jesaja, Jeremia und Daniel wird er zu den großen Propheten gezählt, außer ihnen nennt die Bibel zwölf kleine. Prophet sein war im alten Juda ein Amt, für das Mitglieder der Königsfamilie oder Priestersöhne ausgewählt wurden; außer mit Warnen, Drohen und Klagen (wozu die Verhältnisse freilich Anlaß gaben) versahen die Propheten gelegentlich die Funktion eines Oppositionssprechers und waren mit politischer Beratung und Prognostik befaßt. Möglicherweise darum konnten sie, folgen wir apokryphen Berichten, nicht damit rechnen, eines natürlichen Todes zu sterben. Jesaja sagte den Untergang Israels voraus und bekämpfte Bodenspekulation und Kornwucher, bei einem massiven assyrischen Einfall hieß er den judäischen König Hiskia auf Gott vertrauen, worauf ein Engel in der folgenden Nacht einhundertfünfundachtzigtausend Assyrer erschlug und die Söhne des assyrischen Königs diesen ermordeten; es deutet das auf einen innerassyrischen Machtkampf, in jedem Fall auf Jesajas politische Fähigkeiten und seine Verbindung zum judäischen Geheimdienst. Unter Hiskias Nachfolger Manasse wurde Jesaja mittels einer Säge aus Zedernholz öffentlich in zwei Teile zerschnitten. Sein Kollege Jeremia, bekannt durch unter seinem Namen verfaßte Klagelieder und durch Schwierigkeiten mit falschen Propheten (offenbar Agitatoren der nationalistischen Rechten), sah, daß Juda im Kampf zwischen Ägypten und den vorderasiatischen Großmächten keine Rolle spielen konnte. Er predigte Neutralität und sagte – sei es aus politischem Weitblick, sei es, um die judäische Extremistenpartei zu schocken – die Zerstörung Jerusalems voraus. Diese fand 586 statt, wie zumeist ließen die Extremisten sich nicht belehren und trieben König Zedekia in ein Bündnis gegen Nebukadnezar II. von Babylon. Der Ausgang war katastrophal, der König wurde mit fünfundzwanzigtausend Angehörigen der judäischen Oberschicht nach Babylon transportiert und kam dort um. Judäische Emigranten warfen Jeremia zum Dank für seine realpolitischen Einsichten mit Steinen tot. Auch Hesekiel prophezeite die Zerstörung Jerusalems; er ging in die babylonische Gefangenschaft, warnte dort seine Landsleute vor sinnlosen Erhebungen, entwarf eine auf Gleichheit des Besitzes beruhende jüdische Verfassung, reformierte den Jahwe-Kult und begründete die Lehre vom inneren Jerusalem, was das religiöse Sendungsbewußtsein der Juden neu stärkte, den Zusammenhalt im fernen Land sicherte und die Rückkehr nach Palästina vorbereitete. Seines Bestehens auf gewissen politischen Einsichten wegen wurde er von einem ägyptischen Fürsten erschlagen. Daniel, nach Mitteilung des dreihundertfünfzig Jahre später, zur Zeit der Erhebung des Judas Maccabäus verfaßten Bibeltextes ein Nachfahr judäischer Könige, wurde am Hofe Nebukadnezars (der das aus dem Pergamon-Museum bekannte Ischtar-Tor und einen neunzig Meter hohen Turm zu Babel aufführen ließ) mit Gemüse und Wasser aufgezogen, was ihm große Schönheit verliehen haben soll. Nachdem er Nebukadnezar einen Traum deutete, wurde er Gouverneur von Babylon, Vorsteher der babylonischen Akademie und Bischof, eine für Deportierte erstaunliche Karriere. Wir verdanken Daniel die Nachricht vom Überleben dreier Judäer, die er auf hohe Verwaltungsposten lanciert hatte. Sie waren öffentlichen Betens wegen angezeigt und in einen siebenfach geheizten Feuerofen (die Strahlung soll die Heizer getötet haben) geworfen worden, wo sie indes, ohne sich zu versengen, Lieder zum Lobe Jahwes sangen. Dem babylonischen General Belsazar deutete Daniel eine während einer Orgie von unbekannter Hand an die Wand gemalte Schrift, sie lautete, wie wir wissen, mene, mene, tekel upharsin (es geht zu Ende, du bist gewogen und zu leicht befunden, die Perser kommen), Babylon wurde daraufhin von den Persern erobert. Der persische König machte Daniel zu einem seiner Stellvertreter, indes erregten Daniels verwaltungspolitische Fähigkeiten die Mißgunst von Konkurrenten, die dem König ein Sondergesetz aufredeten und Daniels Verbringung in die Löwengrube durchsetzten. Sei es, daß bestochene Wärter die Tiere sattgefüttert hatten oder der Prophet über Dompteurtalente verfügte, er blieb unangerührt, was der König für den Beweis persönlichen Eingreifens Jahwes hielt. Statt Daniels wurden seine Denunzianten einschließlich ihrer Familien den Löwen vorgeworfen und gefressen. Wenn Daniel als einziger der großen Propheten eines natürlichen Todes starb, muß erinnert werden, daß diese Irregularität im Exil unterlief, dem judäischen Volk also nicht anzurechnen ist.

Trotz oder wegen ihrer politischen Ambitionen waren die Propheten harte religiöse Streiter und verfügten über bedeutende Fertigkeit im Verfassen von Drohungen. Ich zitiere Hesekiel 6:

1. Und des HERRN Wort geschah zu mir, und sprach:
3. ... Ihr Berge Israels, höret das Wort des HErrn HErrn: So spricht der HErr HErr, beyde zu den Bergen und Hügeln, beyde zu den Bächen und Thälern: Siehe, ich will das Schwert über euch bringen, und eure Höhen umbringen.
4. Daß eure Altäre verwüstet, und eure Götzen zerbrochen sollen werden. Und will eure Leichname vor den Bildern todt schlagen lassen.
7. Und sollen Erschlagene unter euch da liegen, daß ihr erfahret, ich sei der HErr.
12. Wer fern ist, wird an der Pestilenz sterben, und wer nah ist, wird durchs Schwert fallen; wer aber überbleibet, und dafür behütet ist, wird Hungers sterben. Also will ich meinen Grimm unter ihnen vollenden.
13. Daß ihr erfahren sollet, ich sey der HErr.

Deutlich gesprochen; wir wollen freilich berücksichtigen, daß Krieg, Totschlag und Pestilenzen damals täglich vorkamen, Wirkung also ohne Berufung auf direkten Kontakt mit Jahwe und apokalyptische Drohungen wahrscheinlich nicht zu erzielen war. Hesekiel besaß mathematische Begabung, er beschrieb ausführlich die Architektur des in Jerusalem neu zu errichtenden Jahwe-Tempels, wählte jedoch die Maße so, daß das Bauwerk, weil zu groß, nicht benutzbar gewesen wäre. Die Theologie versteht den Entwurf als Metapher für einen im Menschen zu errichtenden inneren Tempel, das würde zu Hesekiels These von der Willensfreiheit (aus der die Verantwortung des Menschen für Gut und Böse folgt) und zu seiner ethischen Regel »die zeitlich letzte Handlung gilt« passen. Letztere besagt, daß Sünder, sofern sie bereuen, Gnade vor Gott finden, während Gerechte, die später sündigen, verstoßen werden. Dieser Grundsatz erfreut sich bis heute internationaler Anerkennung. Daß Hesekiel die Tempelmaße so akrib gibt, mag von Spaß an der Durchführung einer Prämisse zeugen, auch konnten wohl wenige nachrechnen, so daß die Zahlen die Gewißheit der deportierten Judäer über ihre endliche Rückkehr gestärkt haben mögen.

Nach all dem ist der Satz, den mir Gilde, über seine Leitungsmethoden befragt, zitierte – *Gott hat alles geordnet nach Maß, Zahl und Gewicht* –, dem Propheten Hesekiel durchaus zuzutrauen. Bei der Lektüre erwartet man ihn mehrmals, findet ihn jedoch nicht. Die Aufforderung an die Fürsten, Maß- und Gewichtssystem zu überwachen (»Ihr sollt recht Gewicht, und rechte Scheffel, und rechte Maß halten«, Hes. 45, 10), läßt sich auch bei großzügiger Übertragung nicht in die zitierte Form bringen. Gilde versichert, den Ausspruch aus seinem Klassenzimmer zu kennen, er nannte als Quelle Hes. 1, 6. Zum Beweis seines Gedächtnisses rezitierte er zwei Minuten Blankverse, ich riet Iphigenie. Die Verse hätten, wären sie improvisiert gewesen, von erstaunlichem Gefühl für den Gestus der goetheschen

Dichtung gezeugt. Mitarbeiter des ZIS mutmaßen, Gilde lese von Zeit zu Zeit im Brockhaus, aus den Zitaten lasse sich auf den jeweiligen Buchstaben schließen. Augenblicklich sei er bei Bismarck. Gilde verfüge über eine enorme Fertigkeit, diagonal zu lesen, nicht selten gebe er entliehene Bücher am nächsten Morgen zurück und sei nach Auskunft der Bibliothekarin imstande, den Inhalt zu referieren. Überfliege er Forschungsberichte, finde er faule Stellen mit Sicherheit. Betreffs Hesekiel gab Gilde zu, mit Quellenangaben gelegentlich zu bluffen, doch stimmten die Zitate selbst fast immer. Gildes Vorgehen ist demnach dem des Propheten verwandt, der die Maße des Tempels falsch, doch in sich stimmig aufschrieb, und hat den Vorteil eines psychologischen Streu- oder Schrapnelleffekts: Während die einen die Bildung des Chefs bewundern und schöne Literatur für eines Ingenieurs würdig zu halten beginnen, werden andere nachschlagen, über die momentane Nachlässigkeit des Zitierenden hinwegsehen und bei dieser Gelegenheit den Faust, oder Hesekiel, für sich entdecken, was wiederum für die Leistungsarbeit befruchtend sein kann, es handelt sich also um einen der Wege zur gebildeten Nation. Auch ich hätte mich ohne Gilde mit dem alten Juda so bald kaum beschäftigt.

Der Besucher des ZIS wird, geht er langsam und Unsicherheit verratend am Pförtner vorüber, in ein Buch geschrieben, eiliger Schritt und durch Nicken vorgetäuschte Vertrautheit entheben ihn der Prozedur. Gildes Büro enthält einen über Eck stehenden Schreibtisch, einen ovalen, mit Sesseln umstellten Tisch und einen Bücherschrank. Das gerahmte Foto einer Segeljacht und eine Reproduktion, auf der Pferde zu sehen sind, geben über seine Freizeitbeschäftigungen Auskunft. Gilde empfing mich mit strahlendem Lächeln, das, habe ich recht verstanden, herzliches Mißtrauen ausdrückte. Meine Bitte, rauchen zu dürfen, schlug er ab, zum ZIS kämen jährlich fünftausend Ratsuchende aus Betrieben, kein Arzt dürfe seine Patienten in der

Sprechstunde mit einer Zigarette empfangen. Auch verkürze das Verbot Besprechungen erheblich. Im Treppenaufgang zeigt ein Photo Gilde, der dem Forschungsrat der DDR angehört, im Gespräch mit dem Vorsitzenden des Staatsrates; neben Urkunden sind zwei Sprüche angebracht. Der erste, in der Art der Jerry-Cotton-Titel vierhebig jambisch gehalten, lautet *Erfinden, was noch niemals war,* der andere *Erfolg haben ist Pflicht.* Letzterer wird zum Ärger Gildes oft unter stümperhafter Auslassung des *Haben* zitiert. Bei einem London-Aufenthalt hatte Gilde das Flaggschiff des britischen Admirals Nelson besichtigt. Jeder kennt den Satz, den der Admiral am 21. Oktober 1805 vor der Schlacht bei Trafalgar ausgerufen haben soll und der seitdem den Schulgrammatiken als Beispiel für den A. c. I. dient: *England expects every man to do his duty.* Im Bordbuch fand Gilde die authentische Version *England expects that every man will do his duty.* Das Nachdenken über die gestische Formulierung habe ihn, neben dem Studium internationaler Fachliteratur über Werbung, zu den genannten Sprüchen geführt.

Gerüchten zufolge läßt Gilde, sind Besucher selbst hoher Dienststellen um mehr als zehn Minuten zu spät, ausrichten, er sei beschäftigt. Ich fand mich entsprechend pünktlich ein. (Als Marxisten, sagte Gilde mir später, sind wir überzeugt, daß wir nur einmal, und das kurz, leben – niemand habe also das Recht, anderen Zeit zu stehlen. Pünktlichkeit sei eine elementare Form der Achtung vor dem Leben, bestünden darauf alle, könnte erhebliche menschliche Schöpfungskraft frei werden.) Mein Anliegen erklärte Gilde für unrentabel, er würde derartiges nicht lesen wollen. Ich bat um Material über das Institut. Gilde legte eine Broschüre des FDGB auf den Tisch. Der letzte Abschnitt war *Das glauben wir* überschrieben und besagte, daß, da ein bestimmtes Forschungskollektiv bisher alle Aufgaben gelöst habe, man sicher sei, dies werde so bleiben. Ich sagte, ich wollte mich auch wissenschaftlich informieren. Sein Lächeln vermindernd, umgab Gilde mich mit etwa dreißig Büchern. Ich bat, die beiden wichtigsten zu nennen. Gilde erklärte, alle seien wichtig. Nach dem Abtausch noch einiger Sätze trug er, offenbar befriedigt, die Bücher in den Schrank zurück und ließ eines übrig. Anschließend besichtigten wir das Institut.

Unsere Welt, wissen wir, besteht aus Atomen; die Bindungskräfte, die sie zusammenhalten, können nur wirken, wenn die Atome nicht mehr als 0,1 Nanometer voneinander entfernt sind. Wollen wir sie zur Vereinigung zweier Werkstücke nutzen, müssen wir durch Wärme, Druck oder beides, gegebenenfalls unter Beigabe eines Zusatzwerkstoffes, die Atome auf den genannten Mindestabstand bringen. Eben das nennt man Schweißen. Gegenüber Verfahren wie Gießen und Nieten spart das Schweißen Material, erhöht Festigkeit und Steifigkeit des Werkstücks und erlaubt, es ästhetisch zu formen; die Stücke können in handlichen Teilen hergestellt und später verbunden, Verschleiß- und Korrosionsprobleme wirtschaftlich gelöst und Schäden vollwertig ausgebessert werden. Man unterscheidet Metall- und Plastschweißen, Schmelz- und Preßschweißverfahren und beim Schmelzschweißen Gas-, Lichtbogen- und Elektroschlackeschweißen sowie Laser-, Elektronenstrahl-, Plasma-, Ultraschall- und Lichtstrahlschweißen. Auch das Trennen durch Wärme (Brennschneiden und Schmelzschneiden) gehört in den Bereich der Schweißtechnik. Dies etwa hätte mir Gilde erklären können, während wir über den Hof gingen, indes hätte ich kaum viel behalten, auch von den Erläuterungen der Forschungsgruppenleiter in Labors und Versuchshallen weiß ich wenig, obwohl sie verständlich zu sprechen sich bemühten. Dagegen erinnere ich mich an einen Koksberg hinter einem niedrigen Gebäude und einen von außen zu betretenden Keller, in dem Plasttafeln zu großen Halbkugeln verformt wurden; man schätzt, daß 1980 so viel Plaste verschweißt werden wie 1969 Metall, schon heute gibt es Anlagen, die die Tafeln erwärmen, verformen und zu Rohren schweißen. Deren Lebensdauer liegt mit fünfzig Jahren über der von Metallrohren; Gas- und Wasserwirtschaft werden 1980 fast ausschließlich Plastrohre verwenden. Plastschweißverfahren zu entwickeln ist dementsprechend eine der Zukunftsaufgaben, die Gilde für das ZIS sieht. Zum anderen sollen schon 1970 Geräte der *zweiten Automatisierungsstufe* (die wie Werkzeugmaschinen arbeiten) ein Drittel aller Schweißarbeiten der DDR ausführen. Ihnen werden Automaten der *dritten Stufe* folgen, diese suchen ihre Arbeit selbst auf, das heißt finden, legt man ihnen Werkstücke vor, ohne menschliche Hilfe die Stellen, die zu schweißen sind. Ich könnte weiter den scharf süßlichen, an Gummi oder irgendein Gas erinnernden Geruch einiger Hallen nennen, ferner Zelttücher, die wir, um in Ausbildungskabinen zu sehen, zurückschlugen, sowie einen Plasmabrenner, der mit einer lichtelektronisch gesteuerten Kreuzwagenschneidemaschine gekoppelt ist, die Zeichnungen optisch zu lesen vermag. Legt man ihm ein bemaltes Blatt vor, schneidet er die Linien unerbittlich folgsam auf einer Metallplatte nach. Eine so hergestellte Silhouette des hallischen Marktplatzes hängt, etwa achtzig mal fünfzig groß, über der Tür des Versuchsraums.

Gilde wies auf Gebäude und machte mich aufmerksam, wie an der Architektur das Wachsen des ZIS seit 1961 abzulesen sei. Ich sah den Fortschritt. An mehreren Außenwänden trugen aus Metall geschnittene halblebensgroße Männchen die Inschrift ZIS. Er habe, sagte Gilde, ZIS-Männchen in heiteren Haltungen entwerfen und auch auf Briefköpfe drucken lassen, um den Namen ZIS beim Publikum mit Fröhlichem zu assoziieren und unterbewußte Barrieren abzubauen. Meines Wissens, sagte ich, schrieben aber die Zeitungen nur Positives über das ZIS? Das Institut, sagte Gilde unwillig, verhandle nicht mit Zeitungen, sondern mit Betrieben, denen es Neuentwicklungen anbiete. Das sei, fragte ich, den Betreffenden unangenehm? In der Natur des Menschen liege, sagte Gilde, seine Arbeit, die er oft unter Mühen und Opfern leistet, für gut zu halten; wir stören ihn darin. Sie sind der Ansicht, fragte ich, daß man die Leute zum Glück zwingen muß? Gilde, eben dabei, die Tür zur Schwinghalle zu öffnen, in der eine Wartburgkarosserie, das Gestell eines Güterwagens, ein Fahrradrahmen und verschiedene Achsen unter unangenehmem Lärm auf Bruchfestigkeit bei Dauerbeanspruchung (Lebensdauer) geprüft wurden, erzeugte, während er die Mütze abnahm, ein flüchtiges Lächeln und bejahte.

Werner Gilde ist 1920 in einem holsteinischen Dorf geboren. Der Vater war Maurer, die Familie traditionell sozialdemokratisch. Gilde kommentiert das: eine erfolglose Weltanschauung – Sozialdemokraten diskutieren endlos mit allen. Der Vater wurde 1933 von den Nazis verhaftet, doch wieder freigelassen, da, wie Gilde sagt, im Dorf nicht nur alle einander kannten, sondern auch füreinander einstanden. Schriften Bebels las Gilde im Elternhaus, verbotene sozialistische Literatur entlieh er der Schulbibliothek von Elmshorn, einer von den Nazis offenbar wenig heimgesuchten Kleinstadt. Das Heimatdorf, die holsteinische Landschaft, beschauliche Skurrilität ländlichen Schullebens und Szenen aus der Lehre eines Schiffszimmermanns beschreibt ein stark autobiographischer, gelegentlich mit Bosheiten gewürzter Roman, den Gilde nach dem englisch publizierten *Tagebuch einer Weltumseglung* des 1854 geborenen Holsteiners Johann Voss zu schreiben begonnen hat. 1939 bestand er das Abitur. Seit seinem zwölften Lebensjahre wollte Gilde Chemiker werden, 1941 nahm er in Göttingen ein Chemiestudium auf. Dort hörte er unter anderem die Antrittsvorlesung des Metallkundlers Masing. Im Gegensatz zu den Chemikern habe Masing von vielen Vorgängen gesagt, über ihr eigentliches Funktionieren wisse man nichts. Gilde sattelte auf Metallkunde um. Er wurde 1942 eingezogen, ließ sich Lehrbücher ins Feld schicken und beendete den Krieg unverletzt als Gefreiter, indem er sich rechtzeitig nach Hause absetzte. Schon vor dem Studium hatte sich Gilde für die Technik geistiger Arbeit interessiert. Er begründet das damit, daß er, von Natur faul, so wenig wie möglich arbeite. Gilde besuchte Kollegs nur, wenn der Stoff nirgends nachzulesen war, er las – um zu wissen, welche Abschnitte er auslassen konnte – bei Büchern zuerst das Inhaltsverzeichnis oder nach dem Schlagwortregister. Diese und andere Tricks stammten aus eigener Überlegung oder aus Büchern, die den Aufstieg erfolgreicher Männer schilderten. Gilde nahm das Studium wieder auf, er promovierte 1947 nach insgesamt sechs Semestern. Daß der Student selbst entscheidet, welche Vorlesungen er hört und wann er genügend weiß, um promovieren zu können, hält Gilde für eine ideale Form des Studiums. Dauernde Kontrollen seien für Faulenzer. Gilde unterscheidet demnach produktive Faulheit (die die gesparten Kräfte zur Weiterbildung oder zum Lustgewinn nutzt) von unproduktiver oder Denkfaulheit (die wahrscheinlich mit der nach katholischer Lehre siebenten Todsünde – Trägheit oder Trägheit des Herzens – zusammenfällt). Er erhielt Angebote des Siemens-Konzerns und der Maxhütte Unterwellenborn. Tohuwabohu habe hier geherrscht, Aufgabe – Aufbau der Gütekontrolle – und Bezahlung reizten Gilde, er übersiedelte in die sowjetisch besetzte Zone. Im gleichen Jahr trat er der Sozialistischen Einheitspartei bei. Die Zeiten waren damals kompliziert, Fehler in der Produktion konnten leicht als Sabotage erscheinen, die Betriebsleitung war folglich an einer intakten Gütekontrolle vital interessiert. Die Abteilung bestand zunächst aus Gilde allein und zählte nach drei Jahren einhundertundfünfzig Mitarbeiter. 1960 wechselte Gilde zum Institut für Metallurgie Hennigsdorf, schied nach einem Jahr wegen Differenzen über Wissenschaftsorganisation aus und überführte als Sonderbeauftragter des Ministeriums für Schwerindustrie die DDR-Stahl-Normen von DIN auf TGL, was den Anschluß ans sowjetische GOST-System sicherte. 1952 bot man ihm die Leitung des ein Jahr zuvor gegründeten ZIS an. In Hennigsdorf hatte Gilde eine Stahlsorte unter anderem auf Schweißtauglichkeit zu untersuchen gehabt, viel mehr wußte er von seinem neuen Arbeitsgebiet nicht. Da man ihm gesagt habe, Schweißen sei vor allem Verbinden von Metallen, habe er als Metallkundler das Institut übernehmen zu können geglaubt. Gilde absolvierte alle Schweißerprüfungen, er betont, die Abnahmekommission habe dem Institut nicht unterstanden. Noch heute sind die Führungskräfte des ZIS gehalten, neue Schweißverfahren praktisch zu erlernen.

Ich fragte nach Gildes erstem Arbeitstag. Sein Vorgänger habe mit ihm nach Halle fahren wollen, am vereinbarten Morgen jedoch abgesagt; er sei angekommen, habe gesagt Guten Tag, ich bin der Chef, und sich in den Sessel gesetzt. Abneigung gegen Fragen läßt sich kaum deutlicher machen. Sie wurde deutlicher, als Gilde bald feststellte, ich rede in der Terminologie einer Tageszeitung, was die Unterhaltung sinnlos mache. Später, zumal wir gemeinsam ausritten, wurde die Verständigung besser.

Der Augenblick, da das Tier auf Gildes Kommando erstmals zu galoppieren begann, war unangenehm; ich gewöhnte mich dennoch bald. Reiten gibt – wie gering veränderte Sehwinkel allgemein auf Selbstverständnis und Selbstgefühl sich auswirken – gleich Autofahren oder Stelzenlaufen eine eigene und heitere Weltsicht. Gildes älteste Tochter war DDR-Jugendmeisterin im Dressurreiten. Gilde nimmt gelegentlich an Jagdreiten teil, bei dem man einem Vorreiter über Hindernisse folgt, ihn jedoch bei hoher Geldstrafe nicht überholen darf, was, wie Gilde sagt, schwer ist, da das Pferd ein Herdentier ist und seine Instinkte im Kollektiv erwachen. Beim letzten Treffen stürzte Gilde (der Hindernisse bis zu 1,20 m Höhe überspringt), blieb im Bügel hängen und brach das Fersenbein, während der Rekonvaleszenz schrieb er mit dem ZIS-Physiker Altrichter das Buch *Die optimale Lösung*, das, mit Witzzeichnungen des Hallensers Epper versehen, mittleren Wirtschaftskadern wenig aufwendige Wege zu effektiven Entscheidungen weisen soll. Gildes zwei Pferde stehen im hallischen Vorort Seeben, er reitet donnerstags mit seinem Forschungsdirektor (der erklärt, das sei Dienst, indes wahrscheinlich gesund), sonntags mit der Familie. Nachdem ich das Pferd selbständig zum Traben gebracht hatte, erklärte Gilde mich für ein Talent. Ich kannte die Gegend um Seeben bisher nicht, Gilde legte dar, sie eigne sich als Schauplatz für Indianerfilme, und bezeichnete Hinterhalte und Ebenen für Reiterattacken. Dazu müsse man nicht nach Jugoslawien gehen. Er machte mich auf den schönen Schwung der Horizontlinie und entfernt sicherndes Rehwild aufmerksam und rezitierte, um mich besorgt, im Rhythmus des Reitens Reiterstrophen, deren eine lautet:

> Der Morgen küßt die Erde,
> Im Grase blitzt der Tau,
> Es wiehern schon die Pferde,
> Leb wohl, geliebte Frau.
> Heut gibt's ein heißes Wandern,
> Zeig mir ein froh Gesicht,
> Und weinen auch die andern,
> Du weinest nicht.

Dieser Text, sagte Gilde, enthalte alle für ein Lied notwendigen Eigenschaften: es reime sich, sei sentimental und lasse sich leicht merken. Das Reiten selbst beansprucht Gildes Aufmerksamkeit kaum und gibt ihm Zeit, frei zu denken; er notiert die Einfälle zu Hause auf Zetteln und diktiert sie am nächsten Tag.

Ich bestand trotz Gildes Reaktion auf meiner Frage. Ob er am Tag der Ankunft die Abteilungsleiter habe rufen lassen? Das, sagte Gilde, vermeide er nach Möglichkeit. Gilde geht täglich etwa eine Stunde durch die Forschungsabteilungen, das hält ihn informiert und fördere die Disziplin. Ob er Berichte habe schreiben lassen? Berichte, sagte Gilde, sind subjektiv gefärbt. Ob es Äußerungen gebe, die nicht subjektiv gefärbt seien? Zahlen, sagte Gilde. Hier fiel das angebliche Hesekiel-Zitat. In Zahlen könne niemand etwas deuten; zur Sicherheit werde der Befragte aufgefordert, ihm wichtig scheinende Daten hinzuzusetzen. Da Gildes Einstellung snobistisch oder misanthropisch erscheinen könnte, zitiere ich einen Aufsatz des ungarischen Fahrzeugbauspezialisten Rudnai über *Die Aufstellung technischer Prognosen mit Hilfe statistischer Methoden* (Mitteilungen aus dem Institut für Leichtbau, 1969/3):

»Noch wichtiger ist die nüchterne Selbstkritik der Schätzwerte. Je aktiver der Fachmann ist, der die Werte schätzt, und je mehr Erfahrungen er auf dem untersuchten Gebiet hat, ... um so mehr wird er zur Vorsicht neigen. Es ist nur selbstverständlich, daß jeder ehrliche Konstrukteur bestrebt ist, die beste bestehende Lösung anzuwenden, und geneigt ist, diese als die überhaupt beste zu erachten, jedenfalls unter den gegebenen Umständen. Gäbe es eine bessere Lösung, so würde er sie ja anwenden! Hinzu kommen die Macht der Gewohnheit sowie weitere Umstände, die der Konstrukteur nicht beeinflussen kann. Daher ist die Abschätzung der Entwicklung, die von einem tüchtigen Spezialisten stammt, gewöhnlich konservativ; sein Tempo bleibt gegenüber den Möglichkeiten des Lebens zurück.«

Es handelt sich um das Problem der *Denkgeleise,* auf denen Denken gleichsam nur hin und her fährt und Neues nicht mehr findet; Situationen, die es auf diese Geleise schieben, müssen ausgemacht, vermieden und durch andere ersetzt werden. Die dafür notwendige Distanz zur eigenen Arbeit setzt voraus, daß man Art und Ziel dieser Arbeit artikulieren kann; darauf zielten die Fragen, die Gilde während der ersten Arbeitstage an seine Mitarbeiter richtete. Sie lauteten: *Woran arbeiten Sie? – Wie schätzen Sie Ihre Arbeit ein? – Was wollen Sie erreichen?*

Besonders auf die dritte Frage hätten die meisten geschwiegen oder Vages geredet, sich indes schnell an exakte Formulierung gewöhnt. Auch die Frage, wen jemand als eigenen Nachfolger vorschlagen würde, gehört zu den Mitteln, mit denen Gilde über die Struktur eines Kollektivs sowie Menschenkenntnis und Persönlichkeit des Befragten sich informiert. Daß er diesen Problemen, die nun die Wissenschaft aufgegriffen hat, seit 1952 nachging, mag ihm möglich gemacht haben, neben dem Aufbau und der Leitung des Instituts zu habilitieren, Bücher zu verfassen, eine Professur an der Technischen Hochschule Merseburg zu übernehmen, zahlreiche technische Aufgaben selbst zu lösen (alle ZIS-Führungskräfte sind verpflichtet, im Jahr wenigstens ein Forschungsthema zu bearbeiten, Gilde hat 1967 über Aluminium-Magnesium-Legierungen, 1968 über heterogene Gleichgewichte – Prozesse beim Erstarren einer Schmelze – gearbeitet) und in den sechzehn Jahren seines Direktorats etwa vierzig eigene Patente anzumelden. Gilde lief während des Gesprächs ein von zwei Fenstern und einer Topfpflanze markiertes unregelmäßiges Dreieck aus, der ovale Tisch, an dem ich saß, wird, sagte Gilde, als runder behandelt, er sitze stets an der Seite. Alle Direktorentische seien im ZIS rund, um niemanden als Gesprächsleiter optisch hervorzuheben. Sozialistische Leitung werde von zwei Säulen getragen: der *Einzelverantwortung* und dem *kollektiven Führen*. Über A werde kaum geredet, über B um so mehr. Das sichere Zeichen, daß eine Sache nicht funktioniere, sei, daß man dauernd über sie rede. Kollektives Führen fordere vom Chef, daß er die schöpferische Kraft seiner Mitarbeiter freisetzt. Lösungen seien abhängig erstens vom Problem, zweitens von den Möglichkeiten des menschlichen Gehirns. Diese Möglichkeiten eben seien meist blockiert und müßten mobil gemacht werden. Die traditionelle Form, Entscheidungen zu finden, sei die *Konferenz*. Sie beginne mit einem in fünfundneunzig Prozent der Fälle langweiligen Referat, das aus Gesprächspartnern Zu-Hörer mache, sie frustriere und Denkgeleise stelle. Ein Mittel, Denkbarrieren durch Schaffen einer stimulierenden Situation zu durchstoßen, das Denken also zu seinen Möglichkeiten freizusetzen, seien die im ZIS entwickelten *Ideenkonferenzen*.

Zu einer Ideenkonferenz werden nicht zu viele Leute geladen. Das Problem bzw. technische Ziel werden genannt, Vorschläge für die Lösung erbeten. Dazu sind alle, auch absurde Ideen, willkommen, je absurder, desto willkommener. Für die Ideenkonferenzen gelten drei Grundsätze:
– es darf nicht widersprochen werden;
– es darf nicht gelacht werden (es sei denn zustimmend);
– jeder darf nur wenige Sätze hintereinander reden.
Meist seien von zehn bis fünfzehn Vorschlägen einer oder zwei technisch verwertbar. Gilde fragte mich, ob ich verstünde, daß das eine hohe Quote sei.

Es war unser zweites Treffen, das Wetter war, erinnere ich recht, grau, Gilde hatte für das Gespräch fünfundvierzig Minuten bewilligt. Gildes Tagesplan enthielt: 6.30 bis 6.45 Diktat (Gilde hatte auf mehreren Zetteln notiert, was ihm übers Wochenende eingefallen war); 7.15 bis 8.00 Montags-Besprechung mit den Abteilungsleitern und den Verantwortlichen von Partei, Gewerkschaft, FDJ (dabei wird jeweils der Leiter einer Forschungsgruppe *verhört*, die letzte Frage lautet: Welche Maßnahmen schlagen Sie der Leitung vor. Darauf geht der Gruppenleiter, und seine Leistung wird bewertet); 8.15 bis 9.15 Russisch (es bestehen zwei Zirkel, Gilde gehört dem für Anfänger an); 9.15 bis 9.30 Frühstück und Lektüre im Neuen Deutschland; 9.30 bis 10.30 Besuch zweier Dramaturgen des Landestheaters Halle; 10.30 bis 11.45 Gang durchs Institut; 12.45 bis 13.00 Gespräch mit dem Abteilungsleiter Forschung über zwei Lehrgänge; Klärung von Einzelheiten, den eigenen Forschungsauftrag betreffend; 13.45 Diktat (Vorbereitung des Empfangs einer Delegation des Ministerrats).

Ich hatte in der Zwischenzeit Auskünfte eingeholt und erfahren, Gilde züchte Pferde (was nicht stimmt) und bestehe unerbittlich auf Entscheidungen; erwiesen diese sich als unzureichend, werde ohne viel Aufhebens neu entschieden. In der Politik ist diese Methode unter der Bezeichnung

Probleme im Vorwärtsschreiten lösen bekannt. Weiter habe er die Prosa eines meiner Kollegen, in der ein durch Absturz verkrüppelter Testpilot sich das Leben nimmt, zuvor indes seine Ansicht über dieses der Nachwelt per Tonband mitteilt, vernichtend mit dem Argument kritisiert, Testflieger suchten sich ihren Beruf selbst und hätten, stürzten sie ab, keinen Grund zu jammern. Der betreffende Kollege vertritt seitdem die Meinung, Gilde habe eine falsche Einstellung insbesondere zur Gewerkschaft. Eine Graphikerin, die an einem Zyklus über das ZIS arbeitet, informierte mich über das Fluchen einer Forschungsgruppe, die ein Verfahren, das ich hier nicht nenne, produktionsreif zu machen hat und überzeugt ist, Gilde habe den Termin bzw. die technischen Daten *gewissenlos* zugesagt, und sie müßten es ausbaden; dabei arbeiteten sie derart eindrucksvoll, daß die Graphikerin mir gegenüber sich empörte, ununterbrochen liefen Delegationen durch das ZIS und störten die Forscher beim Forschen. Ein Mitarbeiter der Bezirksleitung der SED schloß sich der Kritik eines Mitglieds der ZIS-Parteiorganisation an, die ZIS-Wahlberichtsversammlung habe mehr einer Ideenkonferenz denn einer Parteiversammlung geglichen. Lobend wurde erwähnt, Gilde habe die ZIS-Belegschaft – besonders seit dem Institut einmal eine produktionsreife Idee gestohlen wurde – erzogen, patentreife Ideen zu schützen bzw. in Ideen den pantentierungsfähigen Kern zu finden, er habe dafür mit Mitteln wie Zielprämien, Wettbewerben, dekretierten Terminen u.ä. gearbeitet. Mitarbeitern und Forschungsgruppen des ZIS sind in einem Jahr (1968) siebenundneunzig Patente erteilt worden. Ferner verfüge Gilde über ein an Demagogie grenzendes Talent, vor Wirtschaftskadern, Parteisekretären oder Wissenschaftlern Erfolge und Arbeitsmethoden des ZIS darzulegen. Einem Auditorium habe er derart überzeugend bewiesen, beim Mitschreiben gingen achtzig Prozent der Information verloren, daß die Zuhörer aufhörten, überhaupt Notizen zu machen. Privaten Kontakt zu Mitarbeitern pflege Gilde indes nicht und sei bei persönlichen Problemen bis zur Grobheit hilflos. Einen kränkelnden Ingenieur habe er mit den Worten »Für Sie wäre der Tod auch eine Erlösung« getröstet, was diesen vollends niedergeworfen habe. Ich bin an meinen Freund K., den bekannten ghostwriter, erinnert, der sich seit drei Jahren mit der Formel *Häng dich auf* zu verabschieden pflegt und diese nur phonetisch variiert, indem er das *auf* sächsisch uff oder brandenburgisch off intoniert. Mich stimmen die Abgänge heiter, während ein melancholischer Kollege einmal beinahe wirklich sich aufgehängt hätte. Auch sei Gilde bei Betriebsvergnügen oft krank, was die Belegschaft übel vermerke. Dennoch gebe es kaum Kündigungen, es gelte als Ehre, beim ZIS zu sein. Werkstattarbeiter abzuwerben dagegen gelingt besserzahlenden oder eine Wohnung bietenden Betrieben mitunter. Schließlich hörte ich, Gilde sei überzeugt, daß Arbeit während der Arbeitszeit zu erfolgen habe, und zwinge alle Mitarbeiter, das ZIS zum Feierabend zu verlassen. Erstaunlicherweise schaffe man die Arbeit auch so. Nicht freundlich sei dagegen, daß Gilde auf Sätze des Typs *Man müßte das und das tun ...* regelmäßig nur *Tun Sie!* antworte.

Wie erwähnt, hatte Gilde vor mir Dramaturgen des hallischen Theaters empfangen, die zu einem Stückprojekt Rat suchten. Die Dramaturgen sagten später, Gilde habe sie nicht ernst genommen und nur mit irrelevanten Theaterbeispielen argumentiert. Gilde sagte, das hallische Theater habe so lange gegen das Vorspiel auf dem Theater (Faust) verstoßen, daß er nicht mehr hingehe. Ich wandte ein, er könne sich beraten lassen und zumindest gute Berliner Aufführungen sehen; Gilde gab zu, so stark sei er nicht interessiert. Das Stück sollte nach einem Hörspiel entstehen; das Theater hatte es Gilde mit der Bemerkung geschickt, er müsse es nicht lesen. Also habe er es nicht gelesen. Die Dramaturgen, sagte Gilde (natürlich habe er das Manuskript doch gelesen), wollten wissen, ob wir ZIS-Leute auch so mutlos sind wie irgendwelche Forscher in Leuna, die sich als Rädchen in einem Getriebe fühlten. Er habe die Überzeugung geäußert, noch nie habe es solche Möglichkeiten für Techniker und Wissenschaftler gegeben wie im Sozialismus und jetzt. Der Sozialismus sei einer Orgel vergleichbar, man könne Orgeln mit einem oder zehn Fingern spielen, Register und Manuale wechseln und die Füße benutzen. Mit einem Finger erzeugte Musik müsse kläglich stimmen. Im übrigen habe er die Dramaturgen auf den ZIS-Wahlspruch *Erfolg haben ist Pflicht* verwiesen.

Ich sagte, der Spruch scheine mir voller Hybris. Vermutlich von diesem Punkt an verstanden wir einander besser; nach meiner Beobachtung wählt Gilde Gesprächsebenen nach dem Prinzip des kleinstmöglichen Energieaufwandes, was man als Charakterzug oder als Hang zur Ökonomie betrachten kann. Gilde stimmte sofort zu; ein Motto müsse – außer rhythmisch einprägsam und suggestiv zu sein – vor allem Widerspruch, das ist Nachdenken, erzeugen. Aus diesem Grund befolge das ZIS strikt die Losung der Partei *Kulturvoll leben* und hänge keine allgemeinen Transparente auf, diese seien erstens häßlich, zweitens nicht effektiv. Natürlich seien Sprüche wie *Erfolg haben ist Pflicht* oder *Erfinden, was noch niemals war* je nach dem Bezugssystem zutreffend oder falsch, eben das mache sie wirksam. Als er sie anbringen ließ, habe das Aufläufe und wilde Diskussionen verursacht. Es war hier – außer bei einem Gespräch über Kafka, den Gilde ablehnt – das einzige Mal, daß ich Gilde in Eifer sah. An diese Stelle gehört die Korrektur einer Definition durch den Forschungschef des ZIS, Dr. Herden. Nach Gilde werden Schweißautomaten der *dritten Stufe*, wie sie das ZIS entwickelt, sich ihre Arbeit selbst suchen. Tatsächlich werde, sagte Herden, der Apparat sich in der Mitte einer unregelmäßigen Schweißfuge halten und die durch die wechselnde Breite geforderte Änderung verschiedener Parameter selbst vornehmen. Das geschah bisher manuell oder, bei Geräten der zweiten Stufe, durch

Beobachten von Instrumenten und Nahtstellen. Steuern wird also bei der dritten Stufe durch Regeln ersetzt, man nutzt für das Projekt der Symmetrie eines an den Fugenrändern erzeugten Magnetfeldes. Gildes Formel setze ein Fernziel, das vielleicht einmal erreicht werde; die technische Realisierung entspreche jedenfalls dem Fernziel nicht immer. Herden schätzt an Gilde die *hemmungslose Phantasie*, mit der er immer wieder von Gegebenheiten sich löse. Psychologisch sporne das an, nicht bei der nächstliegenden Lösung stehenzubleiben. (So hat ein Bitterfelder Betrieb eine westdeutsche Anlage gekauft, die aus spiralförmig gewickelten Stahlblechen Rohre für Erdölleitungen herstellt. Automaten schweißen die Fugen, leisten jedoch nur 1,2 m pro Minute. Um Devisen zu sparen, wandte der Betrieb sich an das ZIS. Gilde sagte eine Erhöhung der Geschwindigkeit auf 4 m/min bis September zu. Die Forschungsgruppe hat bis jetzt – März – 2,8 m/min erreicht; doch steht nicht fest, ob die übrige Anlage überhaupt auf die versprochene Geschwindigkeit kommt. Dennoch bestehe die ZIS-Leitung auf dem Ziel, könne die Anlage die Geschwindigkeit nicht ausnutzen, werde es die nächste können, erreiche man nur 3 m/min, hätte man diese womöglich ohne das ursprüngliche Ziel nicht erreicht.) Die Schwierigkeit, Ideen wirklich freizusetzen, besteht nach Dr. Herden auch für die Ideenkonferenzen. Zwar sei eine verwertbare Idee auf fünfzehn Vorschläge viel, doch klebten viele zu sehr an Bekanntem. Die Dialektik bestehe darin, daß *hemmungsloses Denken*, soll es produktiv sein, exakteste Organisation voraussetzt, ja die Enthemmung selbst Mechanismen folge und, in gewissen Grenzen, organisiert werden könne. Diese Mechanismen (negativ formuliert: das Zerbrechen von Denkgeleisen oder die Beseitigung der Dominanz des schlecht Wirklichen über das Mögliche) zu erforschen hat das ZIS die von Professor Müller geleitete Außenstelle Systematische Heuristik der Akademie für marxistisch-leninistische Organisationswissenschaft in Karl-Marx-Stadt beauftragt. Das Ergebnis ist eine Technologie der geistig schöpferischen Tätigkeit für Ingenieure mit Algorithmen zum Auffinden von Lösungen in Form einer Fragenfolge, die verschiedene Gehirnspeicher abtastet. Dies, Heuristikmaterial genannt, verspreche noch bessere Ergebnisse als die auf Spontaneität vertrauende Ideenkonferenz. Freilich müsse das Abfragen geübt und von Fachleuten vorgenommen werden.

Gilde hatte über das Heuristikmaterial in einem Gespräch mit dem Neuen Deutschland informiert. Mehrere Betriebe fragten an und erhielten die Antwort, sie könnten das Material beim ZIS kaufen, was sie erstaunte. Nach Gilde wird die Eigenerwirtschaftung der Mittel (die Auftragsforschung einschließt) von verschiedenen Betrieben nicht ernst genommen. Zwar sei es nicht Aufgabe der Forschung, Geld zu verdienen, doch müsse das ZIS die wirtschaftliche Rechnungsführung nicht fürchten. Die Sorge vieler Wissenschaftler, dabei werde die Grundlagenforschung kurzsichtigem Pragmatismus zum Opfer fallen, teilt Gilde nicht. Das könne eintreten, wenn die Leitung eines Instituts, statt aktive sozialistische Forschungspolitik zu treiben, auf Anordnungen warte. Der Parteisekretär des ZIS, Genosse Buneß, sagte, es gehöre zu Gildes im Institut mit Autorität durchgesetzten Verhaltensregeln, daß Verpflichtungen nach außen zum Termin eingehalten werden. Das schaffe Möglichkeiten, die anderen, die von einem Gesuch um Terminverlängerung zum anderen zu leben sich gewöhnt hätten, freilich weniger offenstünden.

Das Zentralinstitut für Schweißtechnik hat fünfhundert Mitarbeiter. Etwa neunzig gehören zur Abteilung Ausbildung, die Lehrgänge für Ingenieure, Lehrschweißer und Schweißer (die Spezialverfahren erlernen) abhält. Die Bewerber werden schriftlich geprüft, wer unter fünfundfünfzig von hundert möglichen Punkten bleibt, ist durchgefallen. Jeden September sind die Lehrgänge für das folgende Jahr ausgebucht. Durch die Lehrgänge, durch personengebundene Schweißerpässe, durch regelmäßige

Untersuchungen des Zustands der Schweißtechnik einzelner Betriebe, die mit Auflagen verbunden sind, durch ein System von Zusammenkünften der Schweißbeauftragten der Industriezweige, an denen Vertreter des ZIS teilnehmen, durch Gutachten und Einzelberatungen für Betriebe, persönliche Kontakte (einstige ZIS-Leute arbeiten als Professoren für Schweißtechnik in Magdeburg und Karl-Marx-Stadt, Mitarbeiter des ZIS übernehmen Lehraufträge an Hochschulen) und durch moralischen Druck (gezielte Veröffentlichungen in der Tagespresse, Ausnützen von Konferenzen, um neue Verfahren als fortschrittlich, ihre Nichtbeachtung als rückständig zu propagieren) beeinflußt das ZIS über ein durch Querverbindungen zusätzlich gesichertes System faktisch das ganze Schweißwesen der DDR. Die Forschung erfolgt nach Projekten, für die Mannschaften zusammengestellt werden; oft durchbricht die Forschungsgruppe die vertikale Struktur des Instituts, der Gruppenleiter hat dann Weisungsrecht auch gegenüber ihm nicht direkt unterstellten Mitarbeitern. Ein Forschungsauftrag ist abgeschlossen, wenn a) das Gerät funktioniert, b) der Gruppenleiter einen Betrieb nachweist, der es herstellt; der Gruppenleiter überwacht die Produktion der Nullserie und die Vorbereitung der Serienproduktion. Da Betriebe oft beim ZIS Neuentwicklungen selbst anregen bzw. bestellen, ist das weniger schwierig, als es klingt. Das ZIS übernimmt ganze Semester der Technischen Hochschule Magdeburg zum Ingenieurpraktikum und setzt die Studenten nicht zu Hilfsarbeiten, sondern in der Forschung ein; sie bekommen Quartier und werden voll entlohnt, was, wie der Leiter der Forschungsabteilung versichert, durchaus rentabel sei. Am Ende des Praktikums erhalten die Studenten Fragen, darunter »Was hat Ihnen im ZIS am besten, was am wenigsten gefallen?«. Auf die erste Frage, sagte Gilde, werde häufig geantwortet: *Daß wir hier wie Erwachsene behandelt wurden.* Im ZIS-Hörsaal finden monatlich Institutstagungen statt, auf denen ein Forschungsbeauftragter zehn bis zwölf Minuten über den

Stand seiner Arbeit *frei* zu sprechen hat. Überzieht er die Zeit oder kommt er mit dem Thema nicht zurecht, wird ihm das gesagt, und er muß im nächsten Monat nochmals auftreten. Neben Gildes Platz im Saal sind drei Knöpfe angebracht, die die Worte *Lauter, Noch drei Minuten* und *Ende* nur dem Referenten sichtbar aufleuchten lassen. Das Pult enthält ferner eine von der Herstellerfirma »Belsazar« genannte Anlage, die, schreibt man etwas auf, dieses auf eine Leinwand projiziert. Damit sind wir, jedenfalls etwa, beim Ausgangspunkt angelangt.

Professor Dr. rer. nat. habil. Werner Gilde ist verheiratet und hat drei Töchter, er ist 1,82 groß, das Gesicht wirkt großflächig, der von mir zumeist beobachtete Ausdruck ist der freundlichen Mißtrauens. Gilde kann Goethes Prosa nicht lesen, schätzt aber dessen Dramen sowie den Satz *Hütet euch vor Weltverbesserern.* Er lehnt Kafka mit der Begründung ab, er weigere sich, derart Niederdrückendes zu lesen. Außerordentlich schätzt er einen Zukunftsroman, in dem die Bewohner Australiens, von einer Wolke atomaren Staubs unrettbar bedroht, dennoch einen Tag vor Eintreffen der Wolke ihre Bäume pflegen, Fahrräder kaufen und Probleme mit der Liebe haben. Gildes bevorzugter Philosoph ist Kant, insbesondere dessen Satz *Handle so, daß die Maxime deines Handelns jederzeit könne zum allgemeinen Gesetz erhoben werden.* Er hält viel von der suggestiven Kraft der Sprache, müßte er einen neuen Beruf wählen, würde er oberster Sprach-Regler der DDR werden wollen. Er läßt im ZIS privat eine Hochseejacht bauen, sein Parteisekretär mutmaßt, daß er eine Weltumseglung plant.

Ich trage nach, daß Gilde, während ich diesen Text abzuschließen im Begriff war, mir sagen ließ, er habe die fragliche Bibelstelle heraussuchen lassen, sie stehe im apokryphen Buch der Weisheit (11, 22). Der Vers lautet in Luthers Übersetzung:

»Aber du hast alles geordnet mit Maas, Zahl und Gewicht. Denn groß Vermögen ist allzeit bey dir, und wer kann deinem Arm widerstehen?« Was drei von mir konsultierte Berufstheologen nicht fanden, gelang Gilde, wenn auch nach mehreren Wochen; er hatte den besseren Informanten.

1969

Der Philosoph Professor Loeser

*Eine richtig gestellte Frage ist
das halbe Wissen.* BACON

Professor Loeser fährt in einem weinroten Auto, es ist ein Skoda, sooft ich es sah, war es tadellos blankgerieben, der Leser stelle sich vor, daß wir uns auf der Autobahn Berlin-Dresden befinden, hätten wir den Zug benutzt, könnten wir den Umweg über Görlitz gewählt haben, der durch den Spreewald führt, mein Nachbar, der vier Kinder hat und als Werkmeister in einer mittleren Maschinenfabrik 860 Mark verdient, dazu kommen Prämien und das Kindergeld, auch hat er das Hausmannsamt in unserem Haus übernommen und wohnt dadurch mietfrei, ist neulich auf einem Betriebsausflug dorthin gekommen, und ich kann seinem Lob der Gegend, er erwähnte besonders die schöne Herbstfärbung des Laubes, nur zustimmen; Professor Loeser fährt zu einem Vortrag über die Rationalisierung geistiger Prozesse mit Hilfe elektronischer Rechenmaschinen, zu der ihn eine mit dem Bauwesen verbundene Institution einlud, die Vorträge finden im allgemeinen viel Anklang.

Pontius Pilatus, der zwischen 26 und 36 römischer Oberrichter in Jerusalem war, soll auf das Drängen der judäischen Priesterschaß, Jesus von Nazareth hinzurichten, gefragt haben »Was ist Wahrheit?«, die Frage war politisch gemeint und wurde auch so, das heißt gegen des Statthalters bessere Einsicht, entschieden. Mit der Kreuzigung legte Pilatus den Grund für die Ausbreitung der christlichen Weltreligion und machte sich zur historischen Figur, mit beidem dürfte er nicht gerechnet haben. Die moderne Wissenschaft betrachtet Wahrheit als Eigenschaft eines Urteils, das einen Sachverhalt, der unabhängig vom Urteilenden besteht, adäquat widerspiegelt; in Andrej Belyjs glänzendem Roman »Petersburg« heißt es: »Irgendwo rief eine Stimme: ›Wo ist die Wahrheit?‹ – ›Die Wahrheit ist im Wein!‹ – ›Das weiß ich auch ...‹ – ›Dann nimm dein Glas und trink ...‹.« Pilatus' Frage enthält ein Problem, ein Problem ist, nach Professor Franz Loeser, ein gedankliches Gebilde mit einer Fragestellung, für deren Lösung kein Algorithmus (Rechenregel) bekannt ist. Ein Computer arbeitet nach Algorithmen, demnach kann ein Computer zwar Fragen beantworten, aber keine Probleme lösen, denn dazu müßte er selbst und in bisher nicht festgelegter Richtung fragen können, was er, wie gesagt, nicht kann. Dies soll, nach Professor Loeser, anders werden.

Humor, oder Gelassenheit in der Betrachtung der Weltläuße, ist nach Meinung meines Freundes K. ein Kennzeichen von Größe, er erklärt damit, daß der große Dante heute zwar berühmt sei, im Gegensatz zu Shakespeare aber kaum gelesen werde, weil er seinen Eifer nicht zu Gelassenheit zu zügeln vermochte. Wir stellen diese Ansicht hier zur Erwägung, möchten aber bemerken, daß Humor keinem angeboren wird, sondern durch Erfahrung erworben werden muß, also Parteilichkeit einschließt; ohne daß einem die Welt wehe tut, kann man sie nicht verändern wollen. Dies zur Einleitung, die Materie, die wir behandeln wollen, ist zum Teil abstrakt, und wir möchten den Leser auf Mühe vorbereiten, ohne ihn zu erschrecken. In der Tat: Ist uns nicht Lust, die wir durch Anstrengung verdienten, mehr wert als geschenkte? Diogenes, der bekanntlich aus seinem Faß auf den Markt onanierte und erklärte, könne er alles so leicht haben, wäre die Welt vollkommen, hat, so schlagend seine Formel klingen mag, nach dem bisherigen Verhalten der Menschheit zu schließen unrecht; ist, frage ich den Leser, etwa die Nymphomane uns die teuerste Geliebte? Aber genug des erotischen Themas.

Franz Loeser ist 1924 in Breslau geboren, sein Vater war ein begüterter jüdischer Rechtsanwalt, seine Mutter Konzertsängerin, sie gab nach der Heirat ihren Beruf auf und gebar ihrem Mann drei Söhne. Der Vater war liberal und Atheist, dennoch wurde im Hause jüdisches Brauchtum gepflegt; Loeser erinnert sich des jüdischen Festtags pessach, wo es mazze, ungesäuertes, in Fladen gebackenes Brot gab, und an seine Einsegnung in der Synagoge. Zur Familie gehörten dreißig Verwandte, die sich jeden Sonntag einfanden; als die Judenverfolgungen begannen, kaufte die Mutter gegen eine ungeheure Summe allen Visa nach Panama, die sich dann als gefälscht erwiesen. Loeser besuchte, da sein Vater gegen die Konfessionsschule war, ein normales Gymnasium, er war dort nach 1933 der einzige jüdische Junge, saß auf einer Sonderbank und wurde oft auf der Straße verhauen. Franz Loeser ist schmächtig, ich hatte, als wir uns trafen, den Eindruck, daß er schnell ermüdet, das Gesicht wirkt oft nervös, seine Grundhaltung scheint die einer beharrlichen, mit Rückzügen operierenden Verteidigung, die strategische Positionen nicht aufgibt. Über die Kristallnacht vom 9. zum 10. November 1938 hat Loeser folgende Erinnerung: Der Sohn eines Klienten, ein führender Faschist der Stadt, erschien abends bei der Familie Loeser und holte sie zu seinem Vater, einem Kapitalisten, bei dem sie über Nacht blieben; am nächsten Morgen kehrten sie in ihr Haus zurück. Wenige Tage später verließ Franz Loeser mit seinem Vater das Haus, auf der Straße hielt ein Wagen, aus dem vier Angehörige der Gestapo sprangen, sie fragten den Vater, ob er Herr Doktor Loeser sei, und begannen ihn zusammenzuschlagen. Loeser war damals dreizehn und, wie er sagt, ein ungewöhnlich niedlicher Junge, mehrere seiner Mitschüler kamen hinzu und äußerten, als der Vater blutend am Boden lag, das geschehe den verdammten Kommunisten recht. Das Erlebnis, sagt Loeser, sei für ihn lebensbestimmend gewesen. Der Vater kam kurz darauf ins KZ Buchenwald, konnte sich nach sechs Wochen freikaufen und emigrierte mit dem ältesten Sohn nach Holland. Loeser verehrt seine Mutter sehr, sie habe damals jedem erzählt, was man mit ihrem Mann machte, fast alle Bekannten seien dann auf der Straße ihnen ausgewichen oder hätten nicht mehr gegrüßt. Der Mutter gelang es, die beiden jüngeren Söhne mit einem Kindertransport nach England zu schicken, sie selbst betrieb die Auswanderung nach Panama, folgte jedoch mit einem Teil des Besitzes ihrem Mann nach Holland. Aus der Zeit zwischen 1939 und 1941 besitzt Loeser etwa sechzig Briefe, die ihn in England erreichten.

13. Juli 1939 (die Tante):
Wie Mama heute geschrieben hat, ist unsere Auswanderung wieder verschoben, hoffentlich nicht allzulange. Zum Glück kann Onkel Eugen seine Wohnung noch behalten, da haben wir eine Bleibe. Herr Sklam hat jetzt auch das Permit für England bekommen, Herr Jurke hat mit seiner Frau eine Stellung als Dienerehepaar, ich glaube in Schottland erhalten. Die anderen Damen und Herren sind noch da.

22. Juli 1939 (der ältere Bruder):
Liebe Brüder, wir sind sehr froh, daß Mama endlich hier ist, und nun keiner von uns mehr in Deutschland.

26. Juli 1939 (die Mutter):
Von den Auswanderern kam gestern ein Telegramm, daß man sie in Salvador nicht hat landen lassen, daß sie aber in Panama bleiben. Wir (ich meine die Breslauer Geschwister) haben sofort an sie gekabelt, daß sie versuchen sollen, auch für uns die Einreise zu erhalten. Wohin man kommt, ist ja wohl ziemlich gleichgültig.

27. August 1939 (die Mutter):
Unseretwegen braucht Ihr Euch keinen Kummer zu machen. Holland ist ja neutral ...

26. Oktober 1939 (der Vater):
Von Silbersteins und Rosenbergs haben wir öfters Nachricht. Sie leben ruhig und zurückgezogen und warten auf ein baldiges Ende.

4. Februar 1940 (der Vater)*:
Lieber Franz, ich habe auch großes Interesse an Philosophie gehabt, als ich so jung war wie du. Ich erinnere mich, daß ich stundenlang mit meinem Freund Dr. Landsberger, der in Buchenwald starb, spazierenging und Schopenhauer, Kant etc. diskutierte. In der Prima haben wir auch Nietzsche zusammen gelesen. Zu dieser Zeit habe ich mich gewundert, wieso mein Vater, der ein sehr kluger Mann war, sich für solche Fragen überhaupt nicht interessierte. Er sagte mir, daß fast jeder junge Mann in einem gewissen Alter sich für Philosophie interessiert. Er hatte recht. Einige Jahre später hatte ich kein Interesse mehr an Philosophie. Nebenbei, Philosophie ist ein brotloses Studium. Die Menschheit zahlt den Philosophen nichts.

(Zusatz der Mutter):

Ich habe auch sehr viel gelesen, als ich zwischen fünfzehn und achtzehn war, und ich habe auch gedacht, ich könnte Philosophie studieren. Wie Du weißt, haben meine Eltern nicht so viel Geld gehabt, und ich konnte kein Examen machen. So konnte ich nur für mich lesen, und ich habe immer große Freude dabei gehabt. Ich bin froh, daß Du so viel Freude daran hast. Für Deine Zukunft mußt Du keine Pläne machen. Das Wichtigste ist jetzt Dein Abitur. Was danach wird, können wir nicht wissen.

10. März 1940 (die Mutter):
Aus Breslau haben wir ebenfalls Briefe. Sie sind gesund und versuchen nach Kräften wegzukommen.

* *original englisch*

15. März 1940 (der Vater):
... von Shakespeare lies nur Richard III., das übrige liest heute kaum noch jemand ...

6. April 1940 (die Mutter):
Die Breslauer bemühen sich bei der Gestapo um Ausreise.

Am 20. Juni 1941 teilt die Mutter den Tod des Vaters mit.

1941 bestand Franz Loeser auf einer englischen Quaker-Schule das Abitur mit »gut«. Er nahm eine Optiker-Lehre auf, begann ein Fernstudium und wurde mit siebzehn Jahren Manager eines kleinen Ladens. Als man seinen Vater ins KZ abtransportierte, hatte die Mutter ihn ermahnt, was er gesehen habe, nie zu vergessen, sei er erwachsen, müsse er für eine andere Welt kämpfen. Seit seinem vierzehnten Jahr interessierte Loeser sich für Ethik, er glaubte damals, nur allgemeine Toleranz könne die Welt verbessern. In England wurde er Mitglied der antifaschistischen »Free German Youth« und meldete sich freiwillig zur britischen Armee. Später machte ihm das bei der Aufnahme in die Partei Schwierigkeiten. Unter Montgomery kam er nach Ägypten und Nordafrika, von den Deutschen, die er zu verhören hatte, zweifelte keiner am Sieg Hitlers, Loeser erzählt, er habe das Bedürfnis gehabt, sie zu erwürgen. Loeser erinnert sich weiter an die kalten Wüstennächte, an seinen Regimentskommandeur, der das Bier liebte, so daß er, im Glauben, alle andern müßten das auch, die Fourageure statt Wasser Bier fassen ließ und das Regiment monatelang nichts anderes zu trinken hatte, an einen Besuch bei Verwandten in einem palästinensischen Kibuz, das, damals in Frontstellung gegen den britischen Imperialismus, nach kommunistischen Prinzipien organisiert war (außer einem Taschengeld für jeden wurde alles geteilt), und an die halbjährlichen Ausflüge des Regiments in eine ägyptische Stadt, wo er in Offiziersbordelle mitgenommen wurde; da Loeser klein war und kurze Hosen trug, nahmen die Mädchen ihn nicht ernst, was ihn damals kränkte. Nachdem der deutsche Panzergeneral Rommel bei El Alamain geschlagen war, meldete Loeser sich freiwillig zur Zweiten Front. Montgomerys Armee umging Holland; Loeser erbat vom Kommandanten Urlaub, belud einen Jeep mit Lebensmitteln und fuhr als einer der ersten alliierten Soldaten in Amsterdam ein, wo er von der Bevölkerung jubelnd begrüßt wurde. In der Stadt erfuhr er, daß seine Mutter ins KZ Theresienstadt deportiert und dort ermordet worden war. Überlebende berichteten später, sie habe bis zum letzten Augenblick die Gefangenen organisiert und ihnen Mut zugesprochen. Den älteren Bruder fand Loeser, er hatte drei Jahre in einer Dachkammer, zeitweise unter den Brettern der Diele, vor den Faschisten sich verborgen gehalten. Loeser kehrte nach England zurück und wurde auf einem Truppenschiff nach Japan gebracht, wo er als einer der ersten Europäer das zerstörte Hiroshima sah. In seiner Diplomarbeit (The Future of Dialectical Materialism, Minnesota 1951) und, leicht variiert, in seinem Buch *Deontik – Planung und Leitung der moralischen Entwicklung* (Berlin 1966) beschreibt er die Begegnung folgendermaßen:

»Von der Schönheit der japanischen Landschaft hatten wir schon viel gehört, aber selbst unsere großen Erwartungen fanden wir noch übertroffen, als sich das japanische Binnenmeer vor unseren Augen ausbreitete. Wir standen auf dem Deck unseres Schiffes und sahen in das leuchtende Blau des Meeres hinab. Fliegende Fische sprangen aus dem Wasser, bunte Vögel flogen über uns, und dichtbewaldete, tiefgrüne Inseln vollendeten das Bild dieser märchenhaften Landschaft. Aber plötzlich veränderte sich alles. Das Wasser färbte sich schmutzig-grau. Keine Vögel, keine Fische, kein Lebewesen war mehr zu sehen. Die vordem grünen, dichtbewaldeten Inseln standen schwarz und kahl da. Und jetzt erblickten wir drüben auf dem Festland Hiroshima, eine Stadt, die keine mehr war! Was erinnerte eigentlich noch daran, daß hier vor wenigen Wochen Hunderttausende von Menschen, Männer, Frauen und Kinder wie unsere eigenen gelebt und gespielt hatten? Jetzt war alles, was wir sahen, eine riesige Fläche verbrannter Erde – ein Nichts.« Auch in öffentlichen Vorträgen zitiert Loeser diese Stelle gern, mir gegenüber – und in seiner Diplomarbeit – fügte er hinzu, nicht wenige Soldaten seien bei dem Anblick in Tränen ausgebrochen. Marxens Einleitung zur Kritik der politischen Ökonomie »Auf einer gewissen Stufe ihrer Entwicklung geraten die materiellen Produktivkräfte der Gesellschaft in Widerspruch mit den vorhandenen Produktionsverhältnissen ... Aus Entwicklungsformen der Produktivkräfte schlagen diese Verhältnisse in Fesseln um« habe er erst damals wirklich begriffen. Der Überfall auf den Vater, die Persönlichkeit seiner Mutter und Hiroshima seien seine Grunderlebnisse gewesen. In Japan erlebte Loeser Seebeben, bei denen die Erde sich wie ein Schiff bewegte, sich öffnete und aus den Spalten heißes Wasser spie, er lernte japanische Spezialitäten kennen, so heißen Reiswein, Tintenfische, deren großes und, wie Loeser sagt, glotzendes Auge als Delikatesse gilt, und war häufig Gast einer konservativ eingestellten japanischen Bauernfamilie, die Tochter, eine Soldatenwitwe, bediente ihn in allem und wusch ihn abendlich, bevor sie mit ihm schlief, zeremoniell in einem Holzzuber. 1947 wurde Loeser nach England entlassen.

Loeser hat damals begonnen, marxistische Literatur zu lesen; obwohl er einen Unterschied zwischen Faschisten und anderen Deutschen machte, haßte er die Deutschen und mochte in Deutschland keine Familie haben. Er wollte studieren, hatte aber kein Geld. Das einzige Land, wo man damals arbeiten und zugleich studieren konnte, waren die USA, auch Loesers älterer Bruder war dorthin ausgewandert. Loeser immatrikulierte sich an der Universität Minnesota für Philosophie, Ökonomie und Mathematik, er fand Arbeit in einem Universitätslabor, das mit radioaktivem Jod experimentierte, und wurde bald Beauftragter für Strahlenschutz. Der Posten war gut bezahlt, er verlor ihn, als er in die kommunistische Partei eintrat. Loeser arbeitete darauf nachts in einer Fabrik als Dreher, später als Kellner einer Spezialmensa für die Universitätsfootball-Mannschaft, die Sportler seien groß und dumm gewesen und hätten ganze Kannen Milch ausgetrunken, die Loeser heranschleppen mußte. Während dieser Zeit wurde Loeser zum Präsidenten der Vereinigung ausländischer Studenten gewählt. Er lernte Paul Robeson kennen und traf mit führenden Genossen der KP der USA zusammen. An amerikanischen Universitäten besteht ein Kurssystem, pro Kurs können höchstens zehn Prozent der Teilnehmer die Note »sehr gut« erhalten, und man muß gegen die Studenten des Spezialfachs konkurrieren; von sechzig Kursen schloß Loeser einen mit »gut«, die restlichen mit »sehr gut« ab. Noch heute hält Loeser dieses System für günstig. Die Sektion Ökonomische Kybernetik der Humboldt-Universität, an der Loeser Heuristik lehrt, wickelt 1970 erstmals in einem sogenannten Baustein-System die zwanzig oder vierzig Stunden einer Semestervorlesung in vier bis sechs Wochen ab, darauf folgen Prüfung oder Testat, so daß die Büffelperiode zu Ende des Studienjahres wegfällt und für Lehrveranstaltungen genutzt werden kann. Für seine Examensarbeit »The Future of Dialectical Materialism«, in der er Philosophie als »kulturell determinierte Rationalisierung der Wesensmerkmale des Menschen« definiert, erhielt Loeser, weil er darin für den Marxismus eintrat, nur »magna cum laude«; sein Professor, der ihm die höchste Note hatte geben wollen, kapitulierte vor einem antikommunistisch eingestellten Konsilium und fand dafür merkwürdige Begründungen. Kurz darauf holten Beamte des FBI Loeser aus dem Bett und fuhren ihn im Schlafanzug zur Polizeiwache, wo man ihn als »das Schwein Loeser« anredete und ihm riet, binnen drei Wochen zu verschwinden, andernfalls werde man ihn zum Krüppel schlagen. Loeser zweifelte nicht an der Ernsthaftigkeit der Drohung und fuhr nach England; die politische Abteilung von Scotland Yard war bereits informiert und setzte ihn auf eine schwarze Liste, so daß er nur minderwertige Arbeit bekam. Er wurde Leichenträger, kochte schädliche Lösungen in einer Fabrik für Gummistiefel und verkaufte Unterhosen, doch veranlaßte er Verkäuferinnen, in die Gewerkschaft einzutreten, und verlor auch diese Arbeit. Ein Antrag Loesers auf Aufnahme in die Kommunistische Partei Großbritanniens wurde abgelehnt, da er aus den USA kam und bekannt war, daß von da nur Agenten einreisten. Auch Loesers späterer Frau, die Parteimitglied war, riet man ab, ihn zu heiraten, sie tat es dennoch. Frau Loeser betreut heute die Sendung »English for you« im Fernsehfunk der DDR. Damals hatte die amerikanische Regierung dem Sänger Paul Robeson den Paß entzogen, so daß er im Ausland nicht auftreten konnte, in vielen Ländern bildeten sich Komitees zur Verteidigung Robesons. Loeser wurde Generalsekretär des britischen Komitees und organisierte den berühmten Abend in der St. Pancras Hall, wo Robeson zwei Stunden per Telefon durch ein transatlantisches Kabel sang, die Einnahmen der Massenveranstaltung reichten für die Saalmiete und die Telefonrechnung. Ein Versuch Loesers, in die DDR zu übersiedeln, mißlang, da sein Antrag von einem Konsulat nicht weitergeleitet wurde. Er fand Arbeit in einer Warenhauskette, deren Besitzer, die Herren Marx & Spencer, als konservative Juden um die Ratschläge von Scotland Yard sich nicht kümmerten, Loeser wurde Manager einer Verkaufsabteilung und verdiente gut, doch war ihm das Eintreiben von Profit zuwider. Er kündigte, sobald er etwas Geld gespart hatte, und erwarb an der Universität ein Lehrerdiplom; wegen des Mangels an Lehrern bekam er eine Stelle in einem Slum-Viertel. Durch seine Arbeit im Robeson-Komitee hatte Loeser den Generalsekretär der britischen KP Pollit kennengelernt; auf einen Brief Pollits an Walter Ulbricht hin konnte Loeser 1957 in die DDR übersiedeln. Er wurde Assistent am Philosophischen Institut der Berliner Humboldt-Universität, das damals Georg Klaus leitete, und bekam ein Haus am Rand von Berlin.

Damit könnte Loesers Leben in Ruhe einmünden; er wurde nach zwei Jahren Kandidatenzeit Mitglied der SED, promovierte 1962 über die Ethik Bertrand Russells und habilitierte sich 1967 mit einer Grundlegung zur Deontik (Logik der Pflichten). Doch hat Loeser eine Neigung, bisher wenig bearbeitete Gebiete für seine Arbeit zu wählen, so daß, wie er selbst sagt, Ruhe nicht kam. Freilich bringen die Schauplätze dieser Unruhe – Schreibtische und Sitzungsbüros – für die Beschreibung insofern Ungerechtigkeiten mit, als sie sich gegen eine Darstellung sperren und wir anekdotisch Sinnfälliges nicht mitzuteilen wissen. Ungerecht sein aber, glauben viele, dürfe der Schriftsteller nicht. So bitten wir, mit Loesers Versicherung vorlieb zu nehmen, daß Neues in der Wissenschaft durchzusetzen nicht weniger Zähigkeit, Courage und Schlauheit fordere als sein politischer Kampf zuvor, und erinnern, daß 1957 die Ethik in den sozialistischen Ländern sich eben von dem Ruf befreite, eine bürgerliche Wissenschaft zu sein; sie folgte damit Genetik und Relativitätstheorie, während Soziologie und Kybernetik später dazukamen. Loeser betont immer wieder, daß die Anwendung des Marxismus in unserer Gesellschaft sich ohne Widersprüche und persönliches Risiko nicht vollzieht. Zweifellos wird aber, daß Loeser kein ruhiger Bürger geworden ist, der Leser aus der Darlegung seiner Forschungen folgern.

Wissenschaftliche Probleme, schreibt der Physiker Niels Bohr, müsse man »im Zustand der Unentschiedenheit halten, ohne je den Humor zu verlieren«; der Ausspruch ist ein Soll-Satz oder eine Norm, zudem moralischer Natur, das heißt, man kann sich nach ihm richten oder nicht; die List der deutschen Sprache will, daß wir »richten« hier zwiefach verstehen dürfen. Wir kehren damit zu Pontius Pilatus zurück; was, frage ich den Leser, kann ein heutiger Computer, der nicht fragen kann, etwa mit dem Problem anfangen, wie die Entscheidung des Statthalters moralisch zu bewerten sei? Nichts, und das ist unerfreulich, folgen wir

Franz Loeser (mit dem ich diese spezielle Frage nicht beredet habe, Loeser ist mündlicher Polemik wenig zugeneigt, und Stechfragen treiben ihn meiner Erfahrung nach in eine hartköpfige Reserve, was freilich an mir liegen mag). Daß die Erkundigung nach Pilati Moral so seltsam nicht ist, mag ein Gedankenspiel zeigen, dessen Ausbau wir dem Leser überlassen; gefragt werden soll, ob Pilatus, als er Jesus kreuzigen ließ, moralisch gut oder schlecht handelte; wir setzen voraus, letztes Kriterium für die Bewertung einer Handlung innerhalb eines Moralsystems sei der Nutzen dieser Handlung für die Klasse oder Gesellschaft, der das Moralsystem zugehört*, und stellen fest:

1. Pilatus hielt Jesus Christus für ungefährlich (für die römische Sklavenhalteraristokratie).

Daraus folgt:
1.1. Pilatus hielt das Verlangen der Priester, Jesus hinzurichten, für unbillig.
2. Ließ Pilatus Jesus nicht hinrichten, würde wahrscheinlich die judäische Priesterschaft unzufrieden.
2.1. Unzufriedene Priester eines besetzten Landes, die über Geld und andere Mittel zur Lenkung der Volksmeinung verfügen, sind potentiell gefährlich
2.1.1. für die römischen Sklavenhalter,
2.1.2. für Pilatus, falls sie ihn in Rom als liberal denunzierten (was für einen Statthalter, außer dem Berufsrisiko, ermordet zu werden, das denkbar Unangenehmste ist).

Dagegen schien
3. die Kreuzigung weder für Pilatus noch für den römischen Staat gefährlich.

* *Loeser selbst versteht (Deontik S. 86) »unter moralisch guten und moralisch schlechten Verhaltensweisen solche ..., die auf der Grundlage der freiwilligen Entscheidung des Individuums die persönlichen mit den gesellschaftlichen Interessen verbinden bzw. in Widerspruch zueinander setzen«.*

Somit kam Jesus ans Kreuz; wir lassen die Frage, ob die Opferung eines Menschen im Interesse von vielen zu vertreten ist, außer acht, da sie akademisch ist (was sie nicht irrelevant macht; das Bestehen internationaler Gepflogenheiten rechtfertigt diese nicht, und Hegels Wort »Um so schlimmer für die Tatsachen« ist, so lachhaft es dem gesunden Menschenverstand klingt, boshaft revolutionär) – wichtig ist hier, ob Pilatus' Annahme, die Kreuzigung werde Rom nicht schaden, zutrifft. Zu fragen ist demnach: hat das Christentum die Zersetzung des römischen Sklavenhalterstaates aufgehalten oder beschleunigt? oder, unter dem Gesichtspunkt der Moral der Arbeiterklasse: hat es den Fortschritt der Menschheit befördert? Dies zu wissen wäre interessant, und wir würden – gesetzt, wir hätten den Begriff Fortschritt definiert – die Hilfe eines Computers gern in Anspruch nehmen, was wir jedoch bislang nicht können, nach Professor Loeser indes können wollen müssen und können werden, wenn auch nicht heute und morgen.

Der Leser bemerkt, worüber die Rede geht, nämlich über die Mathematisierung der Gesellschaftswissenschaften, in diesem Falle der Ethik; wie das Beispiel Pilatus zeigt, erweitert die Frage sich schnell auf das Finden taktischer und strategischer Entscheidungen – das moralisch Gute, zur Unzeit gewagt, kann katastrophale Folgen haben, so hatte Kennedy, der, wie wir jetzt wissen, den Vietnamkrieg beenden wollte, zu überlegen, wann er diese Entscheidung verkündete, ohne den Verlust seines Amtes oder einen Aufstand der Generalität zu riskieren, ein Gegenbeispiel wäre die Festsetzung des Termins der Oktoberrevolution. Selbst Loeser, der bei meinem zweiten Besuch im Garten seines Hauses gerade einen Redakteur des FORUM empfing und in ein von diesem redigiertes Interview immer wieder Relativierungen einzubauen forderte, sagte, als der Redakteur über so viel Vorsicht sich ärgerte: »Ich muß mir überlegen, wofür und an welcher Stelle ich wann kämpfe.« Wir sind uns bewußt, daß man mit dem Satz dies und das machen kann, sehen uns jedoch außerstande, ihn zu bestreiten. Denn Loesers Überzeugung, daß die Gesellschaftswissenschaft mathematisiert werden müsse, ja ihr weiterer Fortschritt wesentlich davon abhängt, ist bei weitem nicht allgemein anerkannt, und wird sie es, dann oft ohne ihre Weiterungen. Zu diesem gehört die Entwicklung neuer Logiken. Seit Aristoteles befassen sich Philosophie und Mathematik fast ausschließlich mit der Logik der Aussagen, eine Aussage, etwa »Dr. Y hat Beine«, kann wahr oder falsch sein; für die Verknüpfung von Aussagen, ihre Ableitung voneinander usf. hat die moderne mathematische Logik eine Reihe von Verfahren sowie eine formalisierte Sprache entwickelt, die, gibt er sich Mühe, auch einem über Dreißigjährigen, das heißt im traditionellen Horror vor Mathematik Aufgewachsenen erlernbar sind. Neben den Aussagen aber kennt die Sprache Fragen (»Hat Dr. Y Beine?«) und Normen oder Sollsätze (»Dr. Y soll seine Beine benutzen!«); jenen entspricht die *Interrogativlogik* (Logik der Frage und Antwort), diesen die Sollsatzlogik, zu der, jedenfalls zum Teil, die *Deontik* gehört, nach Professor Loeser die »Wissenschaft von den allgemeinen Strukturen der moralischen Denkformen, den Gesetzmäßigkeiten ihrer logischen Beziehungen und den Regeln über die Bildung wahrer moralischer Werturteile bzw. gültiger Moralnormen, moralischer Kategorien, moralischer Ideale, moralischer Prinzipien und Moralnormschlüsse«. Über Interrogativlogik wie Deontik hat Loeser je ein Buch geschrieben, unserer Kenntnis nach die ersten im sozialistischen Lager. Ich füge ein, daß ich während eines Aufenthalts in Gagra, einem angenehmen georgischen Badeort, in dem Palmen und Eukalyptusbäume wachsen, im Frühjahr Zitronen blühen und das Rauschen des Schwarzen Meeres nur durch mit hohem Phoneinsatz geführte musikalische Lautsprecherschlachten gestört wird, die armenische, georgische und Regierungssanatorien einander liefern, einen Leningrader Linguisten traf, der für die Entwicklung von Übersetzungsmaschinen über die *Logik des Absatzes* arbeitete, ein wie mir scheint schwieriges Feld, gehört doch den Absatz richtig zu setzen zu den fünf bösen Problemen beim Schreiben von Prosa. Es ist dies einer der Gründe, die mich glauben lassen, Maschinen, seien sie noch so listig ausgedacht, vermöchten Kunst nicht zu produzieren, mein erwähnter Freund K. argumentiert, sie müßten dazu sehen, hören, riechen, schmecken, lieben und sich vorm Tod ängsten können, wozu ich anmerke, daß etwa »schmecken« weit mehr beinhaltet als »Geschmacksstoffe analysieren«. Loeser stimmte mir zu, das *Genußmoment* schöpferischer Tätigkeit werde auf Maschinen wohl niemals sich imitieren lassen. Zur *Deontik* gehören nicht nur Regeln des Umformens von Urteilen in Sollsätze, Regeln des Schließens aus Normen und Untersuchungen über deren Gültigkeit oder Ungültigkeit – Normen und Fragen können nicht wahr oder falsch, sondern nur gültig oder ungültig sein, die Norm »Jede Frau soll im Leben nur einen Mann lieben!« beispielsweise wäre ungültig, weil sie einem in der Hierarchie der Normen höherstehenden Prinzip, etwa dem der freien Selbstverwirklichung des Menschen, widerspricht und aus ihr nicht ableitbar ist –, die Deontik behauptet und verlangt auch, daß moralische Vorgänge *meßbar* gemacht, das heißt in quantitative Beziehungen zueinander gesetzt werden können. In Loesers unveröffentlichtem Buch *Ethometrie* wird sogar vorgeschlagen, die formalisierbaren Seiten eines moralischen Charakters auf elektronischen Rechenmaschinen zu simulieren, so daß dessen wahrscheinliche Reaktionen zu studieren und für die Planung der moralischen Entwicklung nutzbar zu machen wären.

Darüber zu erschrecken ist gewiß unser Recht, auch wenn wir keine traditionellen Philosophen sind, die noch heute, Marx zum Trotz, wie in alten Zeiten mit Kategorien jonglieren, ich stieß bei der Lektüre eines Periodikums der Humboldt-Universität auf einen, der in Anwendung der marxistischen Erkenntnistheorie auf die Gesellschaft ernsthaft ein »gesellschaftliches Gesamtsubjekt« entdeckt hat, welches sich »herausbildet«, also noch nicht voll da ist. Bald dürfen wir es erwarten und hätten dann in der marxistischen Philosophie etwas ganz Neues, nämlich (falls die Menschheit sich nicht umbringt) eine unsterbliche intelligible Wesenheit; der Hang zur Mystik scheint im deutschen Philosophiedozenten doch tiefer verwurzelt, als wir denken. Ich entsinne mich, daß Lenin über eine vergleichbare Konstruktion, nämlich das »potentielle Zentralglied der empiriokritischen Prinzipalkoordination«, bereits 1909 sich lustig machte. Zu meiner Beruhigung beherrscht der Erfinder besagten Gesamtsubjekts die deutsche Sprache kaum; »der Problemkreis ...«, schreibt er, »ist zu einem Fokus revisionistischer Einschleichungsversuche geworden«. Loeser gestand, dergleichen zu lesen sei ihm im Lauf der Jahre unmöglich geworden, für die Entwicklung der Gesellschaftswissenschaften jedenfalls sei von dort nichts zu erwarten.

Da sei auch Gott vor. Das Berliner Operncafé hat unlängst seine Preise erhöht, länger schon ist zur Bildung des Besuchers neben antiquarischen Uhren und Spiegeln die Stilepoche auf Tafeln vermerkt, in der Kaffeestube, die dem Grillsaal gegenüberliegt, erzeugt ein dunkel uniformierter Pianist häßliche Musik, ich traf mich zum ersten Gespräch mit Loeser an einem Ecktisch. Die Kellner im Café verfügen über eine nachsichtige Herablassung, als bedienten sie sonst Lords oder französische Aristokraten und seien nun durch die Zeiten gezwungen, mit einer Klasse von Emporkömmlingen sich abzugeben; etwas später setzte sich eine junge, doch feurig wirkende Dame zu uns, die, wie sich zeigte, mit Loeser an einem Buch über *Rationelles Lesen* schreibt. Die Methode erlaubt auch dem versierten Leser, nach vier bis sechs Wochen Training seine Lesegeschwindigkeit etwa zu verdoppeln, wir kommen darauf am Schluß zu sprechen. Betreffs der Kellner meinte die Dame, möglicherweise wünschten, beträten sie das Haus, die Mehrzahl der Gäste sich in Lords zu verwandeln, also gewissermaßen aus der Wirklichkeit in eine andere zu treten, in der sie Wunschrollen spielen, dies würde das Verhalten der Kellner als Service des Hauses erklären. Der Professor freute sich über die Bemerkung. Vom Standpunkt der Moralforschung würde sie bedeuten, daß für eine Reihe Bürger unserer Republik die Eigenschaft »Lord sein« noch als Ideal gilt.

Nach Loeser sind Ideale »Klassen von möglichen guten Verhaltensweisen und Beziehungen«, in seiner »Deontik« macht er darauf aufmerksam, eigenartigerweise habe die Menschheit bisher für die Klasse der möglichen *schlechten* Verhaltensweisen keinen Begriff gebildet: die Deontik sei also in der Lage, durch logisches Schließen neue moralische Denkformen zu entdecken! Ich wandte ein, immerhin gebe es eine bedeutende Metapher, nämlich den Teufel. So wäre altes Kulturgut für die moderne Ethik noch zu nutzen. Ich hatte den Professor im gegenüberliegenden Universitätsgebäude abgeholt, das Haus, Kommode genannt, diente früher als Palais des Kronprinzen, man muß im Parterre seinen Ausweis vorzeigen und findet im zweiten Stock Loesers Zimmer, irre ich nicht, stehen darin vier Schreibtische, ein Rauchtisch mit vier Sesseln und ein Garderobenständer, während in etwa fünf Meter Höhe eine Balkonempore den Raum umläuft. Nach Schätzungen sowjetischer Experten verbleiben einem Gelehrten beim heutigen Stand der Wissenschaftsorganisation vier Prozent seiner Arbeitszeit für schöpferische Tätigkeit, der Raum dürfte für die übrigen sechsundneunzig gedacht sein.

In einem Gutachten, das Professor Gilde, der Direktor des hallischen Zentralinstituts für Schweißtechnik, dem Urania-Verlag zu Loesers Arbeit über Rationelles Lesen angefertigt hat, heißt es:

»Vielleicht wäre zu überlegen, Herrn Professor Loeser zu bitten, anschließend das Gegenstück zu diesem Buch zu schreiben: Rationelles Lesen durch leicht lesbare Texte. Hier müßten der Satzbau, die Wortwahl, die Art des Druckes

und vor allem die Gliederung des Textes gelehrt werden.«
Ein Problem, das hierhergehört, ist das der *Redundanz* oder
der Wahrscheinlichkeit des Auftretens von Zeichen oder
Zeichenfolgen. Kurz gesagt enthält ein Text mit viel Redundanz wenig Information, was insbesondere bei gesellschaftswissenschaftlichen Texten oft der Fall ist. Das erschwert das Auffinden womöglich neuer Gedanken bzw. fordert dazu besondere List, verschlingt also gesellschaftliche Arbeitszeit. Falls nun die Sektion *rationelles Lesen,* das heißt, die schnellere Aufnahme und Verarbeitung von Texten lehrt, läge es dann nicht nahe, auch das Vermeiden unnötiger Redundanz zu lehren? Zeugt doch Redundanz oft vom Mangel an diszipliniertem Denken und besetzt unnötig Kapazitäten des Gehirns, verhindert also geistige Produktivität.* So würde ich, wäre ich Institutsdirektor, ein Seminar über die Minimierung von Redundanz in wissenschaftlichen Artikeln einrichten und mit der Leitung einen Schriftsteller beauftragen.

Warum aber erschrecken wir, wenn wir hören, daß Moral meßbar gemacht und gar moralische Charaktere auf Maschinen simuliert werden sollen? Ich traf diese Reaktion bei sehr verschiedenen Leuten, offenbar fassen wir das Moralische als Gebiet auf, in das Wissenschaft und vor allem Mathematik sich nicht einzumischen haben. »Das moralische Gesetz in mir, und der gestirnte Himmel über mir«, formuliert der große Kant poetisch, und Aristoteles meint, »daß von einer Untersuchung über ethische Fragen nur umrißhafte Gedankenführung, nicht aber wissenschaftliche Strenge gefordert werden darf«. Der sowjetische Autor

* *Redundanz ist keine schlechthin negative Erscheinung und nicht nur für pädagogische Zwecke (Wiederholung schwieriger Gedankenfolgen, Zusammenfassungen) unentbehrlich. Doch verbaut, wer sich dauernd wiederholt, das Verständnis selbst für das Wenige und womöglich Wichtige, das er zu sagen hat. Der Effekt langweiliger, also hochredundanter Bücher ist bekannt: Die Lektüre führt zu totaler Hemmung der Großhirnrinde, das ist zum Schlaf.*

Mark Popowski, der fünfzehn Bücher über Wissenschaftler geschrieben hat und dabei auch Entdeckungen zur Anerkennung verhalf, schreibt in der Zeitschrift »Sowjetliteratur« 8/1960: »Die Leser erwarten von wissenschaftlich orientierten Journalisten heute nicht bloß Information über eine neue Maschine, eine neue chemische Synthese oder das neueste Ergebnis eines Agronomen. Es interessiert sie vor allem, auf welche Weise Konstrukteur, Physiker oder Biologe den Widerstand des Stoffes und der Tradition überwinden ... Denn wenn wir nur mit größter Vorsicht über rein wissenschaftliche Fragen urteilen dürfen, so können wir, was die moralische und soziale Seite des Wirkens unserer Helden anbelangt, sicher und unbedenklich unser Urteil abgeben. Der Journalist tritt in diesem Falle als Auge, als Stimme des Volkes auf ...«

Das ist hübsch gesagt, und wir wollen bejahen, daß es etwas wie »die Weisheit des Volkes« gibt; doch gibt es ebensogut ihr Gegenteil, woran schon Völker ausgestorben sind. Kern unseres Unbehagens ist wohl, daß das Gute – sofern wir als Marxisten dafür objektive Kriterien annehmen – jeweils *bestimmt* werden muß, da gesellschaftliches Interesse sich nicht von selbst versteht und, will man nicht endlos diskutieren, festgesetzt werden muß; bestimmen kann, wer Macht ausübt, und selbst wenn wir annehmen, die Bestimmenden hätten den besten Willen, gibt es doch keine Garantie dafür, daß sie nicht gesellschaftliches Interesse mit dem verwechseln, was sie dafür halten. Daß gesellschaftliche Interessen falsch bestimmt und damit auch ungültige Moralnormen in Geltung gesetzt werden, wofür der Faschismus ein Beispiel wäre, läßt sich zwar feststellen, doch oft sehr spät; so ist in der Medizin Kriterium der Praxis mitunter erst der Tod des Patienten, was der Medizin weiterhilft, nicht aber dem Toten. Kurz gesagt wittern wir, wenn wir von der Planung moralischer Prozesse mit Hilfe von Computern oder gar von zahlenmäßiger Bewertung moralischer Eigenschaften hören, *Manipulation*. Das heißt, wir argwöhnen, einzelne oder Gruppen könnten, da die Computer ja nichts vom Leben wissen, damit großes Unheil anrichten. (Allerdings ließen sich Maschinen denken, die nicht nur eine Norm darauf untersuchen, ob sie einem gegebenen Moralsystem nicht widerspricht, sondern auch, mit welcher Wahrscheinlichkeit eine Handlung tatsächlich persönliche und gesellschaftliche Interessen in Übereinstimmung bringt. Das hieße, daß sie über ungeheure Informationsmengen und über die Fähigkeit verfügen müßten, aus der Sprache eines Moralsystems in dessen Metasprache überzugehen. Loeser hält es für wahrscheinlich, daß Maschinen konstruiert werden können, die abstrahieren, also neue Begriffe bilden, doch ist das bisher weder bewiesen noch widerlegt.)

Wie dem immer sei, müssen wir hier sagen, daß der mögliche Mißbrauch einer Wissenschaft kein Argument gegen ihre Entwicklung ist. Lehren wir doch auch das Kind, seine Hände zu brauchen, mit denen es später totschlagen kann. Die Möglichkeit, Erkenntnis zu mißbrauchen, ist der Preis für den Fortschritt; wie wir aus der Bibel wissen, waren beim Sündenfall Gott und der Teufel gleichermaßen im Spiel, es hätte ja Gott den Baum der Erkenntnis nicht anpflanzen müssen. Auch ist nicht einzusehen, warum eine Wissenschaft, die Imperialisten zur Manipulation mißbrauchen, nicht zum Nutzen des Sozialismus entwickelt werden sollte. Indes kann Loeser für sein Projekt Weiteres geltend machen.

Nämlich: Moralische Bewertungen hat es zu allen Zeiten gegeben. Sie sind auch verbreitet worden. Da die Geschichte eine Geschichte von Klassenkämpfen, die Moral der herrschenden Klasse jeweils die herrschende Moral ist, war die Wirkung mehr oder weniger katastrophal, in beliebigen Büchern über Weltgeschichte läßt sich darüber nachlesen. Die Nichtexistenz von Computern hat Menschen demnach nicht abgehalten, widerwärtige und abstruse Moralsysteme immer wieder in Kraft zu setzen oder zu halten.

Ferner: Nicht nur Philosophen wie Spinoza und Leibniz waren überzeugt, moralische Sätze seien exakt auseinander abzuleiten bzw. mathematisch zu errechnen (der Engländer Jeremias Bentham regte 1789 an, die Freuden, die eine Handlung hervorbringt, und die Schmerzen, die sie verursacht, gegeneinander aufzurechnen, die Bilanz ergäbe den moralischen Wert der Handlung) – auch im täglichen Leben ziehen wir Schlüsse aus Moralnormen, da die Gesellschaft ihre Verhaltensregeln nur allgemein gibt; das Individuum hat dann zu sehen, wie es damit zurechtkommt, und benutzt zum Abwägen von Moralnormen, falls es ein solches besitzt, sein Gewissen. Wenn wir nun für Disziplin des Denkens, also für Logik sind (Loeser hält dafür, daß Logik, zumal die Prinzipien des Aufstellens von Regeln, in der Schule gelehrt werden sollte, auch das *Disputieren* sollte man seiner Meinung nach dort lernen, wobei es einen advocatus diaboli geben müßte: Wissen müsse nicht angeeignet, sondern errungen werden, und um die eigene Strategie optimal zu bestimmen, sei die Position des Gegners genau zu kennen) –, wenn wir also für Logik sind, warum sollten wir bei diffizilen Fragen wie der Untersuchung einer Moralnorm auf Gültigkeit oder der Bestimmung der moralischen Stabilitätsgrenze einer Gruppe die Hilfe eines Computers nicht in Anspruch nehmen? *Moralkoeffizienten* werden, wenn auch in grober Form, Personen ja auch jetzt zugeordnet, so kann man in Kaderakten Sätze wie »In moralischer Hinsicht gab Kollege X. keinen Grund zu Beanstandungen« finden, für die Bewertung benutzen die Beurteiler ihre Lebenserfahrung, häufig genug aber den gesunden Menschenverstand, dem, worauf Engels hinweist, außerhalb der Hauswirtschaft nicht übermäßig zu trauen ist.

Viertens kann die Deontik zwar Regeln über die Ableitung von Moralnormen und zur Überprüfung ihrer Gültigkeit aufstellen und auch »optimale Moralsysteme« vorschlagen (Loeser berücksichtigt beim Aufbau des mathematischen

Apparats, daß nicht alle Normen für alle gelten, sondern die Gültigkeit auch vom Verantwortungsbereich des Individuums abhängt, so billigt man – wir erfinden das Beispiel – einem General das Recht zu, Menschenleben zu opfern, wogegen ein Eisenbahnwärter das nicht darf); dafür aber, daß die Normen auch befolgt werden, kann die Deontik nicht garantieren. Freilich könnten das Fachleute für Manipulation besorgen, doch wollen wir hier Optimisten sein. Computer nämlich haben gegenüber dem Menschen, der im Gewissen dies und das unterbringt, den Vorteil, eine Norm nicht zugleich und in derselben Hinsicht für gültig und ungültig halten zu können. So erscheint es schwierig, ein widerspruchsfreies Moralsystem zu konstruieren, das den Schein des Humanismus wahrt und zugleich der Manipulation dient: alle Kaschierungen, deren auch das menschenfeindlichste Moralsystem bisher bedarf, müßten dann der Widerspruchsfreiheit zuliebe fallengelassen werden, was wiederum der Manipulation abträglich wäre.*

Wir kommen hier, wenn uns die Meinung gestattet ist, zum vielleicht größten Vorzug von Loesers Projekt. Wir saßen im Garten vor Loesers Haus, Loeser nutzt, da sein Terminkalender ihm wenig Zeit läßt, die schöne und waldreiche Gegend zu Spaziergängen, auf denen er sich gleichzeitig erholt und arbeitet, dabei aber nichts notiert. Die hohen Bäume, die man im Garten hat stehenlassen, machten es möglich, daß Loeser, der Wanderung der Sonne folgend, seinen Sitz jeweils in den Schatten nachrückte. Loeser hat eine gewisse Neigung, Sätze wie »Das waren sehr interessante Erlebnisse« zu brauchen, worauf dann nichts folgt. Unerwartet beredt verteidigte er die »Zehn Gebote der sozialistischen Moral«: Außer ihrem propagandistischen Wert

* *Daß unser tröstliches Dilemma nicht nur Theorie ist, zeigt das Beispiel der Kirche, die, als Institution in den meisten Ländern reaktionär, noch immer ihre Heilslehre als Ballast mitschleppt. In einer von Klassenkämpfen bestimmten Wirklichkeit resultieren daraus immer wieder Ausbrüche von Priestern, die bis zum Anschluß an revolutionäre Bewegungen führen.*

hätten sie für die Diskussion ethischer Probleme unter Marxisten ein günstiges Klima geschaffen. Ich fragte, wie seine Arbeiten heute angewendet werden könnten. Loeser erhob sich ärgerlich: Eben daß das nicht gehe, werde ihm gelegentlich vorgeworfen – setze sich die Meinung durch, Grundlagenforschung müsse gleich anwendbar sein, sei das der Tod jeder Wissenschaft! In der Tat scheint die Resistenz gegen Loesers Vorhaben nicht nur damit zu erklären, daß Ethikern Mathematik traditionell fremd ist, andererseits viele Mathematiker die theoretischen Probleme, die die Quantifizierung der Gesellschaftswissenschaften für sie brächte, nicht sehen oder nicht sehen wollen (nach Norbert Wiener scheitert die Anwendung der Mathematik in den Gesellschaftswissenschaften oft daran, daß mathematische Methoden von 1850 benutzt werden); in der *Ethometrie* erklärt Loeser sorgsam, sein Buch könne auch von denen verstanden werden, die den zugehörigen Formelapparat aufzunehmen sich nicht im Stand fühlen. Vielmehr dürfte die Zurückhaltung auch psychologische Gründe haben. Ist jemand gewöhnt, ethische Forschung deduktiv zu treiben, das ist Kategorien des historischen Materialismus auf die Moral zu übertragen, kann er leicht argwöhnen, ein neuer Denkansatz möchte sein Lebenswerk zerstören – nicht jeder Ethiker verfügt über die moralische Größe, die Niels Bohrs zitierter Satz vom Wissenschaftler verlangt. So flüchten einige hinter drohende Argumente. Das Eindringen der Mathematik in die Ethik, sagen sie, werde aus letzterer den Marxismus herausfressen, die Ethik also revisionistisch aushöhlen (so daß die Mathematik die Tarnkappe des Revisionismus wäre). In einer Geschichte der Mathematik las ich, daß bei Einführung der Null ins Dezimalsystem Kleriker eine heftige Kampagne gegen diese entfachten – wie könne, riefen sie, etwas, das nichts sei, denn Etwas sein? und erwiesen so, die Null sei des Teufels und ihren Benutzern die Hölle sicher. Indes setzten sich die ökonomischen Interessen der Gesellschaft durch, und Adam Rieses Rechentafeln bekamen hohe Auflagen. Loeser erinnert, daß der Sozialismus als Gesellschaftsordnung nur *planmäßig* zu verwirklichen ist, andererseits technische Revolution und Fortschreiten zum Kommunismus immer kompliziertere Aufgaben stellen. Somit wächst die *Verantwortung* des Individuums; erstmals in der Geschichte kann zudem, wie wir wissen, sich der Mensch auf verschiedenen Wegen als Gattung auslöschen. Folglich ist es nach Loeser notwendig, auch die moralische Entwicklung der Gesellschaft zu planen und zu leiten. Das ist mit traditionellen Mitteln allein schwer möglich, sondern fordert die Verarbeitung großer Informationsmengen sowie Meßverfahren und Meßapparate, die einen Zustand genau zu erfassen und von da den wünschenswerten wie den wahrscheinlichen vorauszuberechnen erlauben. Loeser ist überzeugt, daß sich so produktive Kräfte freisetzen lassen, von denen wir uns heute, am Anfang der Ethometrie, noch keine Vorstellung machen. Der Vorzug, von dem ich sprach, ist nun, daß Messen, Meßverfahren und Meßapparate vollkommene Klarheit über das, was zu messen ist, verlangen, in unserem Fall vollkommene Exaktheit des Begriffsapparates der Ethik.

Denn während der Mensch mit vagen Begriffen relativ lange auskommt, ja mitunter mit ihnen bequemer lebt als mit genauen (eine Erscheinung wie die Poesie nutzt gar die semantische Streubreite von Wörtern, das heißt die Tatsache, daß ein Wort die von ihm bezeichneten und tangierten Begriffsinhalte bündelt und durch den Komplex aus materiellem Klang und Sinnbündel gerichtete Assoziationen erregt) –, während der Mensch sich also leistet, sei es aus Faulheit, sei es aus Heiterkeit schlampig zu sein, verlangt der Computer eindeutigen Bezug zwischen Begriff und Sachverhalt. Exakte Definitionen der ethischen Kategorien und Verfahrensweisen wären also fällig, und wer (außer einigen Betroffenen, die sie herstellen müßten) möchte das nicht begrüßen? Sind wir doch ungern in der Lage von Leuten, die »sich stets mit Phrasen verteidigen wie ›Es ist bekannt, daß‹, wenn nichts bekannt ist, oder ›Die Wissenschaft lehrt uns‹, wenn die Wissenschaft gar nichts lehrt« (A. Belyj). Und da wir uns als Reporter einmal in diese Beschreibung gemischt haben, wollen wir weitergehen. Meinem Freund K. fiel auf, daß wir eine Reihe von Moralnormen benutzen, die wir uns nicht formulieren. Da Bewußtsein über den eigenen Zustand in der Regel von Nutzen ist und der Sozialismus auf bewußter Mitarbeit aller beruht, könnte es hilfreich sein, sie uns bewußt zu machen. So gilt offensichtlich die Norm »Du sollst nicht töten!« in dieser Allgemeinheit nicht. Um sie zu präzisieren, könnte man Fälle aufsuchen, in denen das Töten von Menschen als moralisch berechtigt angesehen wird, etwa in Notwehr, sodann, wenn man als Soldat einen Befehl erhält, oder als Kämpfer einer Befreiungsarmee. Logisch führt das zur Frage, ob der Wert von Individuen – verschärft: von Individuen einer sozialen Klasse – immer gleich sei, sie ist unter anderem in Schillers »Räubern« behandelt. (Die Lösung des Problems besteht zweifellos im Aufrichten einer Ordnung, die das Gebot »Du sollst nicht töten!« voll gültig macht. Doch sind wir von einer solchen noch entfernt.) Ähnlich ließe sich die Norm »Du sollst nicht lügen!« untersuchen. Ob und wann man Klassengegner beschwindeln dürfe, scheint dabei vergleichsweise einfach. Werden sich aber Ethiker finden, die fordern, den Angehörigen der eigenen Klasse solle man in jedem Fall die Wahrheit sagen? Andererseits gehört Ehrlichkeit, das ist Einstehen für die Wahrheit, zu den wichtigen Eigenschaften sozialistischer Moralität! Durch analytisches Fortschreiten könnte man so zu einer Bestandsaufnahme moralischer Sätze kommen und diese dann in einem Modell hierarchisch ordnen, wobei auch Lücken des Systems, falls es sie gibt, sichtbar würden. Als ich Loeser den Gedanken vortrug, reagierte er unwillig. Er schlug zunächst vor, »Du sollst nicht töten!« durch »Du sollst nicht morden!« zu präzisieren, was indes das Problem nur auf die Definition von »morden« vorschöbe (abgesehen davon, daß Totschlag kein Mord, gleichwohl moralisch abzulehnen ist). Loeser meinte darauf, die Gesellschaft stelle sich immer nur lösbare Aufgaben, diese Liste gehöre wohl nicht dazu. Wir wollen so Loesers Ausgangspunkt beschreiben.

Loeser setzt voraus, daß moralische Prozesse von anderen, mit denen sie verflochten sind (manche sagen, der Verflechtung wegen seien sie nicht zu messen, doch könnte man dann auch keine politische Ökonomie treiben), *isoliert* werden können. Dies geschieht in Situationen, in denen die moralische Entscheidung so weit dominiert, daß andere Faktoren unwesentlich werden, etwa in einer (freiwilligen und bewußt motivierten) Entscheidung über die Teilnahme an einem Arbeitseinsatz. Derartige Situationen gibt es in der Realität, sie sind auch künstlich herstellbar, und zwar im Versuch sowie theoretisch durch Befragung oder mathematische Modellierung. In moralischen Situationen werden Handlungsweisemöglichkeiten (HWM) durch Handlungsweisen (HW) realisiert, auch das Unterlassen einer Handlung ist eine Handlungsweise und entweder moralisch gut oder schlecht.

Aus moralischen Handlungen von Individuen wird, ohne nach dem Übertragungsmechanismus zu fragen, auf deren moralische *Eigenschaften* geschlossen. Als ersten Ethometriker kann man nach Loeser König Salomo (992-933) ansehen, der laut seinen Biographen beim Streit zweier Frauen um ein Kind vorschlug, dieses in der Mitte zu teilen, worauf die wirkliche Mutter auf das Kind verzichtete und daran (an der moralischen Eigenschaft *Mutterliebe*) erkannt wurde. Junge Menschen, die eine Bibel nicht besitzen, werden die Story aus Brechts »Kaukasischem Kreidekreis« kennen. Auch im täglichen Leben schließen wir auf innere Eigenschaften einer Person aus deren Handlungen. Dies, schreibt Loeser, erkläre zum Teil das Bestehen der Höflichkeitsformen! (»Das bei uns praktizierte Händeschütteln, der Austausch bestimmter Begrüßungsformalitäten – bei den

Engländern ein kurzes Gespräch über das Wetter – ist unter anderem ein Versuch, aus ersten Reaktionen des Individuums in einer bestimmten Situation auf die Struktur der inneren Faktoren des Individuums zu schließen und sein Verhalten zu diesem Individuum entsprechend einstellen zu können.« *Ethometrie* Mss. 114.)

Liegen annähernd gleiche moralische Situationen in genügender Anzahl vor, kann man moralische Handlungen und die daraus geschlossenen Eigenschaften vergleichen, das heißt messen. Meßbar ist die Zahl moralischer Handlungen in einer Zeit und ihre Intensität.

Die Intensität zu messen ist dabei zweifellos schwieriger. Loeser schlägt vor, zunächst (wie das die Operationsforschung tut) von Erfahrungen auszugehen und moralische Handlungsweisen nach ihrer gesellschaftlichen Wichtigkeit zu vergleichen. Größere Intensität hätte die Handlungsweise, die wesentlichere gesellschaftliche Interessen mit persönlichen verbindet. Aus dem Vergleich erhält man relative Werte, die (ohne Berücksichtigung der Abstände zwischen ihnen) als Rangfolge geordnet werden können. Um absolut vergleichen, das heißt die Intensitätswerte numerisch ausdrücken zu können, schlägt Loeser in der *Deontik* die Einheit Mo vor. Diese entspricht dem Minimum an gesellschaftlicher Bedeutung, die eine Handlung als moralisch von einer beliebigen anderen unterscheidet. (So gehört Mittagessen normalerweise zu den außermoralischen Handlungsweisen, hätte also den Mo-Intensitätswert Null. Anders beim Kind: Ihm wird beigebracht, daß es gut ist, wenn es ißt, und böse, wenn es nicht essen will. So entstand, als warnendes Beispiel mit hohem negativem Mo-Wert, die Figur des Suppenkasper). In der *Ethometrie* entwickelt Loeser seinen Gedanken weiter und schlägt ein anderes, gegen die Subjektivität von Schätzungen weniger anfälliges Verfahren vor. Dabei geht er vom Begriff der *moralischen Stabilität* einer Gesellschaft oder Gruppe aus.

»Jede Gruppe«, schreibt Loeser, »benötigt eine gewisse Anzahl von Elementen bestimmter Klassen von moralischen Prozessen, die ihre moralische Stabilität gewährleisten; zum Beispiel erfordert die moralische Situation eines Betriebes eine gewisse Anzahl von heldenhaften Produktionsleistungen sowie das Pünktlichsein am Arbeitsplatz.« Glücklich, fügen wir ein, der Betrieb, der keine Helden braucht, wo also alles normal läuft, doch folgen wir Loeser: Selbst der heruntergewirtschaftetste Betrieb braucht ja zur Stabilität gewiß mehr Handlungen des Pünktlichseins als Heldentaten.

Die Mindestzahl von Handlungen bestimmter Art, die eine Gruppe moralisch instabil machen, kann nun hinreichend genau geschätzt werden. In der DDR wären das möglicherweise 50 Morde an einem Tag, während 50 Unpünktlichkeiten, wie die Praxis zeigt, von der Gesellschaft leicht ausgehalten werden. Dagegen können wir annehmen, daß 100 000 Unpünktlichkeiten pro Tag die Stabilität erschüttern. Der Intensitätswert der Handlungsweise Unpünktlichkeit wäre dann - 1/100 000 eM (ethometrische Maßeinheiten), der der Pünktlichkeit + 1/100 000 eM.

Selbstverständlich würden die hier angenommenen Werte in *der Regel* gelten, im Krieg etwa kann vielleicht eine einzelne Unpünktlichkeit Reiche verlorengehen lassen. Moralische Prozesse werden ja von Deontik und Ethometrie meist im Blick auf die Gesellschaft betrachtet und sind dann stochastischer Art. So bedeutet etwa das Gesetz vom Klassencharakter der Moral nicht, daß jede moralische Handlung eines Individuums der bürgerlichen Gesellschaft Ausdruck bürgerlicher Moral ist, sondern drückt eine Tendenz (Wahrscheinlichkeit) aus. Ein Mord dagegen hätte den erheblich höheren Wert von - 1/50 (- 0,02) eM. Den Wert 1 eM hätten Handlungen, von denen nur eine genügt, die Stabilität einer Gruppe zu zerstören bzw. wiederherzustellen; bezogen auf die Gesellschaft fiele darunter etwa die Auslösung eines Atomkriegs, während in einer Gruppe, deren kleinstmögliche das Ehe- oder Liebespaar darstellt, schon eine Ohrfeige, oder Untreue, falls sie herauskommt, den Wert 1 eM annehmen könnten.

Da moralische Eigenschafen durch eine begrenzte Anzahl von Handlungsklassen realisiert werden, kann aus den Intensitätswerten der Handlungsweisen der Wert der Eigenschaft, aus den Werten der Eigenschaften wiederum der eines *moralischen Charakters* bestimmt werden. (Freilich steht noch nicht fest, ob es mathematisch zulässig ist, eM-Werte zu addieren.) Der Charakter wäre dann eine Funktion aus Zahl und Intensität von Handlungsweisemöglichkeiten und Handlungsweisen in moralischen Situationen, so daß man C = S/HWMs schreiben kann. Loeser schlägt Verfahren und Algorithmen vor, Charaktere, bei denen ja nicht nur der Bilanzwert, sondern auch das Verhältnis der ihn bildenden Eigenschaften interessiert, in ihrer Struktur zu beschreiben. So könnte eine moralische Handlungsweise aus sechs Elementarhandlungsweisen folgender Eigenschaftsklassen bestehen: Liebe (L), Treue (T), Ehrlichkeit (E), Unehrlichkeit (E'), und ihre Struktur LT2E2E' ausgedrückt werden; es leuchtet ein, daß die Struktur verwischt würde, wollten wir etwa die unehrliche Elementarhandlung gegen eine der ehrlichen aufrechnen und damit verschwinden lassen. Wir bekämen so Aussagen auch über die Widersprüchlichkeit von Charakteren, die, wie Loeser hervorhebt, keine schlechthin negative Erscheinung ist, setzen doch Widersprüche die Welt in Bewegung. Über einen ausgeglichenen Charakter dagegen wissen wir gleichsam schon alles, können also auch auf nichts hoffen, das ihn über sich selbst hinaustreibt. Eben deshalb beschreiben Romanautoren oft Helden widersprüchlichen Charakters. Da im Charakter Eigenschaften nicht isoliert bestehen, sondern sich zu Komplexen verbinden, ergibt sich die Möglichkeit, *Charaktertypen* zu erfassen und zu modellieren; diese wie auch für bestimmte Funktionen theoretisch zu errechnende optimale Moraltypen könnten dann, etwa bei der Auswahl von Bewerbern, als Maßstab benutzt und auch die Toleranzgrenzen erlaubter Abweichungen festgelegt werden. So hält es Loeser für möglich, daß einmal jeder größere Betrieb nicht nur Psychologen, sondern auch Deontiker beschäftigt. In ihrer Geschichte hat die Menschheit zahlreiche Moraltypen mit meist bildhaften Begriffen bezeichnet, wie »Geizhals«, »Held«, »Schürzenjäger«, »Arschkriecher«, »Opportunist« u. a. m. Loeser vermerkt, daß wir eigenartigerweise weit mehr negative als positive Typenbezeichnungen kennen. »Ob das«, schreibt er, »damit zu tun hat, daß das Erkennen moralisch schlechter Typen bislang von größerer Bedeutung für die moralische Entwicklung in der Klassengesellschaft war oder ob die moralisch guten Typen schwieriger zu erkennen sind, ist ein Problem, das zu untersuchen wäre«; wir möchten als Möglichkeit hinzusetzen, daß es vielleicht mehr schlechte als gute gegeben hat. Im Kommunismus, nimmt Loeser an, werde sich dieses Verhältnis ändern.

Dies wäre ein fröhlicher Schluß. Indes bemerke ich, daß ich die Gespräche mit Loeser an drei oder gar vier Schauplätzen angesiedelt habe, ohne auch nur einen dann ordentlich zu verlassen, so daß unsere Erörterungen gleichsam auf nackten Brettern stehen, und bedürften sie nicht des Schutzes einer Dekoration, wie Blumen, Segelschiffe, Zauberkünstler oder Ballettmädchen? Selbst die einzige uns begegnete junge Dame, obgleich sie hübsch war, ungeachtet ihrer Jugend feurig wirkte und mit Loeser an einem Buch über *Rationelles Lesen* schreibt, haben wir näher nicht beschrieben; über dieses aber wollen wir unbedingt berichten, zeigt es doch, daß Loeser nicht nur Zukunft gründet, sondern mit Blick fürs Attraktive auch Praktisches faßt. An Loesers Buch *Rationelles Lesen* läßt sich zudem demonstrieren, wie dem Sozialismus nützliche Methoden einzuführen Standhaftigkeit und Kampf fordert: Aus der Tatsache, daß das Verfahren in den USA für Spitzenmanager entwickelt wurde, folgerten nicht wenige, es sei für uns untauglich.

Loeser betont, die Kunst, rechtzeitig Bundesgenossen zu finden, gehöre zu den Eigenschaften eines Kommunisten, die Möglichkeit, sie zu finden, zum Wesen der sozialistischen Ordnung; er fand sie unter anderem in den Redakteuren einer Illustrierten, die eine Kurzfassung des Buches in Fortsetzungen druckte. Die nächste Arbeit, die wir von Loeser zu erwarten haben, ist ein Leitfaden zur Steigerung der Gedächtnisleistung, der die sogenannte Hakenmethode lehrt. Dabei dienen, habe ich recht verstanden, hundert in Zehnerreihen geordnete und numerierte Lottobilder als Grundlage; deren Ort und Nummer weiß man bald auswendig und ordnet dann, was man sich merken will, bestimmten Bildern zu. Ferner erwägt Loeser ein populärwissenschaftliches Jugendbuch, das die Beziehung zukünftiger Automaten zu schöpferischer Arbeit und geistige Anforderungen an den Menschen im Kommunismus in Polemik mit der bürgerlichen Futurologie behandeln soll. Loeser ist überzeugt, daß auch der kreative Prozeß formalisierbare Eigenschaften hat, mithin eine *Logik des schöpferischen Denkens* möglich wäre; dazu Ansätze zu liefern, würde er als Krönung seines Lebens betrachten. Der Folge – es würde dann Maschinen geben, die nicht nur rechnen, sondern Neues entdecken – sieht Loeser gelassen entgegen, dem Menschen werde es, vorausgesetzt, er verfügt über das nötige moralische Bewußtsein, immer freistehen, die Vorschläge der schöpferischen Maschinen zu nutzen oder nicht. Loesers Ansicht, statt der Nationalsprachen werde es einst eine Weltsprache, ergänzt durch viele Fachsprachen, geben, wird in dem Buch ebenso zu finden sein wie seine Meinung über die Ehe im Kommunismus und über eine notwendig andere moralische Wertung der Zeit – heute würde einen Professor, der einem Studenten zehn Mark stiehlt, das womöglich Professur und Parteibuch kosten; was aber geschieht mit ihm, wenn er langweilige Vorlesungen hält, ermüdende Sitzungen einberuft und in Veröffentlichungen lange Bekanntes breitwalzt, das heißt der Gesellschaft große Mengen unwiederbringlicher Zeit stiehlt? Dies, meint

Loeser, der sich hier in Übereinstimmung mit hervorragenden Science-Fiction-Autoren befindet, müsse im Kommunismus anders werden. Das *Rationelle Lesen* wird der Leser, hat er es nicht schon im Bücherschrank stehen, aus der Illustrierten kennen und also wissen, daß die Mehrzahl unserer Bevölkerung, in der Annahme, lesen könne jeder, höchst unrationell liest. Loesers Buch folgt den psychologischen Gesetzen der Aufnahme von Information und den physiologischen der Augenbewegung – so ist erwiesen, daß beim Lesen wir Information nur aufnehmen, wenn die Augen still stehen, so daß man, fliegt man mit den Augen über eine oder zwei Zeilen und verhält erst dann, viel Zeit spart. Einen Höhepunkt dieser Kunst, die bei regelmäßigem Training in vier bis sechs Wochen zu lernen ist, stellt das *rationelle Überfliegen* dar, dabei fegen die Augen vertikal in der Mitte einer Seite herunter und fassen so Stichworte auf, aus denen man, wie ich mich überzeugt habe, schließen kann, wovon die Rede ist, also den roten Faden erfaßt. Die Methode geht freilich nicht für künstlerische Texte; ob sie für den vorliegenden anzuwenden ist, überlassen wir der Gunst des Lesers. »Die Physik«, sagt der Stoiker Chrysippos, »ist der Garten, der Begriff der Zaun, die Ethik die Frucht«; auch darüber ließe sich, auf dem Zaun stehend, nachdenken.

1970

Der Verhaltensforscher Professor Tembrock

Ein Universitätslehrer der Philosophie, bei dem studiert zu haben ich sonst zu meinen mehr dunklen Erlebnissen rechne, schränkte 1956 während eines erkenntnistheoretischen Seminars den Satz, Tiere könnten nicht denken, insofern ein, als seine Hauskatze eine Ausnahme bilde: jahrelanger Umgang mit ihr habe ihn davon überzeugt. Nicht, daß ich heute Katzen für denkbegabt halte; ein Philosoph aber, den Beobachtung veranlaßt, sein Lehrsystem zu bezweifeln, scheint mir etwas derart Unerhörtes, daß er, wie sein Charakter immer gewesen sein mag, vor der Nachwelt erwähnt zu werden verdient. Konsequenz, so wünschbar diese oft wäre, müssen wir ja nicht immer begrüßen; aus den einleuchtendsten Prämissen sind, wie viele am Leib erfahren haben, in der Geschichte die haarsträubendsten Folgerungen gezogen worden, was unter anderem daran liegt, daß allgemeine Sätze selten ganz wahr sind und aus einem falschen Satz jeder beliebige strikt zu beweisen geht. Wirkliche Wissenschaftler sind so vielleicht nicht Leute, die nur gut sehen und Logik beherrschen, sondern welche, die gelegentlich ihre Lieblingsmaxime vergessen, das fordert in der Regel viel Selbstüberwindung. Sogar der bedeutende Haeckel dozierte in einem Zoo über Abstammungslehre, indem er den Bestien den Rücken zudrehte. Daß der Mensch ein an Hypothesen hängendes Wesen ist, sagt uns demnach die Erfahrung – neue wissenschaftliche Ideen, meint der Physiker Planck, triumphieren nicht, weil sie eingesehen werden, sondern weil wir uns an sie gewöhnen und ihre Gegner allmählich aussterben; weshalb das so ist, erklären uns die Verhaltensforscher. Diese sind, grob geredet, eine Sorte Biologen, die für Pflanzen interesseloses

Mitleid empfinden; hauptsächlich bemäkeln sie, daß Pflanzen außer Herumstehen, Wachsen und Blühen nichts fertigbringen, und geben bestenfalls zu, daß sie Sauerstoff ausatmen, sich fressen lassen und Verstecke hergeben, das heißt Lebensräume für Tiere bilden. Erblicken Verhaltensforscher dagegen ein Tier, sind sie sofort bereit, auszuspähen, wie oft, wie sehr, unter welchen Umständen und womöglich warum ein solches Wesen, sei es nun ein Insekt oder ein Elefant, das oder jenes tut bzw. nicht tut, und versuchen darüber Regeln aufzustellen. Wie leicht erhellt, liegt das Gefährliche dieser Leidenschaft darin, daß auch Menschen Tiere sind; wahrscheinlich erklären sich so die mageren für die Verhaltensforschung genehmigten Mittel. Denn wenn wir auch wissen, daß wir zu den Säugetieren und Primaten zählen – selbst letzteres zu bestreiten sind Lehrgebäude errichtet worden, als Goethe längst den Zwischenkieferknochen gefunden hatte –, wissen wir das doch nicht gern; noch Mitte dieses Jahrhunderts brachte ein ukrainischer Getreidezüchter mit der These, erworbene Eigenschaften würden vererbt und Gene seien pfäffisch-bourgeoise Hirngespinste, Hunderte seiner Kollegen um Brot und Gesundheit. Zu dem Preis, den nach Engels jeder Fortschritt kostet, scheint so zu gehören, daß der Mensch mit dem Denken eine Art Besitzerstolz auf dieses erwarb; wie gemeinhin Emporkömmlinge vergaß er seine Herkunft und blies seine Exklusivrechte – die doch nur daher rührten, daß unsere fernen Vorfahren Greifkletterer waren und infolgedessen genaueste Nervenschaltungen zwischen Augen und Hand brauchten (wer die nicht hatte, fiel vom Baum) und dann die, denen Mutation und Selektion eine größere und gewundenere Hirnrinde beschert hatten, mit dem Übergang in eine Steppenumwelt besser fertig wurden als die dümmeren – bis zu Weltlehren auf, die alles aus dem Geist erklärten; ich gebe zu, daß dabei viel Schönes herausgekommen ist, habe aber noch 1953 den Satz *Der Mensch besiegt die Natur* ohne zu blinzeln in der Schule gelernt, und der Dichter Becher versicherte damals in einem Poem, als

Karl Marx im Widerspruch zwischen Produktivkräften und Produktionsverhältnissen die Triebkraft mediterraner Geschichte erkannte, habe das Weltall gezittert. Auch hierfür wüßte ein Verhaltensforscher Erklärungen, würde sich damit aber im Kreis bewegen, stünde um ihn eine Front von Psychologen, Politikern, Moralwissenschaftlern und Theologen, die bislang allein als für den Menschen zuständig gelten. Was tut der weise Verhaltensforscher? Er treibt Grundlagenstudien und macht sie für Fang und Aufzucht eßbarer Tiere nutzbar; wer aber Verwertbares schafft, ist wertvoll.

Der von Professor Günter Tembrock geleitete Bereich Verhaltenswissenschaften an der Sektion Biologie der Berliner Humboldt-Universität ist in einem Seitenflügel des zoologischen Museums in der Invalidenstraße untergebracht; man muß, hat man sich durchgefragt, an Koksbergen und abgestellten Autos vorbei und sollte bei feuchtem Wetter dicke Schuhe tragen. Das Gebäude hat einschließlich Dachkammern vier Stockwerke und ist wie viele preußische Provinzbahnhöfe aus schmutzig gelbem Backstein; betritt man es erstmals, verwirren einen allerlei Gänge, Treppen und Treppchen. Im nach links führenden unteren Korridor können auf einer magnetischen Tafel Rechtecke mit den Namen der Wissenschaftler in die Spalten »Arbeitsplatz«, »Zu Tisch«, »Außer Haus«, »Urlaub« und »Lehrveranstaltung« geschoben werden; sooft ich mit Tembrock das Haus verließ, heftete er seinen Namen an den korrekten Platz, auch seine Mitarbeiter scheinen das zu tun. Wäre Tembrock ein Mann von Einfluß, hätte er ähnliche Tafeln zum Nutzen der Besucher in den von ihm dirigierten Institutionen eingeführt, wäre er geschäftstüchtig, ein populäres Buch »Nutze den Tag oder Reicher leben durch Höflichkeit« verfaßt. So zieht er stilles Arbeiten vor. Ich selber würde, hätte ich Talent zur Wissenschaft, ein Fundamentalwerk »Gilt der Erhaltungssatz der Physik auch für psychische Energien?« anfangen und die Person Tembrock als

Beispiel für nicht zu ahnende, doch offenbar mögliche Umformung solcher Energien darstellen, woraus sich ein Netz vermaschter Regelkreise ergäbe, das man in einem Modell nachbauen könnte; dieses wieder müßte den Gesetzen der klassischen Physik gehorchen, so daß am Ende nichts bewiesen wäre, es sei denn, man simulierte das Modell mathematisch und fände einen Weg, die sogenannten Unwägbarkeiten durch Scharen stochastisch feuernder Störspeicher abzubilden; ich vermute, der dazu notwendige Computer müßte das Ausmaß der Mondumlaufbahn haben, und würde er – abgesehen davon, wo man die Steckdose für ihn hernähme – dann noch funktionieren? Zum Glück beschränkt sich meine Fähigkeit darauf, Sätze solange zusammenzustreichen, bis sie ausdrücken, was ich meine. Der Tafel folgen Schaukästen mit Vogeleiern und Insekten aus Institutsbeständen; die Liste seiner Sammlungen schickte mir Tembrock nach einem Vormittag auf seinem Wochenendgrundstück, den wir statt zu arbeiten über Probleme verschwatzten (beispielsweise: der Mensch als kommunizierendes, also signalverarbeitendes Wesen; was, wenn die innere Meßapparatur, die die Signale filtert und entschlüsselt, verstellt wird? die ankommenden Daten werden falsch interpretiert, und es entstehen verzerrte Weltbilder; bei Alkohol und ernster Verliebtheit merken das noch die, die gerade nüchtern sind, wenn aber nun eine allgemeine Psychose die Menschheit heimsuchte? dann könnte, wer aus irgendwelchen Gründen dagegen immun wäre, schreien wie er wollte: er wanderte als abnormal in die Isolierhäuser); das Verzeichnis enthält auf zwei engbeschriebenen Maschinenseiten unter anderem:

Steine sporadisch ab 1930 bis 1939, nochmals angeregt durch das Geologiestudium bei H. Stille.

Versteinerungen ab 1932, verstärkt Geschiebe ab 1937 (Mitglied der »Gesellschaft für Geschiebeforschungen« bis Kriegsende); während des Studiums auch Fossilien aus primären Lagerstätten. Wertvolle Funde an Museen gegeben. Ohne Schnecken etwa 20 Kästen.

Insekten ab 1934, speziell Blatthornkäfer, Laufkäfer und Bockkäfer. Sondersammlung der Laufkäfergattung Carabus (Dissertation 1941 über Carabus ullrichi). Außerdem Schmetterlinge, Hautflügler, Termiten und andere Gruppen. Etwa 120 Kästen, zum Teil im Institut.

Biologische Objekte (Schädel, Knochen, Zähne, Fraßstücke, Larven, auch Stopfpräparate) ab 1932. Heute noch 2 Schränke und diverse Kästen.

Mikropräparate (erste 1935 mit einem Trichinenmikroskop). Um 6 000 Stücke.

Pflanzen sporadisch ab 1937, speziell Blattminen (Fraßgänge in Blättern). Etwa 20 Herbarien.

Steinwerkzeuge (Mitglied der »Gesellschaft für Ethnologie, Anthropologie und Urgeschichte« bis Kriegsende) und ethnologische Gegenstände, 2 000 bis 3 000 Stücke.

Farbdias von Tieren und Pflanzen, etwa 40 Kästen.

Bücher, zur Zeit etwa 35 000 Nummern mit über 9 000 Bänden, vieles im Institut, darunter 20 000 Sonderdrucke.

Außerberufliche Schwerpunkte der Bibliothek: Gerhart-Hauptmann-Sammlung mit Zeitungsausschnitten, Theaterzetteln, Erst- und Bibliophilenausgaben, etwa ab 1938, 1 Schrank. Theodor Fontane ab 1973. Karl May ab 1940. Friedrich II. ab 1934. R. W. Emerson ab 1935. Goethe ab 1938. Ernst Haeckel ab 1937.

Kunstpostkarten und -drucke; Schallplatten (klassisches Lied und Instrumentalmusik); *Tonbänder* (Lied und Oper, etwa 6000 Titel); *Farbdias* (Landschaft, Tiere, Architektur) 13 Diaschränke.

Eingeleitet wird die Liste von einem Spruch der 1937er Abiturzeitung:

> Sitzt eine Fliege an der Wand
> ist sie sofort in Tembrocks Hand.
> Er sammelt Käfer und Schmetterlinge
> und noch viel sonderbare Dinge.

Tembrock ist 1918 geboren, die Vorfahren waren ostfriesische Häuptlinge, einer ist 1372 in Neapel zum Ritter geschlagen worden (»ten«, des nachfolgenden *B* wegen zu »tem« assimiliert, entspricht dem hochdeutschen »von«). Während der sogenannten Freiheitskriege, in denen die preußischen Progressiven auf den Generalquartiermeister Massenbach nicht hörten und sich statt mit Napoleon mit dem Zaren verbündeten, worauf in Europa prompt die Restauration ausbrach – Shelley schrieb damals, 1819, ein postum gedrucktes Sonett, das geht:

> Ein König, alt, blind, irr, verachtet, nah am Tod –
> Prinzen, Abschaum der stumpfen Kaste, die
> Aus Dreckquell Dreck, schwimmen durch Straßenspott
> Regierer, die nichts wissen, sehn, noch fühln
> Sondern wie Egel hängen an dem Land
> Bis sie abfalln von selbst, blutblind und taub –
> Ein Volk, gespießt an leerer Äcker Rand –
> Eine Armee, die Freiheitsmord und Raub
> Zum Doppelschwert macht dem, der Waffen trägt –
> Gesetz golden und blutig, das lockt und erschlägt;
> Religion gottlos, ein versiegelt Buch
> Ein Parlament, geringster Rechte Fluch:
> Sind Gräber, daraus ruhmvoll brechen mag
> Ein Geist, zu leuchten unserm stürmischen Tag.

über das liberale England! – wurde ein ten Brock nach Berlin verschlagen und erhielt 1826 den Bürgerbrief als Tischler. Ein Teil der Familie wanderte nach Amerika aus, Tembrock ist der Letzte der deutschen Linie. Großvater und Vater waren Lehrer, der Vater im nördlich von Pankow gelegenen Blankenfelde; das Schulhaus, zu dem eine Dienstwohnung mit großem Dachboden und Mansarden gehörte, steht noch und ist aus rotem Backstein, zur nahen Kirche, auf deren Friedhof Grumbkow, der Erzieher Friedrichs II., in einem Erbbegräbnis liegt, führte ein unterirdischer Gang. Tembrocks Vater leitete den sozialdemokratisch orientierten örtlichen Arbeitersportverein, die beiden Söhne besaßen als einzige im Dorf einen Handball, so daß sie Spielgefährten hatten, wann sie welche wollten. 1933 zog die Familie nach Pankow, was ihr vor den Nazis, denen viele Blankenfelder Kleinbauern anhingen, erleichternde Anonymität sicherte. Die Mutter arbeitete als Telefonistin im ersten Berliner Telegrafenamt in der Oranienburger Straße, das im Krieg ausbrannte. Nach Tembrock war der Vater meist heiter, führte ein Ausgabenbuch und schlug gelegentlich zu, ließ aber die Söhne fast immer tun, wozu sie Lust hatten. Sonntags vor dem Frühstück spielte er, von der Mutter am Klavier begleitet, Geige und malte in der übrigen Freizeit. Als ich Tembrock im Spätherbst 1976 besuchte, hatte er, um einen Instituts-Klubabend vorzubereiten, den Abend zuvor ein Gorki-Porträt, eines von Gerhart Hauptmann, das das Kaufmännisch-Biedere im Antlitz des Dichters trotz der Verehrung, die Tembrock für ihn fühlt, deutlich hält, und eine erstaunliche Brecht-Skizze, die eine en-face- und eine Halbprofilfotografie zu einem Bild faßt, mit Buster, Rötel und Kohle angefertigt und hinter die Scheiben eines Bücherregals gestellt. Tembrock lernte mit fünf Jahren lesen, die Schulbibliothek in der Blankenfelder Dienstwohnung durften er und sein drei Jahre älterer Bruder nach Belieben benutzen. Der Bruder, an dem er sehr hing, fiel im zweiten Weltkrieg; Tembrock bewahrt noch heute eineinhalb Meter handgeschriebener Weltgeschichte in DIN-A-4-Heftern, die die Geschwister mit Abhandlungen über Philosophie und Wissenschaften, erfundenen Staaten, diplomatischen Noten und Kommuniques von ihnen ein- und abgesetzter Regierungschefs füllten. Ein Teil der Hefter enthält Fotos umgetaufter Politiker; so hieß ein deutscher Kolonialrat namens Schnee, dessen markantes Gesicht Tembrock anzog, *Falkenauge* und wurde, nachdem er im Wilden Westen gereift war, einen unehelichen Sohn gezeugt und zwei historische Schauspiele verfaßt hatte, nordamerikanischer Außenminister, der zahlreiche hochgeheime internationale Verhandlungen für die Nachwelt wortgetreu aufzeichnete, bis ihn Tembrock zum Völkerkundler beförderte, als welcher er während einer Expedition zum Grabe Winnetous im Alter von 126 Jahren verscholl. An den Unterricht erinnert sich Tembrock ungern; er hatte möglichst keinen Banknachbarn, langweilte sich vor allem in Religion und besaß mit zwölf Jahren eine Tabelle, die abzulesen erlaubte, welche Lehrer wann wo Aufsicht hatten, so daß er in den Pausen nicht auf den Hof mußte und die Hausaufgaben erledigen konnte. Ich erinnere hier, daß es nach Marx Ziel des kommunistischen Staates sein muß, sich Stück für Stück selbst abzuschaffen. Seine Lehrer mochte Tembrock mit zwei Ausnahmen nicht, die Antipathie scheint gegenseitig gewesen zu sein. Insbesondere in Biologie wußte er, da er beim Sammeln auch Arten bestimmen lernte, in der Wohnung bis zu zwanzig Tieren hielt und, sooft es ging, draußen herumstreifte, bald mehr als sein Lehrer, der das, statt Tembrock mit einer Eins vom Unterricht zu befreien, übelnahm. Verhaltenstheoretisch läßt sich das so erklären, daß wir, da sozial lebende höhere Tiere Rangordnungen entwickeln, auf das Auseinanderklaffen von sozialer Stellung und wirklicher Leistung mit negativen Gefühlen antworten. In freier Wildbahn führt das normalerweise zu Statuskämpfen, während derer angeborene Hemmungen so gut wie immer verhindern, daß der Unterlegene ernstlich beschädigt wird; der für die Gefühlsaufwallung verantwortliche endokrine Spiegel wird so ausgeglichen. In der menschlichen Gesellschaft, die ihre Rangordnungen – etwa das Lehrer-Schüler-Verhältnis – durch Machtapparate festschreibt (Macht ist nach Hegel aufgeschobene Todesdrohung), kann der nichtausgetragene Konflikt auf die Dauer beiden Partnern schwer schaden, der Fachterminus dafür ist *Streß,* aus dem Frustration folgt. Frustration (von lateinisch *frustra* = vergeblich) entsteht, wenn ein Überangebot von Reizen nicht durch Flucht oder Gegenaktionen kompensiert werden kann. Nach Tembrocks »Grundriß der Verhaltenswissenschaften« (Jena 1973) führt das bei Ratten zu einem Übergewicht der

Nebennieren bis zu zwanzig Prozent, was den Betriebsstoffwechsel auf Kosten des Baustoffwechsels erhöht und Körpergewicht und allgemeine Widerstandskraft mindert. Lehrer stellen heute einen hohen Prozentsatz der Patienten von Nervenkliniken. »Wird ein Organismus«, schreibt Tembrock, »ständig zu etwas gezwungen, das er meiden müßte, oder muß er meiden, was er benötigt, entwickelt er funktionelle Entartungen, denen krankhafte organische Entartungen folgen.« – Die hier etwas roh zusammengefaßte Darlegung setzt freilich voraus, daß die inneren Mechanismen, die unser Verhalten regulieren, denen unserer tierischen Vorgänger zumindest ähneln, so daß Vergleiche möglich sind. Ein solcher Mechanismus wäre der Funktionskreis Reizüberschwemmung – Aktivierung der Nebennieren, die Adrenalin und andere Stoffe ins Blut schütten – Verengung der großen Gefäße, damit Beschleunigung des Herzschlags – Änderung der Gefühlslage, je nach Ausgangssituation entsteht Hochstimmung oder Angst – Bedürfnis nach Abreaktion der freigesetzten Energie – sozial-destruktives Verhalten (Überaggressivität) und (oder) körperliche und psychische Schäden, falls nicht abreagiert werden kann. (Übrigens sind psychische Schäden eine Unterart der körperlichen, was sich einleuchtend beim Voodoo-Tod zeigt: nach ernsten Tabuverletzungen zelebrieren primitive Stämme verschiedener Weltgegenden über den Gesetzesbrecher die Todesriten und schicken ihn dann weg; die furchtbare Angst des Verurteilten bewirkt eine extreme Erregung des sympathischen Nervensystems, das heißt schaltet ein Notprogramm des Organismus ein, das in Handlungen umgesetzt werden müßte; zu diesen Handlungen ist das Opfer seiner Angst wegen nicht fähig, so daß die gesamte Energie nach innen »schlägt«, die Kapillargefäße sich äußerst erweitern, der Organismus entwässert wird, der Blutdruck rapide sinkt und die Kreislauforgane irreparabel geschädigt werden; dies fühlt das Opfer, was seine Angst steigert, bis ein paar Stunden nach dem Ritus der tödliche Kollaps eintritt.) Manche bestreiten die Vergleichbarkeit, indem sie darauf hinweisen, daß wir soziale Wesen sind und Bewußtsein besitzen: Tiere seien wie sie seien, der Mensch aber ein gesellschaftlichen Gesetzen unterworfenes *erzogenes* Wesen. Das stimmt, insofern Tiere, treffen ein innerer Zustand und passende Schlüsselreize zusammen, sich in engen Grenzen so und so verhalten *müssen*, während beim Menschen ein Trieb (innerer Drang) entsprechendes Verhalten nur nahelegt: Mönche, falls sie nicht regelmäßig onanieren, unterdrücken ihre Sexualität, Hungerkünstler ihr Eßbedürfnis, Pokerspieler die mit Gefühlszuständen gewöhnlich verkoppelten Regungen der Gesichtsmuskulatur. Doch setzt schon der Begriff »erziehen« voraus, daß da etwas ist, das erzogen werden kann: Blinden vermag niemand das Sehen beizubringen, Sehfähigen, die nicht über nervale Schaltungen zum Gestaltwahrnehmen, das heißt zum Herausfiltern relevanter Lichtreize (Signale) aus irrelevanten (dem Umgebungsrauschen) verfügten, erschiene die Welt als Chaos, mithin wären sie nicht lebensfähig, und einen Impotenten kann die sorgfältigste Erziehung nicht Liebe lehren. Auch scheinen die Verfechter der These, unser Verstand sei bei der Geburt eine unbeschriebene Tafel (tabula rasa), so daß für alles später Ein- oder Aufgeprägte die Umwelt verantwortlich wäre, sich nie gefragt zu haben, was, hätten sie recht, aus der Menschheit geworden wäre: jede neue Generation müßte ja dann die Kopie der vorhergehenden sein, und wo säßen wir dann heute? Allerdings entsetzen sich Eltern auch im realen Sozialismus noch immer, wenn ihre Kinder etwas anderes werden als Abbilder dessen, das ihre Erzieher zu sein wünschen, und leiten daraus Katastrophenprophezeiungen ab. Die schlagendste Widerlegung in der Geschichte der Philosophie scheint mir seit längerem Leibniz' Entgegnung auf Lockes Satz *Nihil est in intellectu, quod non fuerit in sensu (Es ist nichts im Verstand, das nicht zuvor in den Sinnen war);* Leibniz stimmt zu, ergänzt aber *nisi intellectus ipse:* Es ist nichts im Verstand, das nicht vorher in den Sinnen war, *ausgenommen der Verstand selber.* »Verstand« meint hier den ganzen Sinnesdaten (Tast-,

Licht-, akustische, Gravitations-, Geruchs- und Geschmacksreize) verarbeitenden und bewertenden Apparat, der sich im Verlauf der Stammesgeschichte durch Mutation (zufällige Änderungen im Genbestand) und Selektion (höhere Vermehrungschancen von Individuen, die eine Umwelt durch körperliche oder Verhaltenseigenarten besser bewältigen) herausgebildet hat. Dieser Apparat ist uns aber – als vernetzte Einheit von Gehirn, Nervenbahnen und Organen – mit der Geburt gegeben, das heißt genetisch vorprogrammiert; zum Teil braucht er in sensiblen Perioden bestimmte Anregung (ein Kind, das bis zum dritten Jahr keine Sprache gehört hat, lernt nie mehr sprechen), zum Teil entwickelt er sich von selbst: taubstumm und blind geborene Kinder lächeln bei gleichen Anlässen wie normale. Auch optische Muster wie das von dem Verhaltensforscher Konrad Lorenz entdeckte »Kindchenschema«, zu dem ein runder, im Verhältnis zum Körper großer Kopf, große Augen und tolpatschiges Bewegen gehören, können angeboren sein; die genannten Merkmale veranlassen uns zu Urteilen wie »süß« oder »niedlich« und lösen normalerweise Pflegeverhalten aus. Noch die heutige Medienpropaganda nutzt diesen Zusammenhang, wenn sie das Umbringen von Erwachsenen als gegebenenfalls verzeihlich, das von Kindern als unbedingt grausam darstellt. Auch rühren uns Junge verschiedener Tierarten, wie Küken, Entchen oder Lämmer, während wir die gleichen Exemplare, sind sie genügend alt, ohne Gewissensregung braten und essen. Junge Schlangen oder Geier dagegen entsprechen dem Kindchenschema kaum und erscheinen uns eher abstoßend. Andererseits finden wir Tiere mit dichtem Haarkleid, wie Bären und Kaninchen, sympathisch, weil unsere äffischen Vorfahren ein Fell hatten, das den beim Trinken und bei Gefahr an die Mutter sich klammernden Jungen Zuflucht bot und so im Verlauf der Evolution eine »Heimvalenz« bekam: ein »Heim« (beherrschtes Territorium) ist vertraut, das heißt berechenbar, mithin für das Überleben des Individuums günstig, mithin »gut«; der Dramatiker

Heiner Müller beschreibt im Stück ZEMENT, wie Prometheus, als Herakles ihn befreien will, zunächst ablehnt: sein Gefängnis samt seinem Folterer kannte der Gefesselte, wußte er, ob ihn nicht Schlimmeres erwartete? Isoliert aufgezogene Rhesusäffchen bevorzugen von zwei Mutterattrappen, deren eine mit Milchflaschen verbundene Zitzen hat und deren andere behaart ist, regelmäßig das Kunstpelzexemplar. Noch als Erwachsene werden wir gern am Hinterkopf gestreichelt, wenn wir uns verlassen (in ein von uns nicht beherrschtes, unheimliches Territorium versetzt) fühlen; selbst Fußballspieler brauchen die Geste, wenn sie einen Kameraden, der vorbeigetreten hat, schnell zu normaler Leistung aufmuntern wollen. Die Psychologie beschreibt heute öfter Autisten; dies sind Kinder, die in der ersten Lebensperiode zu wenig körperlichen Kontakt mit einer Bezugsperson hatten, so daß ihre Verhaltensenergie auf den eigenen Leib sich zurückwendet, was den Informationswechsel mit der Außenwelt kappt. Ungefähr bekannt war das freilich seit einem Versuch Kaiser Friedrichs II., der mit der Großherrschern eigenen ethischen Wurstigkeit zehn Waisen bei allem Komfort, indes ohne jede Liebesberührung aufwachsen ließ; die drei oder vier, die daran nicht binnen kurzem starben, wurden Verbrecher. Teddybären, die sowohl pelzig sind als dem Kindchenschema entsprechen, sind während vieler Jahre unserer Kleinen liebstes Spielzeug: sie wecken, als pflegebedürftig, Ich-Empfinden und vermitteln gleichzeitig Geborgenheit, wenn das Kind sich an sie schmiegt. Daß beim sonst nackthäutigen Menschen die Schambehaarung erhalten geblieben ist, das heißt Exemplare mit dieser Eigenschaft sich irgendwann besser vermehrten (während die anderen ausstarben, wir leben auf Bergen von Zugrundegegangenem) könnte mit dem Signalwert der Stelle zusammenhängen; eine eigentliche Gestalt – Prosper Mérimée nennt sie *göttliches Dreieck* – bildet die Schambehaarung nur bei Frauen und ist da auch bei Blonden nach dem Kontrastprinzip meist dunkel, während bei Männern das wesentliche Signal der Penis ist, der sich vom dunkleren Haargrund abhebt. Die Feinbeschaffenheit der Stelle wiederum löst ererbte Muster von Pflegehandlungen aus, was offenbar der Erhaltung der Art dient. Übrigens sollten wir der Evolution dankbar sein, daß sie uns Triebe gelassen hat; anders wäre in Zeiten offizieller Prüderie, die an sexuelle Aufklärung, geschweige Erziehung nicht denken lassen, die Bevölkerung der betroffenen Landstriche ja ausgestorben. Den menschlichen Brauch, bei Zuneigung einander zu küssen, erklären viele Verhaltensforscher als ritualisierte Futterübergabe, wie sie schon bei Vögeln während der Balz sich findet. »Ritualisierung« meint, daß Handlungen aus ihrem ursprünglichen Funktionskreis gelöst werden und einen neuen, davon unabhängigen Mitteilungswert bekommen; Voraussetzung ist, daß sie genügend auffällig und unwahrscheinlich sind, das heißt die mit Bedeutung belegte (semantisierte) Handlung nicht nebenbei unterläuft. Wie beim Menschen außer der Futterübergabe auch sonst Bruchstücke aus dem Eltern-Kind-Verhalten der erotischen Verständigung dienen, weiß jeder, der sich an Zeiten eigener Verliebtheit erinnert oder irgendwann kindlich stammelnde und alberne Pärchen beobachtet hat. Daß uns Partner, die beim Küssen die Zähne aufeinanderbeißen, sogleich abkühlen, läßt sich jedenfalls kaum durch erzieherische Instruktion erklären. – Folgt man dem Gang weiter, kommt man an eine Ausbuchtung, von der eine gewundene Treppe zu Tembrocks Dienstzimmer führt. Das zugehörige Vorzimmer ist nur halbtags besetzt, so daß Tembrock seine Korrespondenz selber erledigen muß; die betreffenden Briefe zeichnet er mit der Diktatchiffre T./T., was er für boshaft hält. Unter der Treppe sind mit einer Plane bedeckte Tischtennisgerätschaften verwahrt; nach siebzehn Uhr ist Tembrock, der wochentags fünf Uhr dreißig aufsteht und mit der Straßenbahn ins Institut fährt, was ihm Zeit zu schöngeistiger Lektüre gibt (Stalin las, wie wir 1952 lernten, täglich eine Seite Belletristik, was pro Jahr einen mitteldicken Roman ergibt, wüßte man die Titel!), bereit, die Platte aufzubauen und ein

Match anzufangen; 1977 hat er in der Einzelmeisterschaft der Berliner Universität den achten Platz gewonnen. Die dreißig Kilometer zum Wochenendgrundstück, auf dem der Birken- und Erlenwald stehengelassen ist und Tembrocks Frau Sträucher, Bäume und Blumen so dazugepflanzt und -gesät hat, daß von Frühjahr bis Herbst immer etwas blüht oder geerntet werden kann, fährt Tembrock mit dem Fahrrad, bei schlechtem Wetter bleibt er in Pankow. Bis vor kurzem benutzte er ein 1929er Adler-Modell, 1976 hat er ein Diamant-Tourenrad mit Dreigangschaltung gekauft. Oft verspätet er sich, weil er unterwegs Tierlaute, etwa die Hochzeitsstridulationen von Heuschrecken, durchs Gras kriechend auf Tonband nimmt; das Institut besitzt die größte systematische Tierstimmensammlung Europas, fast alles hat Tembrock, der, kommt er in Städte mit Tiergärten, letztere regelmäßig mit Richtmikrofon und Bandgerät besucht, allein aufgenommen und mit Angaben über Zeit, Ort und Art versehen. Auch ETERNA-Schallplatten mit Vogelstimmen stammen aus dem Institut und wurden früher von Tembrock kommentiert. Weitere Verspätungen sind möglich, wenn er bei warmem Wetter unterwegs in einem wenig besuchten See badet. Auf dem Grundstück ist eine Sprunggrube angelegt, in der Tembrock gegen sich selber Wettkämpfe im Springen (bis 3,60 m) oder Kugelstoßen (9,60 m) austrägt; die größten Leistungen erreicht er, wenn er sich Supergegner vorstellt, die er aus lebenswichtigen Gründen übertrumpfen muß, so kam er im Speerwerfen auf 36 Meter, was mehrmals den Zaun in Mitleidenschaft zog. Der Professor verfügt über eine seltsame Art Angaben, mit denen ich – wir spielten Januar 1976 – zuerst schlecht zurechtkam; als wir nach neunzig Minuten aufhörten, weil ich durchgeschwitzt war, hätte er, hätten wir gezählt, zweifellos gewonnen gehabt. Von seiner Oberassistentin, die früher während der Sommerferien in einer Bootskajüte sich einquartierte und, um Fische zu beobachten, in märkischen Seen lange Tauchausflüge unternahm (sie untersucht heute in trickreich ausgedachten, großenteils von ihr gebastelten Anlagen Biorhythmen bei Karpfen), erfuhr ich später, Tembrock habe am nächsten Morgen das Spiel äußerst gut gelaunt referiert. Verliere er dagegen gegen einen jüngeren Mitarbeiter, sei er meist mißmutig. Spätestens seitdem halte ich Tembrock für eine verwandte Seele, worauf möglicherweise unsere wechselseitige Sympathie beruht. (Dichter ähneln bekanntlich, soweit sie ihren Beruf ausüben, Kindern: sie sind extrem verletzlich, sie sind neugierig, sie sind spiellustig und können nicht ernsthaft lügen. Besonders letzteres wird oft übelgenommen, was kurzsichtig ist: schließlich kommt unsere Wahrheitsliebe nicht aus überspannter Moralität, sondern daher, daß uns, fangen wir an zu schwindeln, die Verse verderben; in einer Leistungsgesellschaft sollte auch diese Abart professionellen Egoismus verzeihlich sein. Zur Entschuldigung versichere ich ferner, daß Dichter im täglichen Leben nicht weniger lügen als andere Erwachsene auch. Mein Lehrer, der Dichter Georg Maurer, war allerdings der Ansicht, kein Mensch würde jemals erwachsen; ich halte das für übertriebenen Optimismus, das heißt verdrängte Katastrophenangst. Jedenfalls begegne ich fast täglich Erwachsenen und würde, hätte ich mir nicht ein Minimum an Schutzreaktionen zugelegt, ihnen gegenüber noch öfter den kürzeren ziehen, als ich es schon so tue.) Spielbereitschaft und Intelligenz eines Lebewesens sind, wie die Verhaltensforscher ermittelt haben, positiv gekoppelt; der Vermehrungsvorteil, den Individuen mit angeborenem Spieltrieb gegenüber anderen hatten, liegt wahrscheinlich darin, daß beim Spiel Verhaltensrepertoires ohne Erfolgszwang erworben werden und dann im Ernstfall nicht erst gelernt werden müssen. Kinder und Tierjunge spielen mehr als Erwachsene, weil sie, der Sorge um Nahrung, Territorium, Partnerwahl und Feindbeobachtung enthoben, einen relativ großen Freiheitsraum zum Ausprobieren ihrer Fähigkeiten haben; das Widernatürliche des heutigen Berufssports ist nach Tembrock, daß die Spiellust Ware wird, es also für den Spieler, wie bei ökonomischen

Fragen immer, um den Hals geht. Schiller, dem Freiheit höchstes menschliches Gut war, bestimmt in den *Briefen über ästhetische Erziehung* Spiel als dem Menschen gemäßeste, folglich schönste Tätigkeit; in politökonomischen Begriffen heißt das: das Reich der Freiheit beginnt jenseits der materiellen Produktion (Marx, *Das Kapital,* Band III). Menschlich leben hieße so, trotz aller Ansammlung von Weisheit (= kenntnisreicher Skepsis) sich ein hohes Maß an Kindlichkeit bis ins späte Alter bewahren; alle Versuche, unsere biologisch lange Reifungsperiode durch frühes Anerziehen »erwachsenen« Verhaltens zu verkürzen, wären demnach abzulehnen. Einstein, ein in die heutigen Kämpfe um die Bewohnbarkeit des Planeten verzweifelt verstrickter Mensch, hat sich mit siebzig fotografieren lassen, während er dem Universum die Zunge herausstreckt, die Aufnahme hängt seltsamerweise in keiner Schule.

Sachverhalte, das heißt unabhängig von einem Beobachter existierende Dinge, Abläufe und Strukturen, lassen sich bekanntlich in verschieden scharfen Sätzen vor ein Publikum bringen; so kann man etwa die Pille mit dem Lustgewinn für Mann und Frau und beider freier Selbstbestimmung verteidigen oder aber sagen, daß sie künftige Generationen davor bewahrt, einen Teil ihrer Mitglieder nach irgendwelchen Selektionsgrundsätzen verhungern zu lassen. Ebenso läßt sich die Zeitangabe »in ungefähr fünfzig Jahren« mit der Wendung »wenn mindestens zwei Drittel aller heute lebenden Menschen tot und der Rest Greise sind« einigermaßen zutreffend, doch weniger heiter umschreiben. Welchen Schärfegrad er wählt, hängt außer vom Horizont und der Denkkraft eines Wissenschaftlers vor allem von seinem Temperament und dem Druck geltender Tabus ab; letztere bewirken oft, daß unliebsame Hypothesen gerade dadurch ausgesät werden, daß jemand beabsichtigt oder vorgibt, sie zu bekämpfen. So war über Verhaltensforschung bei uns jahrelang wenig bekannt, weil der Nobelpreisträger Konrad Lorenz in spannend zu lesenden Schriften eine Erklärung der innerartlichen Aggression gegeben hat, die von Sigmund Freuds Triebkonzept ausgeht (Aggression, das heißt Kampf zwischen Artgenossen als Grundtrieb wie Hunger oder Sexualität, die ständig produzierte Triebenergie staut sich und muß direkt oder durch Umlenkung abreagiert werden). Die wütenden Artikel einiger Popularphilosophen, die den eher pazifistisch gesonnenen Lorenz schließlich zum Kriegshetzer ernannten, haben ihm dann ein breiteres Publikum verschafft. (In einem kulturpolitischen Wochenblatt stand im Ernst, Lorenz' Ausspruch, Wölfe seien zueinander ritterlicher als oft Menschen, beweise seine Inkompetenz und imperialistische Verruchtheit; tatsächlich bringen Wölfe, die in Rudeln leben und, weil sie kooperiert jagen, auf die Erhaltung der Gruppenstärke angewiesen sind, bei Rangordnungskämpfen einander nicht um, da beim Sieger, sobald der Unterlegene ihm die Kehle bietet, eine angeborene Hemmung ausgelöst wird; nach aller Erfahrung besitzen Menschen, zumal wenn sie mit weittragenden Waffen oder Schreibgeräten ausgerüstet sind, eine solche Tötungshemmung nicht und brauchen statt dessen ein Gewissen, das heißt anerzogene Moralnormen. Diese wieder enthalten in fast allen Gesellschaften Ausnahmeklauseln, die das Töten von Artgenossen nicht nur gestatten, sondern fordern; der Rest etwa vorhandener Hemmungen wird meist dadurch beseitigt, daß man den Gegner zum Nicht-Menschen [Vieh] erklärt.) Lorenz' Aggressionshypothese wird heute in der Verhaltensforschung kaum noch akzeptiert; vielmehr scheint Aggression – oder *Kampfverhalten*, wie Tembrock, den Temperament und Erlebnisse zu eher gefühlsneutralen Wörtern neigen lassen, sich auszudrücken vorzieht – eine Antwort auf beeinträchtigte Raum-, Zeit-, Nahrungs- und Liebesansprüche zu sein; der so erzeugte Streß kann dann zum Amoklaufen, bei Menschen bis zum Selbstmord führen. (In Armeen vieler Länder sind die Selbstmordraten überdurchschnittlich hoch, weil die Beschneidung der genannten Ansprüche eine Frustration herstellt, die empfindsame oder sozusagen ungeschickte, auf das Umlenken der gestauten Energie wenig trainierte Naturen nicht mehr bewältigen.) Leider haben die erwähnten Popularphilosophen nebenbei erreicht, daß Lorenz' eigentliche Leistungen auch von seinen Bewunderern zum Teil vergessen wurden. Tembrock, der Lorenz dessen Weltläufigkeit und gelegentlicher Laxheit wegen reserviert ansieht, und, fällt der Name, zunächst nur Kritisches vorbringt (das Schlimmste für den extrem schüchternen Tembrock ist, auf einem Empfang herumstehen und womöglich Konversation machen zu müssen, dagegen entwickelt er im Hörsaal oder bei Vorträgen durchaus Schlagfertigkeit und genießt sogar die Situation, was er wiederum weiß; Tembrock nimmt seit 1940 Gesangunterricht, bevorzugt Lieder von Hugo Wolf, während ihn Bach langweilt, und hätte, glaubt man Urteilen zweier Gesanglehrer von 1944 und 1949, der Nachfolger von Heinrich Schlusnus werden können), nennt als diese Verdienste erstens Lorenz' enorme, zu intuitiven Einsichten führende Beobachtungsgabe, zweitens seine materialistische Fassung von Kants Erkenntnislehre. Kant hatte Kategorien wie Raum, Zeit und Kausalität, mit denen wir unsere Sinneseindrücke zu Gestalten ordnen, als Voraussetzung jeglicher Erfahrung beschrieben, die folglich nur jenseits aller Erfahrung (transzendent) zu begründen sind, über ihre Objektivität läßt sich mithin wissenschaftlich Sinnvolles nicht sagen. Nach Lorenz sind Raum, Zeit, Kausalität usw. für das Individuum tatsächlich vor jeder möglichen Erfahrung (a priori), insofern wir auf Grund angeborener nervaler Schaltungen alles nur raum-zeitlich und nach Ursache und Wirkung geordnet erkennen können; diese Schaltungen aber sind Ergebnis eines jahrhunderttausendelangen Evolutionsprozesses, in dem jedes Exemplar, das sie nicht besaß, als orientierungs- und fortpflanzungsuntauglich umkam; Kants apriorische Erkenntnisformen lassen sich so als Anpassungen an Eigenschaften der Wirklichkeit erklären. Lorenz' Tierliebe, Geduld und unsystematischer Verallgemeinerungskraft (Tembrock ist Systematiker, von Haus

aus Insektensammler und, wenn der Ausdruck erlaubt ist, ein mit hartnäckig gezügelter Phantasie geladener introvertierter Preuße) verdankt die Verhaltenswissenschaft u. a. die Entdeckung der *Prägung* (Gänse nehmen das erste bewegte Objekt, das ihnen nach dem Schlüpfen vors Auge kommt und das normalerweise die eigene Mutter ist, als Elternfigur an und bleiben darauf geprägt, so daß sie, ist das Objekt ein Mensch, später auch Menschen anbalzen; Lorenz hat mehrere Schlupfe Graugänse durchs Gras kriechend, schwimmend und piepsend aufgezogen) und der *Heimvalenz*. Heimvalenz bedeutet, daß die meisten höheren Tiere ein von ihnen eingenommenes und verteidigtes Territorium mit positiven Emotionen »besetzen«, das heißt ihre Körperfunktionen spielen dort optimal zusammen; das Tier ist so, weil es Informationen besser aufnimmt und in Handlungen umsetzt, im eigenen Revier viel stärker als in fremder Umgebung, die mit einer Übermenge unbekannter Reize Energien bindet und womöglich als Streßfaktor wirkt. Aus ebendiesen Gründen trennen sich Forscher ungern von liebgewordenen Hypothesen, die gleichsam ihr Revier darstellen, Fußballmannschaften gewinnen zu Hause öfter als auf fremden Plätzen und Diplomaten verhandeln oft lange und zäh über den Ort des Zusammentreffens von Staatspräsidenten. (Man könnte übrigens, worauf mich Tembrock hingewiesen hat, eine Kulturgeschichte der letzten dreitausend Jahre anhand der jeweiligen Gottesdefinitionen schreiben; für die alten Juden, die als viehzüchtende Monotheisten das polytheistische Ackerkulturland Kanaan überfremdeten, war Gott ein eifersüchtiger Wüstendämon, den man mit Opfern, Sündenböcken und Lobgesängen beruhigen konnte; übergehen wir die Griechen und Römer, deren zivil-unverbindliche Vielgötterei religionsgeschichtlich ein Rückfall, historisch ein Vorgriff ist, fungierte Gott bei den Christen zunächst als Welterlöser, dann als Großimperator, verdünnte sich im Zeitalter der Mechanik zum unbewegten Weltanstoßer und wurde bei Spinoza, ein so kühner wie mörderischer Rettungsversuch,

Synonym für Natur; der zunächst streitbare Atheismus, der nach der bürgerlichen Umwälzung den diversen Restaurationen antwortete, kulminierte in Haeckels verärgert-biologistischer Bestimmung Gottes als »gasförmiges Wirbeltier«, für den Thermodynamiker Manfred Eigen ist Gott heute ein Wahrscheinlichkeitskalkül – »Gott würfelt, aber ER befolgt auch SEINE Spielregeln« – , während der Verhaltensforscher Tembrock ihn als ins Kosmische projizierten Hordenchef betrachtet. Umgekehrt oder dementsprechend sieht eine neuere protestantische Theologie in Gott ein psychotherapeutisches allgemeines Du, mit dem man, wenn sich sonst kein Partner findet, reden kann.) Für die Evolution ist die Heimvalenz insofern förderlich, als sie Individuen einer Art über einen Lebensraum so verteilt, daß jedem genügend Nahrung und Platz für die Jungenaufzucht bleibt; die verdrängten Exemplare wandern, falls sie genügend anpassungsfähig sind, in andere Gegenden oder »ökologische Nischen«, wo sie dann eine neue Art bilden können. Dabei gehört es zu den Paradoxon der Evolution, daß alle Anpassungen an neue Umstände zunächst dazu dienen, eine gewohnte Lebensweise aufrechtzuerhalten, jeder eventuelle Fortschritt also aus einer Beharrungstendenz kommt. Auch der Marxismus ist ja, wie viele utopische Sozialehren vor ihm, eigens dazu erfunden worden, daß alle Menschen artgemäß leben können. *Eventuell* ist der genannte Fortschritt insofern, als die Evolution nicht, wie oft geglaubt wird, nur ideal Angepaßtes hervorbringt, sondern alles leben läßt, was »gerade noch geht«; den für das Verständnis der Evolutionstheorie zentralen Satz sagte mir einer von Tembrocks Schülern, der an einer Ingenieurschule doziert, beiläufig auf der Rückfahrt von einem interdisziplinären Symposion, von dem ich sonst erinnere, daß bei einer Diskussion über »Enthusiasmus in Kunst und Wissenschaft« die Hauptrednerin entrüstet ablehnte, den Begriff »Enthusiasmus« zu bestimmen; Höhepunkt war die Äußerung eines Professors für Systemtheorie, jeder Müllfahrer, der die Kübel nicht nur leere, sondern auch ordentlich wieder hinstelle, sei ein Enthusiast. Da ich bis dahin Naturwissenschaftler für eine ununterbrochen scharf denkende Sorte Menschen gehalten hatte, war der Abend, den Tembrock nach einer Stunde enttäuscht verließ, für mich eine verdiente Lehre; hinterher beim Wein erklärte mir ein jüngerer Agrarfachmann, dessen Beitrag über Enthusiasmus gelobt worden war, wie man durch privates Brennen von Alkohol aus Rübenzucker sein Gehalt aufbessern könne, und erzählte befremdet vom Selbstmord eines Deutschlehrers seiner Kreisstadt, der am letzten Schultag erfolgte, obwohl doch der Urlaub bezahlt gewesen sei. Am Morgen war ich Tembrock, der Möwen beobachtete, am Strand begegnet und hatte ihn über eine in seinem Referat angedeutete Hypothese zum Entstehen vorästhetischer Mechanismen in der Tierevolution befragt, die er bis heute nicht publiziert hat; sie geht ungefähr folgendermaßen:

1. Singvögel »singen«, um ihr Revier zu behaupten. Die Tonfolgen sind artspezifisch (in menschliche Sprache übersetzt: »Hier sitzt eine Goldammer!«) und enthalten dazu individuelle Kenn-Merkmale (»Hier sitzt der Goldammerhahn Anton!«). Ferner singt der Vogel anders, wenn er aufgewacht ist, hungrig ist, sich zum Schlafen rüstet, satt ist, einen Konkurrenten bemerkt usf. Es liegt nahe anzunehmen, daß die Tonfolgen jeweils mit inneren Zuständen (Emotionen und Affekten) verkoppelt sind: mit »Befriedigung«, wenn der Vogel satt ist, mit »Zorn«, wenn ein Rivale ins Revier dringt, mit »Angst«, wenn Gefahr droht. Das Quasi-Ästhetische liegt nun darin, daß die Koppelung zwischen innerem Zustand, der eine Situation bewertet, und der Lautstruktur nicht völlig frei ist: ruhige, melodische Bögen sind bei hoher Erregung, etwa bei Kampfverhalten, ebenso ausgeschlossen wie rasche Folgen schriller Töne bei Sattheit und Ruhebedürfnis. Diese Grundzuordnungen gelten noch heute – am wenigsten verdeckt in Musik und Tanz – für menschliche Kunst: auch der geschickteste Künstler wird Gehetztheit nicht durch getragene Bewegungen oder Melodiebögen ausdrücken. Während also bei

menschlichen und tierischen Sprachen jeder Sachverhalt durch beliebige Zeichen und Zeichenfolgen symbolisiert werden kann, wenn diese nur verstanden werden (alle Zeichen sind »vereinbart«, es gibt keinen inneren Zusammenhang zwischen Sache und Zeichen), enthält der Vogelgesang sozusagen »darstellende« Elemente, das heißt Sache und Zeichen sind über die von der Sache ausgelöste Gefühlslage verknüpft. Für andere Arten kann dann die semantische Seite der Lautmuster unverständlich und gleichgültig bleiben, während die darstellende »verstanden« wird und gegebenenfalls spielerisch verwendet werden kann.

2. Beim Verhalten höherer Tiere wirkt jeweils ein Hauptreiz (etwa eine Maus auf die hungrige Katze), außerdem im »Bewußtsein« zurücktretende Randbedingungen, wie Temperatur, Feuchtigkeit, Pflanzenbewuchs, Beleuchtung, Lautumwelt. Ändert sich eine Randbedingung plötzlich, zum Beispiel bei einer Sonnenfinsternis, wird die Wirkung des Hauptreizes ausgeschaltet. Manche Randbedingungen können nun nach Hunderten von Generationen eine Art Heimvalenz bekommen, das heißt das Verhalten des Tieres läuft in ihnen ungestört ab, was mit einer positiven Emotion bewertet wird. In der Stammesgeschichte der Primaten (Affen und Menschen) könnten so einzelne Randbedingungen Bedürfnis werden: etwa der schon quasi-ästhetisch geordnete Vogelgesang (von dem wir als angenehm nur die in relativer Ruhe abgegebenen Tonfolgen empfinden), ferner, da Primaten Tag-Tiere sind, die »unheimlichen«, furchteinflößenden Geräusche der Nacht, soweit sie in relativer Geborgenheit, etwa auf einem Schlafbaum oder in einer Höhle, wahrgenommen werden. Furcht und Schrecken werden so durchlebt, doch gleichsam abgemildert als eine Art Schau- oder Hörspiel, jedenfalls ohne Gefahr für Leib und Leben und zusammen mit ihrer Lösung: beruhigendem Schlaf. Wenn später der Mensch aus der Natur tritt und sich künstliche (städtische) Umwelten schafft, könnten diese Bedürfnisse Ersatzbefriedigungen

fordern. Das Verlangen des Menschen nach Musik, sowie nach Darstellung des Unheimlich-Bedrohlichen, das in Tragödie, Geistergeschichte, Krimi so offensichtlich genußvoll erlebt wird (während schon ein unbekanntes Geräusch in der Wohnung, geschweige ein Dieb oder Mörder, uns keinesfalls Genuß bereiten), wäre so nicht nur kulturell, sondern auch biologisch begründet.

Tembrock hat mit zwölf Jahren die Briefe Friedrichs II. von Preußen, mit vierzehn Schopenhauers »Welt als Wille und Vorstellung« gelesen, seit seinem dreizehnten Jahr führt er Tagebuch. Er hielt damals im Zimmer bis zu einem Dutzend Singvögel und lernte deren Stimmen unterscheiden, was ihm noch heute, da sein Institut mit Sonogrammen arbeitet und eine Anlage zum Wegfiltern von Umweltgeräuschen aus Tierstimmenaufnahmen besitzt, zugute kommt; abends unternahm er oft Pirschgänge in den Wald und konnte dank eines überscharfen Geruchssinnes Fährten von Großwild im Dunkeln verfolgen. Nach zwei Nasenoperationen unterscheidet er jetzt nur Grundgeschmacksarten, so daß er Essen als Pflicht ansieht und möglichst schnell hinter sich bringt; doch trinkt er gern mäßig starken Kaffee und mag Fruchteis. Alkohol und Nikotin verabscheut er, hat aber laut Aussage einer Mitarbeiterin während eines Moskauaufenthalts zwei Gläser Wodka schweigend geschluckt. Dennoch kommen in Novellen und Dramoletts, die Tembrock, ohne auf Veröffentlichung zu spekulieren, während einsamer Urlaubsreisen verfaßt, nicht selten Genießertypen vor, die Freude an Wein, Zigarren und intelligenten sinnlichen Frauen haben; in einigen Texten spaltet er dabei seine Person in eine sybaritische und eine asketische, die einander mit ironischen Floskeln bedenken. Gewöhnlich gehen einer solchen Niederschrift Studien bis zu Kostümkunde und Heraldik voraus; so hat er 1970/71, angeregt von einem spätmittelalterlichen Zeugnis über Kunigunde von Orlamünde, die auf die Worte ihres Liebhabers »Uns sind vier

Augen im Wege« – womit die auf dem Erbe sitzenden Eltern gemeint waren – ihre beiden Kinder umbrachte, ein im 14. Jahrhundert spielendes Versdrama, darauf eine Künstlernovelle geschrieben, deren Held eben jenes Drama dichtet und von einer Inkarnation jener Kunigunde umgebracht wird; den Zyklus beschließt ein unter heutigen Wissenschaftlern handelndes Satyrspiel, in dem Sätze wie *Anständig gebummelt ist halb gearbeitet, Oft hüllt sich die Wahrheit in den Mantel des Schweigens, als der mildesten Form der Lüge* und *Alle Umstürzler werden einmal Etablierte* stehen. Als Student und junger Ehemann (seine Frau, die erstaunlich genau zeichnet, war Kunsterzieherin und hat später in Biologie promoviert) ging Tembrock oft in die Oper, wo sein Onkel Chorist war; an freien Abenden studierte er, von seiner Frau am Klavier begleitet, Lieder ein. 1950 ist er in einer selbstinszenierten Farce vor Institutsangehörigen aufgetreten, wobei ihn keiner der Zuschauenden erkannte. An Friedrich II. schätzt Tembrock neben den Briefen vor allem den Antimacchiavell und das Bemühen um Aufklärung, zu dem für ihn die Tugenden Selbstdisziplin und Ordnungsliebe gehören; alles Militärische ist ihm dagegen verhaßt, so daß er schon als Kind Bücher aus dem Soldatenmilieu nicht las und sich heute Pazifist nennt. Aufrufe zur Einstellung menschheitsgefährdender Forschungen hält er für zwecklos, solange es konfrontierte Gesellschaftssysteme gibt; jede machtpolitische Konfrontation muß nach seiner Meinung zur Katastrophe führen. Obwohl er im Gespräch leicht halsbrecherische Thesen aufstellt, die er, leuchtet ihm der Gegenbeweis ein, ebenso schnell wegwirft, ist sein Interesse für Philosophie seit der Schopenhauer-Lektüre zwiespältig; Tembrock erklärt das damit, daß Biologen, haben sie eine Theorie, diese im Experiment überprüfen, während Philosophen aus Mangel an Gelegenheit auf das Experiment in der Regel verzichten. Befördert durch seine Ablehnung der Nazis hatte Tembrock zwischen 1932 und 1935 eine kurze religiöse Periode, die ihn zu vergleichenden Religionsstudien brachte; seitdem bemüht er sich, Weltpolitik als Geschichte, Religion als Religionsgeschichte aufzufassen. Die Annahme, es gebe außerirdisches vernunftbegabtes Leben, hält er für wahrscheinlichkeitstheoretisch richtig, glaubt aber nicht daran; er trifft sich darin mit dem großen zeitgenössischen Schriftsteller Stanislaw Lem, der hierzulande weder die Moral- noch die Literaturwissenschaftler interessiert. Zu den »leichtfertigen« Hypothesen, die er nicht drucken läßt, gehört, daß Tembrock die Herkunft menschlicher Sprache aus Geste und Grimasse erklärt, die von Lautäußerungen zunächst nur begleitet waren; dafür würde sprechen, daß Schimpansen bis einhundert optischer Wortsymbole lernen, darunter solche für abstrakte Beziehungen wie »wenn – so« und »ist Zeichen für«, aber kein einziges akustisches, und daß bei primitiven Stämmen (Buschmännern) die Verständigung zusammenbricht, wenn der Zuhörende das Gesicht des Sprechenden nicht mehr im Blick hat. Mit sieben Jahren verfaßte Tembrock während des Unterrichts Zweizeiler auf Lehrer, mit elf porträtierte er sie auf Löschblättern; einen Teil seiner Lektüre besorgte er sich, nachdem die väterliche Bibliothek erschöpft war, in Berliner Warenhäusern, die damals Leihbüchereien unterhielten. 1933 wurde er Mitglied eines Vereins für Insektenkunde, wo er kauzige Menschen schätzen lernte; oft verkehrte er bei einem Naturalienhändler namens Böttcher, der ein rotierendes Bärtchen hatte, mit dem Kopf wackelte, eine an einer Seite mit Klingeldraht befestigte Brille trug und Tembrock die erste Pinzette seines Lebens verkaufte, die er bis heute benutzt. Für den Urlaub lehnt Tembrock Hotels und Intelligenzheime ab und fährt meist in Fischerkaten oder Gebirgsbauernhäuser; besonders mag er eine Waldarbeitergaststätte in der Sächsischen Schweiz, wo er abends in einer Ecke sitzend den Stammtischgesprächen zuhört. Mit neunzehn kam er zum Arbeitsdienst und fand sich beim Rohrlegen und als Erntehelfer mit allen Arbeiten gut zurecht, erkrankte aber an Tuberkulose, was Kuren notwendig machte, die ins Arbeitsbuch eingetragen wurden; aus Faulheit, ein neues auszustellen, schrieb ihn der zuständige Musterungsbeamte 1941 kriegsdienstuntauglich. Im zweiten Monat des Studiums begann er mit der Doktorarbeit und promovierte 1941; da sein Institutsdirektor fanatischer Nationalsozialist war, wechselte er ins zoologische Museum, dessen Chef Nazi nur aus Karrieregründen war und Tembrock eine mit 80 Mark dotierte Hilfsassistentenstelle verschaffte. Als Schüler hatte Tembrock, nachdem er, von der Doppelzüngigkeit der meisten Lehrer tief enttäuscht, mit einem unnationalsozialistischen Aufsatz über Kameradschaft aufgefallen war, an den Direktor des Berliner Aquariums Heinroth, einen der Väter der Verhaltensforschung, um Argumente geschrieben; Heinroths vorsichtige Antwort, die »mit deutschem Gruß« gezeichnet war, verstand er erst Jahre später. 1942 kam der damals berühmte Unterwasserfilmer Hans Hass nach Berlin, um Biologie zu studieren; Tembrock bereitete ihn privat auf die Prüfungen vor und schrieb mit Hass ein Filmskript, was ihn finanziell sicherstellte. Um diese Zeit schloß sich Tembrock (der sich gern ältere Gesprächspartner suchte, heute aber jüngere bevorzugt) dem Museumskustos Walter Arndt an, der nach Mussolinis Gefangennahme defätistischer Äußerungen wegen vor ein Sondergericht kam. Tembrock hörte Roland Freisler in der Verhandlung toben und brüllen und Arndt zum Tode verurteilen. Er rief Hass an, der zu höheren Stellen Beziehungen hatte und sich auch für Arndt verwandte, ohne indes etwas zu erreichen. Wie alle Berliner verbrachte Tembrock viele Nächte im Luftschutzkeller; zu seinem Notgepäck gehörte ein Rigoletto-Klavierauszug, in dem er bei Alarm stumm Arien übte. 1944 traf eine Luftmine das Institut, in dem nur drei Zimmer benutzbar blieben. Den Einmarsch der Roten Armee erlebte Tembrock im Keller und war bereits an die Wand gestellt, da man ihn für einen verkleideten Offizier hielt, sein Ausmusterungsschein rettete ihn. Als wunderbare Zeit erinnert Tembrock das Herbstsemester 1945, wo er mit anderen einen Arbeitskreis »Mensch-

Natur« gründete und sein Zimmer fast immer voll diskutierender Studenten war. Das Thema – der ungewöhnlich deutliche Sexualdimorphismus bei Primaten, manche Affenmännchen sind doppelt so groß wie die Weibchen – interessiert ihn noch heute; die Geschlechterrollen beim Menschen – nach außen gerichtete erkundende und Schutzfunktion der Männchen, die Exemplare mit größerer Aggressivität und stärkerem Abstraktionsvermögen begünstigte, mehr nach innen gerichtete, traditionsbewahrende Pflegeaktivität der Weibchen – scheinen ihm nicht nur kulturell, sondern auch genetisch begründet; schon Affenmütter behandeln männliche Junge anders als weibliche. Ein besonderes Problem ist hier die *Gefolgschaftstreue,* die in der Primatenhorde offenbar überlebensnotwendig war und heute – ohne Autorität keine Weitergabe von Erfahrungen, mithin keine funktionierende Gesellschaft, bei einem Übermaß an Autorität Blockierung jeden Erfahrungszuwachses – ein Erbe darstellt, das über das Fortexistieren der Menschheit womöglich entscheidet. 1952 wurde Tembrock geschäftsführender Institutsdirektor; er kaufte Schreibtisch und Bücherschränke für sein Zimmer selber und stellte letztere als Raumteiler auf, um Studenten Arbeitsmöglichkeiten zu schaffen. Ungefähr dreitausend Bände seiner Privatbibliothek und sämtliche ihm zugesandten Sonderdrucke stehen im Institut; zwischen 1950 und 1960, als er noch gern ein Auto gehabt hätte, kaufte er von seinem Gehalt wissenschaftliche Geräte, da Einrichtungen, die dem Pawlowschen Forschungskonzept nicht folgten, damals kaum Etatmittel erhielten. 1952 sollte er, weil er den Namen Lyssenko nicht erwähnt hatte, die Grundvorlesung über Biologie abgeben; im gleichen Jahr erlebte er, wie der bedeutende Gelehrte Oparin auf die Frage, was Chromosomen seien, in Schweiß ausbrechend antwortete, Chromosomen seien Artefakte, das heißt durch Versuche zufällig erzeugte Gebilde. Auf die Ablösung als Institutsdirektor antwortete Tembrock mit verdoppelter Arbeit; er hält heute das Kolleg »Einführung in die Biologie« für Mediziner und Biologen, hat aber außerhalb des Bereichs keine Vorlesung über Verhaltenswissenschaften.

Tembrock ist 1,80 groß, das Gesicht ist bei kräftigem Knochenbau länglich schmal, das Haar glatt nach hinten gekämmt; er trägt eine randlose Brille und, wahrscheinlich des langen Halses wegen, gern dünne Rollkragenpullover. Seine gewöhnliche Kleidung sind Sakko und Hose von gemäßigt modernem Zuschnitt, die er auf Inlandreisen in besseren Läden kauft; im Institut zieht er darüber einen weißen Kittel. Sein Bereich zählt zwanzig Mitarbeiter, von denen die wenigsten früher Verhaltensforscher waren. Oberschülern, die ihn um Rat fragen, empfiehlt er, sich zunächst in Leipzig für das Fach Tierphysiologie zu bewerben und dann einen Studienwechsel zu versuchen. Der Bereich bekommt gelegentlich Aspirantenstellen, die nach je drei Jahren neu besetzt werden müssen. Fischwirtschaft und landwirtschaftliche Einrichtungen erteilen oft Forschungsaufträge oder bitten einfach um Hilfe; einer von seinen Schülern promoviert über die Optimierung der Aalmast, andere über Verhaltensfaktoren bei der Rinder-, Schaf- und Schweineaufzucht. Auch Grundlagenarbeiten, etwa zu Biorhythmen bei Fischen, werden, sobald sie gesichert sind, der Industrie zur Verfügung gestellt. Tembrocks geheimes Ziel war früher, *alle* Tiere von den Einzellern bis zu den Primaten zu kennen; das erinnert an eine Formel Ernst Blochs, nach der es utopisches Ziel der Medizin ist, den Menschen unsterblich zu machen. Seine »Richtung« in der Verhaltensforschung beschreibt Tembrock so, daß er, um zu gesicherten Aussagen über Grundlagen der Verhaltensregulation zu kommen, möglichst viele Daten quantitativ erfassen will; dabei versucht er, moderne Disziplinen wie Systemtheorie, Regeltheorie und mathematische Statistik einzubeziehen. Seit 1975 besitzt er einen Kleincomputer vom Typ Hewlett-Packard mit neunundvierzig Speicherplätzen, der im Institut nach Christa

Wolfs Erzählung »Neue Lebensansichten eines Katers« HEINRICH heißt; Tembrock hat in zwei Monaten die nötigen Formeln aus alten und neuen Büchern über mathematische Statistik sich zusammengesucht und dann unter anderem dreißigtausend Daten aus seinen 1948 bis 1956 unternommenen Versuchen mit Rotfüchsen ausgewertet; Institutsangehörige erzählen, daß er, seit er für HEINRICH zweihundert Programme vorbereitet hat, gelegentlich fragt, ob niemand etwas auszurechnen habe. Übrigens ergab die Rechnung nebenbei, daß statushöhere Füchse gewöhnlich auf der rechten, statusniedere dagegen auf der linken Seite schlafen; den tieferen Schlaf in Rechtslage, der das Herz nicht beengt, können sich unterprivilegierte Exemplare offenbar nicht leisten, da sie, anders als die »Chefs«, jederzeit bereit sein müssen, aufzuspringen und auszureißen; in einer verwickelten Gedankenfolge, die ich hier nicht nachvollziehen kann, verbanden Tembrock befragende Journalisten diesen Fakt mit der Rechtswindung der Genhelix. Tembrock ist Korrespondierendes Mitglied der Akademie der Wissenschaften und Senatsmitglied der hallischen Akademie der Naturforscher LEOPOLDINA; die Liste seiner Veröffentlichungen umfaßt achtzehn Schreibmaschinenseiten; sein Stil ist kühl aufzählend und telegrammartig, so daß seine Bücher als schwer lesbar gelten, Artikel sind oft mehr Kompendien als Abhandlungen. Unter seinen Mitarbeitern gilt er als schlechter Leiter, da er aus Gutmütigkeit es oft allen rechtmachen will. Er liest wenig Gegenwartsliteratur, interessiert sich aber für manche Texte, um neue Weisen der Sprachhandhabung kennenzulernen; ungepflegte Sprache, der er unter anderem in Prüfungen oft begegnet, verletzt ihn. Zu Barockmusik hat er keinen Zugang; müßte er mit einer Schallplatte auf eine unbewohnte Insel, würde er das Trio op. 97 von Beethoven wählen. Als Lebensziel formuliert er, sich möglichst intensiv zu verwirklichen, egal ob das, was herauskommt, Dauer hat; zusätzlich wünscht er sich, die Selbstverwirklichung möchte so tragfähig sein, daß andere die

Ergebnisse weiterführen, ohne daß sein Name bekannt bleibt. Tembrock mochte schon in der Schule Kinder aus Villenvierteln wenig und schätzt die Anrede »Professor« nicht; er hat sich, auch als er von achtzig Mark monatlich leben mußte, nie Geld geborgt; er ist nicht gegen die Leistungsgesellschaft, meint aber, diese müsse als Hauptleistung selbständiges Denken belohnen; unter den Gesprächspartnern, die ich kenne, ist er der höflichste und anstrengendste. Man kann mit ihm über Gott und die Welt reden, Witze zerlegen und gemeinsame Kommuniques im Lexikonstil verfassen, etwa zum dialogisch gefaßten Thema:

A: *Sie haben eine schnelle Auffassungsgabe, arbeiten aber sehr langsam, wieso?*

B: *Ich verstehe, Ihnen wäre lieber, ich würde langsam auffassen und dafür um so schneller arbeiten.*

Der vereinbarte Text lautet:

»Im übrigen ist das Problem informationstheoretisch einfach. Wer über weniger Information verfügt – bzw. weniger verarbeiten kann, ›verfügen‹ soll hier implizieren ›verarbeiten können‹ –, hat bei Entscheidungen weniger in Rechnung zu stellen, kommt also leichter zum letzten Schritt, der Alternative. Diese ist ein Idealfall von Entscheidung und muß, falls sich nicht Intuition einstellt, desto länger gesucht werden, je mehr Einer weiß; das heißt eine exponential wachsende Menge komplexer Variabler ist auf feste Grenzwerte zu drücken, was außer Kraft Vorsicht und Erfahrung braucht. Der allwissende Gott ist der absolut handlungsunfähige Gott: er muß alles laufen lassen, wie es läuft. Dennoch kann kein intelligenter Mensch ernsthaft wünschen, dumm zu sein, was wahrscheinlich auf einem genetisch programmierten Drang zu Erkundungs-(Neugier-) Verhalten beruht. Freilich begünstigt der augenscheinliche Vorteil schlichten Ja-Nein-Entscheidens, daß an die Spitze von Gemeinschaften – Horden, Dörfer, Städte, Kleinstaaten, konfrontierte Weltsysteme – Menschen gelangen, die von vornherein alternativ und daher

›entschlossen‹ handeln; die Folgen von Fehlentscheidungen wachsen dabei mit der Zahl der regierten Personen, was nicht trostvoll ist.«

: so spielen erwachsene Männer.

1976/77

Ansicht Roßleben/Unstrut

Es möchte sein, man leitet günstig mit Schnee ein, das Schwarz verwitterter Zäune, Kristalle, Glitzern, demnach auch Sonne, wenn die Einfallsschräge günstiger ist, auf dem Weg der Schnee festgetreten, weiß, obgleich die Turmuhr $^3/_4$ 8 schlägt, seit spätestens 6 nennenswerter Neuschnee nicht fiel, der Unterricht um 7 beginnt, zahlreiche nicht ins Internat quartierte, weil in der Umgegend ansässige Schüler diesen Weg als einzigen Zugang zu benutzen gezwungen sind, bis zum Platz vor dem Klostergebäude etwa 50 Meter. Breite 3,20, am Anfang, oder Eingang (hier) von 2 Zäunen begrenzt, die Lattentür, offen, zum rechten fast parallel, vermutlich nicht anders als ich vor 15 Jahren hier einfuhr, vor 14 am 5. März mit einem Luftgewehr auf Wacht zog. Mehrere Schritte gradaus, links, die Glocke, in einem Balkengestell, geschützt vor Unbilden der Witterung und entehrender Beschmutzung durch darüberfliegende Vögel von einem spitzgiebligen Dach: Holz, Teerpappe, darauf, ebenfalls, Schnee, darüber, gleichfalls, Sonne, ein Januartag, wie wir ihn brauchen, erst kürzlich hörte ich, manche schreiben immer über den Winter, dabei meinen sie was ganz anderes.

Die am bei Leißling in die Saale mündenden Fluß Unstrut gelegene Gemeinde Roßleben erreicht man mit einem D 240, Benutzung nur mit Liegekarte, ab Halle/Saale 2.06 Uhr, an Naumburg 3.32, von dort P 3370 4.46 in Richtung Artern, fahrplanmäßig an 6.44, die Stationen zwischen Naumburg und Roßleben heißen Kleinjena, Freyburg/Unstrut, Balgstädt, Laucha/Unstrut, Kirchscheidungen, Karsdorf, Vitzenburg, Nebra, die Strecke mißt 40,1 Kilometer, ein internationales Längenmaß.

Da nehmen wir lieber ein Taxi, das ist auch nicht geheizt. 63 Kilometer sind 53 Mark, beim Wolga wären es 20,60 mehr, zwar geheizt, aber berücksichtigen Sie: wie lange hält so ein EMW! Lange. Zudem hätte der Wolga, wahrscheinlich, die gesperrte Strecke durch den Ziegelrodaer Forst nicht genommen, Spurrinnen von mild geschätzt 20 Zentimetern, es heißt Panzer, doch man weiß von Gerüchtemachern, auch wird seit 9 Monaten repariert, dazu kommt, heute, Glatteis. Die Bremsen: scharf, rechts und links Bäume:

zum Ziegelrodaer Forst, einem bei sommerlicher Witterung sehr angenehmen Wald, wanderten wir unter Mitnahme einer Decke, genauer: einer faltbaren, sehr dünnen amerikanischen Militärplane, die ein Freund gegen Voranmeldung auslieh; sie wirkte nicht wärmend, schützte aber ausreichend vor feineren, insbesondere den spitzigen Unregelmäßigkeiten normalen für unser Anliegen sich eignenden Waldbodens. Auf dem Rückweg verspürten wir, erinnere ich mich recht, Hunger und verfaßten, einer dem anderen laut gegen den Wind ins Ohr singend, Lieder, das war 1953. Der Freund, der die faltbare Plane auslieh, ist tot. In der Ostsee ertrunken.

Sage ich, oder sagt der Direktor. Direktor der Goethe-Oberschule Roßleben Ernst Bösemüller. Bei der Glocke mag man nicht lange herumstehen, der Temperatur wegen, es erweckt auch den Eindruck von Untätigkeit. Also die 50 Schritte, der Platz weicht aus, rechts das Mädchenheim, in einer von Backfisch-Aquarium sich herleitenden Kürzung Aqua genannt, links das Direktionshäuschen; frontal, bedrohlich sich selbst ähnelnd, die Schule: wie vor 15 Jahren, oder vor 224. »Als im Jahre 1553 die letzte Nonne gestorben war«, beginnt Klosterpfarrer Professor Dr. Rauch das

III. Kapitel seiner Geschichte der Klosterkirche und Klostergemeinde zu Roßleben, im Selbstverlag der Klosterschule 1913, »ging der Klostervogt Heinrich von Witzleben im Sinne Luthers daran, das Kloster in eine Erziehungsanstalt umzuwandeln, in der junge Leute vom reiferen Knabenalter bis zum Übergange zur Universität in klassischer Bildung, evangelischer Frömmigkeit und echter Vaterlandsliebe herangebildet werden sollten.« Durch eine Wöchnerin, »die in einem Stalle ein gefrorenes Bierfaß zum Kindtaufschmause über einem Kohlenbecken auftauen wollte«, entzündet, brannte das Kloster 1686 ab. 1742 der Neubau, Barock-Zweckbau, dreistöckig mit ausgebautem Dachgeschoß für die Schlafsäle, rechteckig geführt um einen ebenso geformten Hof.

Dahin geht mein Blick aus dem Gastzimmer, 2 mal 3 Meter, Bett, Tisch, 2 Stühle, eine grüntönige Tapete, mit orangefarbenen, wiederum von intensiv grünen Ringen asymmetrisch überzogenen Punkten von Faust- bis Kopfgröße derart bemalt, daß der – vermutlich realisierten – Absicht nach der Flächeninhalt keines dieser Punkte dem eines beliebigen anderen gleichkommt. Die verstellte Tür führt zum Zeichensaal, wo der Isenheimer Altar behandelt wird, doch zunächst hat der Weimarer Grafiker Pätzsch eine Überraschung gesandt, eine Grafik zweifellos: Kunsterziehungslehrer Schüttenhelm hält Verbindung mit vielen Ausübenden seines Fachs, obliegt selbst der Muse und erntet, insbesondere um Neujahr, zum Nutzen der Schüler die Freundschaftsbezeigungen seiner Briefpartner, darunter ein signierter Picasso!

Beispielsweise nachts ist es im Hof *schön,* vor allem sommers, die Mauern hoch wächst wilder Wein, unten, unter mir, ein Wandelgang, dahinter Lehrerzimmer, Schüler- und Lehrerbücherei, letztere von ehrwürdigem Geruch, Inkunabeln und ähnlich Altes; gegenüber der Speisesaal, lange Tische für jeweils 8 bis 10, die Wände plastgetafelt, das war noch nicht damals, nur die Igelitdecken scheinen die gleichen. Doch der Hof: rechteckig, ein gepflasterter Weg verbindet die an den Schmalseiten des Gebäudekarrees sich befindlichen Pforten, längsseits rostet das blecherne Dach des von Witterungseinflüssen zerklüfteteten Fahrradschuppens, in den Pausen Stille, wie nachts, lediglich die Turmuhr –

(Sie schließen richtig auf eine Klosterkapelle, sie dient jetzt als Festsaal, frisches Gestühl, moderne Leuchten, die in Quadrate unterteilte Decke angenehm getönt, Sandsteinsäulen mattschimmernd: der Chemielehrer ließ sie mit verdünnter Salzsäure abwaschen, ein Flügel, und oben die Orgel: Biologielehrer Heichel, rotblond, listigen Blicks, Jahrgang 40 vielleicht und von schneller Sprache, ein Lehrer der, dazu später, seine Klasse *liebt,* wird übermorgen darauf sich turnerisch bewegen, unter Ausnutzung schwer zu überschauender Register und Schwellhebel Bachchoräle, den Yankeedoodle und *Die Gedanken sind frei* dem Instrument entströmen lassen, und unten die beiden Stühle, der weißbedeckte, mit Tintenfaß und Feder versehene Tisch? Das Roßleber Standesamt hält hier Trauungen ab, auch sozialistische Hochzeiten, Biologielehrer Heichel umrahmt sie, auf der Orgel, oder, zu besonderen Anlässen, mit kleinem Chor zusätzlich, der Tränen des Publikums gewiß, viel vermögen Schwellhebel, Lieblich Gedackt ist unfehlbar.

Das sind so kleine Freuden. Die Kirchenfenster sind, unter Beibehaltung der Bleifassung, durch farbloses Glas ersetzt, nur das Wappen derer von Witzleben prangt rot; eine entsprechend geformte Scheibe, entschuldigt der stellvertretende Direktor, Urheber der Salzsäurewäsche, der Tönung der Deckenkarrees, des Kabinetts für Physik, war nicht erhältlich. Aber ich bin doch nicht von der Schulbehörde. Ja?

»in der Zeit der Untersuchungskommissionen. 1953 20 Mann, und verblieben mehrere Wochen, Hospitationen mit Tonbandgerät. Die Kommission: Sie wählen, Kollege, zwischen uns und nicht uns. Biologielehrer Streubel, alter Herr, den jeder mochte, hatte die Wahl zwischen Orgelspiel sonntags, seit 20 Jahren für die Kirchgemeinde, und der Unterrichtung hiesig-heutiger Schüler in den modernsten Erkenntnissen. Nicht typisch, selbstredend. Und lassen Sie sich beim Hausmeister den roten Plastikstern vorweisen, erhebliches Ausmaß, wurde entladen als wieder ein neuer Direktor vorfuhr. 1955. Natürlich, auf die Turmspitze. Was wollte man damals sagen, wir sagten, die Schule ist noch nicht reif. Gelassenheit, wenn Sie fragen. Sehen Sie, Bösemüller war Leutnant, obgleich später im Nationalkomitee Freies Deutschland, ich seit 38 NSDAP (irgendwer mußte damals die Kinder unterrichten) – harte Argumente. Ja, 33 aus dem Schuldienst entlassen, nun stand ich wieder davor. Nein, ein an den Inspekteur adressiertes Telegramm vom Bezirk, ›Aktion abgeblasen‹, ein schöner Augenblick als ichs ihm brachte. Kurz darauf der Gang mit dem Schulrat, ich hatte verlangt Ruhe statt Kommissionen, es reisten auch keine mehr an. Wir inspizieren zu zweit; im Innenhof, aus der Kapelle, hängt ein mir bislang nie zu Gesicht gekommenes Bismarckporträt«

mir bislang nie zu Gesicht gekommenes, wer spricht denn so. Das Bismarckbild? Vom Hausmeister schleunig entfernt, sonst nichts, der betreffende Schüler meldete sich freundlich nach dem Abitur. Vielleicht wäre das ein Anfang, »damals und heute«; damals beschäftigt viele. Den Direktor. Den ehemaligen, heute stellvertretenden Direktor. Den Pfarrer. Mich: als Absolventen der 1952 als R-Schule – verstärkter Russisch-Unterricht – eingerichteten und mit aus vielerlei Orten sorgfältig delegierten Schülern beschickten Heimoberschule Roßleben, sie heißt hier Kloster. Nur an die Glockenangelegenheit entsinnt sich kaum einer; das beim Brand

»geschmolzene, auf die Erde geträufelte Erz hatte Katharina Lucia von Witzleben sammeln und daraus die nun im Glockenstuhl im Pfarrgarten hängende Glocke gießen lassen, die

die Umschrift trägt: *Catharinae Luciae von Witzlaewen geborene von Seebach. Ao. 1688. Wolf Friedrich von Witzlaewen. Gloria in excelsis deo* ... Mit ihr ist seitdem bis zum heutigen Tag zu den gottesdienstlichen Feiern und kirchlichen Amtshandlungen geläutet worden«

das nachzulesen waren wir, obwohl fleißig, obwohl die rote R, nicht gründlich genug, man könnte sagen wir ahnten den Sachverhalt ohne die Quellen studiert zu haben, kurz, einige von uns wollten die Glocke, als ein Symbol weltanschaulicher Zurückgebliebenheit, entfernt sehen: 1953: der Anschlag mißlang. Ich erwäge als Möglichkeit, ein voreiliger Leichtsinn unserer Eltern hätte uns einige Jahre früher ins Leben treten und zu einem Direktor werden lassen, dessen revolutionäres Pädagogenherz sich im versuchten Anbringen eines Plastiksternes auf der Turmspitze der Klosterkapelle ausblutete und der, wenngleich zögernd, *abgelöst* werden mußte, oder andere Umstände hätten, widrig zusammengetroffen, uns Lehrern zugeführt, denen es an *Gelassenheit* mangelte: welch Glücksfall, zur Zeit geboren zu sein.)

Lediglich die Turmuhr also schlägt alle 15 Minuten, 1 bis 16 erzne Schläge die sich an den den Hof umgrenzenden Hausfronten brechen; ich erinnere nicht liegen die Schlafsäle nach außen, vermute aber: mit 18 hatten wir einen besseren Schlaf.

Direktor Bösemüller beugt sich vor, um die Augen Falten, sonst ein junger Mann, Jahrgang 22, kurzgehaltenes blondes Haar, *aufmerksam*, die fallen abends aber auch ins Bett, sagt er, meint die Schüler. Ich frage: Tagesplan, Schülerselbstverwaltung, Berufsausbildung, politisches Interesse. Der Mann sitzt sehr gerade da, raucht nicht, die Sekretärin kocht keinen Kaffee, die Stimme kommt eine Kleinigkeit zu laut, offiziell mithin, durch Anspannung überdeckte Erschöpfung. Biographie? Wehrmacht, sowjetische Gefangenschaft, Nationalkomitee Freies Deutschland. Seit 1952 Russisch-Lehrer in Roßleben. 55 bis 62 Parteisekretär, seit 56 stellvertretender Schulleiter, ab 62 Direktor. Verheiratet, zwei Kinder, 4 1/2 und 7, pro Tag mit ihnen eine Stunde Russisch: Dinge, Tätigkeiten, kleine Sätze. Früher spielte er Geige im Lehrerorchester. Auf irgendwas muß man verzichten. Lesen? In den Ferien, dann viel. Sonst: Konferenzen, Anleitungen, Elternbesuche, Rundschreiben, Unterricht. Mitglied der staatlichen Kommission für Fremdsprachen, des wissenschaftlichen Beirats für Russisch beim Volksbildungsministerium. Kreisvorsitzender der Nationalen Front. Festredner: nicht immer zu umgehen. Gutachter für sämtliche Russischpublikationen des Verlages Volk und Wissen, Mitautor der Lehrbücher Russisch für erweiterte Oberschulen mit R-Zug, die Ausgaben für die Klassen 11 und 12 noch zu schreiben. Einmal wöchentlich Abendschule für Werktätige mit Abiturziel in der Kreisstadt Artern, der Chef der Kreiskriminalpolizei und andere, eine Stätte wo man Leute kennenlernt.

Und Direktor: 26 Lehrer, 1 Heimleiterin für 240 Heimschüler, die Proportion beizubehalten durch die *Schülerselbstverwaltung;* jährlich mehr Externe. Jahresetat 1/2 Million: sagte Ihnen ein energischer Mann von 44 ohne erkennbaren Übergang sich zurücklehnend: *wenn ich alt bin werde ich eine Menge Geschichten aufschreiben können:* erschreckte Sie das?

Direktor Bösemüller besitzt einen Trabant, mit dem er seine Familie gelegentlich in die Umgebung ausfährt, diese steht zu Recht in dem Ruf reizvoll zu sein, besonders zur Zeit der Baumblüte. Aber der lange Herbst, der lange Nachwinter: Mathematiklehrer S., der mir seine 6. Stunde für Gedichte schenkt, weil wir mit Fräulein Dubiels einer Literaturstunde nicht auskamen, seine sehenswerte junge Frau arbeitet als Schwester auf der schuleigenen Krankenstation, wird sich auf Lebenszeit hier nicht einrichten. Montag abends ist Sport für die Frauen der Lehrer, donnerstags für die Lehrer selbst. Wir haben zwei gute Volleyballmannschaften, sagt Direktor Bösemüller. Tragen auch Spiele aus gegen die Schüler. Bei dem Wort Freizeit haben hier viele dieses milde verständnisvolle Lächeln.

Das könnte nun auch im Kaliwerk gesagt sein. Zum Kaliwerk fährt der Bus morgens um 7 vom Bäcker Hirsch, es kann aber auch später werden, wegen der Kälte. Der Bus fährt kostenlos die 2 Kilometer zum Werk, hält zuvor hinter der Eisenbahnbrücke, da stehn aufgereiht die mit hellrötlichem Mineral gefüllten Waggons tiefochsenblutfarben unterschiedlichen Schwärzungsgrades; zwei, drei steigen aus: zur Verladestation, der Fahrer würgt den Gang ein. Oder man benutzt die Werkbahn, 1/2 6 vom Bahnhof hinteres Gleis, ausrangierte Reichsbahntransportmittel verschiedener stilistischer Ausformung, in mehrere hat man eine Art Fenster wohl nachträglich eingesetzt.

Oder laufen: Das Schulgebäude verlassend, halten Sie die Richtung 0 oder 360 Grad, belassen also das Direktionsgebäude, darauf die Krankenstation, zuletzt die überdachte Glocke rechter Hand, überqueren den Vorplatz des gegenüber in ehemals gelbem Backstein errichteten größten der sechs im Ort verstreuten Gebäude der zehnklassigen polytechnischen Oberschule annähernd diagonal, umgehen die Kirche links, vorbei an Ihrem linken Arm die Frontflächen krummgealterter Dorfhäuser, Bruchstein und abgewitterter Mörtel, geklemmt ans gewellte kaum meterbreite in wie viel Jahren schiefgetretene Trottoir, 200?, zwischen 2 Brandmauern der Zwischenraum ellbogenbreit ins Dunkel ausweichend, Eisengerümpel darin dem Zugriff des Vorübergehenden durch eine Pforte entzogen, auf kopfhohen Dachrinnen Moos; sind Sie im Gegensatz zu den zur Schule oder Arbeit Eilenden mit keiner Tasche belastet, sollten Sie verharrend Atem einziehn, Wind Luftfeuchtigkeit 96 Prozent und was diese Häuser ausdünsten und an Abwässern abscheiden (in den Rinnstein), hinter innen vermutlich festgehakten, später jedoch zurückgeschlagenen Fensterläden, abgesplittertes Graublau oder Grün, wohnen Dorfbewohner. Rechts eingebogen verhalten Sie am den direkten Weg sperrenden Gitter der Kreuzung, drücken sich gegen die Wand, um dem Schlamm, den hartbereifte scharfen Benzindunst stoßweise ausblasende Traktoren aufsprühn und günstigenfalls zu Ihren Füßen niedergehn lassen, auszuweichen, sehn links schräg abwärts auf Scheinwerfer und Straßenbeleuchtung zurückspiegelnden wäßrigen Lehm, unter dem Eingeweihte Kopfsteinpflaster wissen, heben den Blick, das Gemeindeamt, die Bahnschranke, die Friedhofskapelle. Überqueren, unter Umgehung der Schutzgitter, geraden Wegs die Fahrbahn. Die Straße nach Memleben, auf der wir uns, wie der ortskundige Leser ahnt, befinden, wird am Ausgang des Dorfs von einer neuerrichteten Betonstraße nach links verlassen; diese Bewegung vollziehn Sie nach, und derart, den feuchten Wind gegens Gesicht, ausgreifenden Schritts, die Hände im Mantel und den hochgeklappten Kragen angenehm am hinteren Rand der Mütze, wissen Sie was das ist: gehen, man muß jedoch dafür früh aufstehen. Von der 3 Minuten langen gewölbten Eisenbahnbrücke richten Sie den Blick steil talwärts von wo das Geräusch der aneinanderknallenden Puffer steigt und dann Stille bis auf das Rauschen, das es ja gibt morgens, verringern den Blickwinkel bis wo Schienen und Schienenbeleuchtung im Dunkeln in eins laufen, schwenken mit diesen hochbeweglichen Regenwolken aus denen kein Regen läuft zurück zur Chaussee, und nun, wieder gradaussehend, verfügen Sie über Lungen unendlichen Fassungsvermögens, können demnach durch jeden Ihren Beinmuskeln übermittelten Willensakt Beschleunigungen positiven oder negativen Vorzeichens beliebig erzielen – jene schräg oberhalb sich zu langsam gegeneinander verschiebenden Mustern ordnenden Lichter (das Werk) werden sich nicht nähern, das einzige ist Sie gehen, irgendwann stehen Sie schließlich vor dem Pförtner, dann ist das Beste aber schon vorüber.

Es könnte trotzdem sein, ich verlasse die Memleber Chaussee nicht und müßte meine Art der Fortbewegung schrittweise nennen oder moralisierend Müßiggang. Dazu stimmt nun besser wieder Frost, auch Abend, aus dem Zusammenwirken dieser Faktoren sich erklärender vom parallel gleichsinnig strömenden Fluß Unstrut herrührender, dem Geruch rauchig erscheinender Dunst, der, hält das Wetter, als Rauhreif auf niedrigstehende Pflanzen wie den unteren Teil der von mir passierten Zaunlatten (rechts das Sägewerk) morgen früh sich niedergeschlagen haben wird.

Erwähnter Zaun folglich nunmehr linker Hand, mit noch immer der gleichen wohl für ein Pförtchen gefertigten Einbuchtung; als wir sie, es mag aus Eile gewesen sein oder aus angenehmer Erschöpfung, gelegentlich ausließen, erschraken wir dies sei das Ende der Liebe, es stellte sich noch am gleichen Abend als Irrtum heraus. Aber, oberhalb des Pfarrhauses: die bei günstigem Blickpunkt nicht endende, fast fensterlose, der S-förmig sich windenden Gasse ihre Krümmung vorschreibende Rückwand eines Stalls, ockerfarben, die Mauern gegenüber unerschütterlich steinern nach unten sich verbreiternd: hier konnte man jäh, obgleich der Mond sehr viel Licht warf, stehenbleiben müssen, als wäre man ganz woanders, nicht hier, im Mittelalter vielleicht, oder Bagdad.

Damit kann ich Direktor Bösemüller nun nicht aufhalten. Obwohl er sich des Mädchens erinnert, sie sogar beschreibt. Solche Probleme gibts natürlich immer. Kinder: in Roßleben nicht, zum Glück. Damals die 12 R: eine gute Klasse. Heute sind sie ja eingespannt. Die Berufsausbildung. Gewiß, jede 4. Woche. Überbeansprucht?

: 6 Uhr Wecken, 6.20 beziehungsweise 6.30 Frühstück, man speist in 2 Wellen, Brötchen, Butter, Marmelade, ungesüßter Ersatzkaffee geringer Konzentration, jedoch heiß, wie zu unserer Zeit unlauterer Zusätze verdächtigt; 7 Uhr

Unterricht, 12.20 endet die 6. Stunde, 38 pro Woche mindestens, für die Abiturklassen 41, der Lehrplan ist Gesetz; 12.30 Mittagessen 1. Welle.

Danach noch abzuwickelnder Unterricht; Zirkel: drei mathematische (neben der täglichen Wetterkarte hängen am Schwarzen Brett Denkaufgaben, Lösungen mit Angabe des Wegs bis zum 6. bei Mathematiklehrer Schiffner einzureichen), deren Angehörige auf Olympiaden Preise gewannen, ebenso wie die Russischspezialisten beim Berliner Fest der russischen Sprache; großer Chor, Auswahlchor, Funktechnik. Tanzkapelle. Allerlei Sport. 17.30 Abendessen, 18.30 bis 20 Uhr Arbeitsstunde, die den zur Arbeit Einsamkeit Bevorzugenden offengehaltenen Klassenräume nun geschlossen. 21 Uhr Nachtruhe für die neunten, 22 Uhr für die elften und zwölften Klassen.

– Und alle 4 Wochen zu den Eltern? – Immer nicht. Die lange Fahrt, und nach ein paar Stunden fühlt man sich überflüssig. – Kann ich nicht finden. 4 Jahre Kloster reicht einem. – Hier ist meist was los, oder man arbeitet, zu Hause wird das nie. Oder spazierengehn. – Politik? – Ja, kräftig. – Sie untereinander, oder nur in Staatsbürgerkunde? – Dort wird meist abgebrochen, als nicht zum Thema gehörig. – Zeitungen? – *Junge Welt, Neues Deutschland*. Gelegentlich *Forum*. – Täglich? – Fast. – Diagonal für die Zeitungsschau, dann schlagen sich alle um das Stubenexemplar, meist leidet die Zeitung. – Partei? – Ist man zu jung mit 18 das zu entscheiden. – Finde ich nicht, ich gehe wahrscheinlich rein. – Öfters schön hitzige Debatten bei uns. – Bei Ihnen. Und im allgemeinen?

Besser erzählte ich, wie ich im Speisesaal zu Brot und Leberwurst abends mich zu setzen im Begriff bin, und diese blonde Schönheit tritt an den Tisch und fragt »im Namen der 10 b 1«, ob ich zeitlich in der Lage sei ihnen morgen, 2. Stunde, zehn vor 8, Deutsch, das 11. Plenum »zu erläutern«, sie hätten einige Fragen. Zur vereinbarten Zeit fand Fräulein Dubiel, um Sekunden verspätet, auf dem für sie vorgesehenen Stuhl mich; man hatte sie indes vor wenigen Minuten von der Veränderung (die sie begrüßte) unterrichtet: Biologie- und Klassenlehrer Heichel erzieht seine Schüler zur *Selbständigkeit*. Auch was die Fragen angeht, beispielsweise oben Zitierte (16), die Lehrerin werden möchte: Wenn ein Schriftsteller für seinen Staat eintritt und schreibt, aber nicht für jede einzelne Maßnahme sein kann, gerät er nicht mit seinem Gewissen in Konflikt, und was macht er dann? Antworten Sie, Freund, und erkennen Sie Ihren Satz von der entpolitisierten jüngsten Generation als voreilig verallgemeinert, was Roßleben anlangt und die 10 b 1 (und die 12 a und 12 b);

»der du ausgingst zu scheren, als ein Geschorener kehrst du heim«, eigentlich Futur zwei: »wirst du heimgekehrt sein« –

dabei fällt mir die Geschichte über den FDJ-Kreissekretär ein (nur wer hinterbrachte sie?), der nicht müde war die Roßleber staatsbürgerliche Erziehungsarbeit ernster Kritik zu unterziehen und dem die Direktion antrug, gelegentlich eine Stunde besagten Fachs zu übernehmen; nach überstandener Arbeit kommentierte der Sekretär das Ergebnis, er sei »mit dem Stoff wohl nicht ganz fertig geworden«, eine bemerkenswerte Formulierung. Im übrigen besteht die anleitende Tätigkeit der FDJ-Kreisleitung darin, monatlich zwecks Vereinnahme der Mitgliedsbeiträge in einem organisationseigenen PKW vor- und wieder abzufahren. Sehr einverstanden, ganz und gar nicht typisch, aber in Roßleben.

Dort haben wir ja die Lehrer.
»die beispielsweise die Kabinette für Physik, für Chemie, für Biologie, für den Sprachunterricht in eigenhändiger Arbeit nach Feierabend eingerichtet und ausgerüstet haben. – Als

wichtigste politische Betätigung des Schülers betrachten wir hier die Lernarbeit. – Kabinettsystem heißt, im Gegensatz zum alten Physikraum, wo der Lehrer die Experimente vorführte, der Schüler zusah: für jeden Schüler einen Arbeitsplatz, an dem er experimentieren kann, also«

im Sprachkabinett schwarze Kopfhörer vor jedem Platz an einer drehbaren Gabel aufgehängt, für je zwei ein bewegliches Mikrophon, das Regiepult: Tonbänder und Knöpfe, die erlauben, sich mit jedem Schüler in Verbindung zu setzen ohne die übrigen zu stören. Das Material? die Berufsausbildung bringt Verbindung zu Betrieben, »steht man sich gut mit den richtigen Leuten« –. Im Chemiekabinett Gestelle mit, schätze ich, pro Arbeitsplatz 50 Lösungen, »die wichtigsten«; Physik: »schriftliche Aufgaben, im Unterricht wird die Schaltung gebaut, jeder eine andere, nach dem Erlebnis Es Funktioniert vergißt sich das selten. Übrigens: haben Sie schon unseren Festsaal« – jetzt kommt die Geschichte von der Salzsäure, die kennen wir schon.

Aber die von der Staatssicherheit noch nicht.

Bisher versäumten wir ja, mit Biologielehrer Heichel (der die Orgel schlägt) die Schule zu durchkämmen unter besonderer Berücksichtigung des mit teils eigenpräparierten Bälgen (erlegt ein Einwohner ein Hermelin, steht es Heichel als Kreisbeauftragtem für Naturschutz zu; er darf Plätze betreten, an denen andere, unvermutet angetroffen, Schwierigkeiten zu gewärtigen hätten) ausgerüsteten Biologieraums, in dem von Schülern versorgte (füttern und misten) weiße Ratten, Meerschweinchen und Goldhamster bei Eintritt eines Besuchers die diesem, uns, zugekehrte Wand ihres Glasbehältnisses sich auf die Hinterbeine erhebend aufsuchen; unter Heichels Aufsicht handwerksgerecht seziert, sollen sie in einem Zirkel künftiger Mediziner Kenntnisse der tierischen Anatomie über das im Lehrplan vorgesehene Maß vermitteln. Zutritt zum Biologieraum haben außer Heichel zwei einer Oberassistentin

(17) beigegebene Assistenten; ausgeklammert daß sie gelegentlich aufräumen sollen sie, höre ich, restlos verläßlich sein. Überhaupt, fragt Heichel, Sie waren auch bei den Abiturienten: finden Sie meine 10 b 1 nicht viel intelligenter? Ich soll bedenken: wenn die erst 18 sind. Zusätzlich zu von den Klassen in eigner Regie unternommenen Heimabenden (jeder lädt sich einen Partner zu Tanz und Limonade, dem Lehrer eine Flasche Wein) gibt Heichel seiner 10 b 1 literarische Abende, »den Taucher und solche Dinge«, für die im Lehrplan kein Platz bleibt, auch Schallplatten, oder ein Kurzkurs über Benehmen mit anschließender Fragestunde. »Auswärts« (zum Beispiel Weimar, Theaterfahrten im Anrecht) »nehme ich sie mal in eine Gaststätte, sie müssen sich bewegen lernen.« In Roßlebens Lokalen scheint das freilich schwierig.

Dies alles liegt wie gesagt vor uns, so daß wir die 7 oder 8 in Heichels Klasse Morsesignale zu Buchstaben rückverwandelnden Jungen noch nicht beobachten, folglich, denn das war später, Zeichenlehrer Schüttenhelm nicht begegnen konnten, der in die Geschichte verwickelt war, als Mitarbeiter unserer Sicherheitsorgane ihn unterwegs einholten.

Dann hoffe ich nur, Sie wissen, was wichtiger ist, Kaliwerk oder Schule.

Ich habe also doch den Bus genommen. Den Weg bis zur Pförtnerbaracke kennen Sie, es ist nun gleichgültig wähle ich Frostwetter oder jenen für den Wintermonat Januar überraschend eingebrochenen Föhnwind, trägt man keine Gummistiefel ist es im Werkgelände auf den Fußspitzen oder besser den Hacken zu gehen ratsam, nach kurzer Frist vermag man an der Art der Lichtreflexion oder der Verformung der Oberfläche mit fast immer ausreichender Sicherheit zu unterscheiden, ob unter der den Boden überall, doch ungleichmäßig bedeckenden Schlammschicht nach

3 oder erst nach 13 Zentimetern fester Untergrund wahrscheinlich zu erwarten ist:

Das hier ist eine Baustelle. Obgleich zugleich Kali gefördert, oder gewonnen, wird. Auf die Frage wann das aufhört (daß: wenn ein Gebäude zur Hälfte steht, bereits ein übermäßiger horizontaler Trocknungszylinder montiert wird, während Arbeiter einer Abrißfirma die Halle daneben stückweise abtragen und keiner weiß wo den Kran aufstellen und wohin mit dem Material, dennoch findet sich ein Platz für den Kran, das Material läßt sich stapeln, irgendwo hinten werden Baugruben ausgehoben, dazu die Dumper, die an der relativ gleichmäßigen Verteilung des Schlamms entscheidend beteiligt sind; das Ganze heißt *Rekonstruktion bei laufendem Betrieb,* 700 Bau- und Montageleute zu 2000 Beschäftigten, ein einmaliges betriebsorganisatorisches Experiment) sagt mein Begleiter, zuckt die Schultern: irgendwann in den nächsten Jahren. Also durch den Morast.

Es sei denn, ich wäre Minister, für den (kommt er wie üblich angemeldet) wichtige Wege geputzt werden, wie allerorts kennt man auch im VEB Kaliwerk Heinrich Rau eine Ministerweg benannte Route, die sich als optisch optimale Variante der denkbaren Besichtigungsmöglichkeiten definieren läßt. Sage ich nicht weiter; ich entsteige dem Bus, betrete die Pförtnerschleuse, rechter Hand ein weiteres barackenähnliches Gebäude, auf den betonenen Fensterbänken 1 bis 1 1/2 Schock geleerte abgestellte Getränkeflaschen, Bier, oder Vita-Cola, doch die Seltsamkeiten nehmen kein Ende: nicht im Besitz eines Werkausweises erkläre ich dem Betriebsschutz wohin ich will: dann gehn Sie mal durch, sagt der; es ist keine Lüge, ein Großbetrieb ohne Passierscheine.

Sehen Sie, es gibt Dinge. Werkdirektor Schirmer, 44, gelernter Bergmann, Ingenieurstudium Bergschule Zwickau (Steiger); damals, zwar drehte der Vater das Radio ab wenn

Goebbels sprach, von den Nazis begeistert (die Mutter Heimarbeit: Handschuhe, der Junge half Finger zuketteln: 120 Finger 9 Pfennige), 1944 eingezogen, Gefangenschaft (leitender Ingenieur eines Straßenbautrupps, 3 000 Mann, von da sein Russisch: er versteht, spricht aber nicht, was er bei Verhandlungen für nützlich hält); 1949 Frage des Kommissars: nach Hause oder Moskau Schule, überlegen bis Abend! – ?: 6 Monate zentrale Antifa-Schule, Rückkehr 1949, SAG Wismut, Mansfelder Kupferbergbau, dort Direktor des Fortschrittsschachts, später Bergbaudirektor des Kombinats, 1962 abgelöst und zur Bewährung nach Roßleben geschickt, seitdem klappt es dort, sagt Genosse Franz Becker von der Industrieabteilung der Partei-Bezirksleitung, Werkdirektor Schirmer sagt mir: dann hoffe ich, Sie wissen, was wichtiger ist.

Vorläufig vernehme ich nur die Stimme. Durch eine geschlossene, mit schallschluckenden Polstern versehene Tür. Zwei junge, Äpfel schälende Sekretärinnen erklären, den überkopfgroßen gespenstisch schwefelfarbenen Kristall unter der luftdichten Glasglocke hätten nicht sie gezüchtet. Dergleichen finde sich unten. Und kann man Kristalle züchten? Das drinnen ist das Rundgespräch. Konferenzgeschaltete Telephone: jeden Morgen Punkt 7. 5.45 beginnt die Schicht, Dispatcher, Fabrikdirektor, Grubendirektor, Kaufmännischer, Ökonomischer, Technischer Direktor haben ihren Rapport so einzurichten, daß sie in der verbleibenden Stunde einen für exakten Bericht ausreichenden Überblick sich geschaffen haben. Als letzter (jetzt) spricht der Werkleiter. Als ich, da die Phonzahl weiter steigt, zu verstehen beginne, haben die Sekretärinnen die Äpfel gegessen und beweisen, wie volltönend man auf Schreibmaschinen zu arbeiten vermag.

Die Tür, das Büro: dunkler Schreibtisch verlängert gedacht mit Fenster und der rechtwinklig zu diesem laufenden Wand ein unregelmäßiges Dreieck bildend, der den Raum in zwei seitliche Gänge teilende massive Konferenztisch verläuft in Richtung auf die dem Lichteinfall gegenüber gelegene Schmalseite ins Ungewisse, im weitaus Gewisseren, dem Fenster zu, sitzt Schirmer mit mir, dem Reporter:

Wer weiß was wichtig ist. Schirmer weiß es. Als er hier anfing war üblich, daß die Direktoren 1/2 Stunde später zur Arbeit vorfuhren oder 2: er stellte sich vorm Werktor auf. Heute $^3/_4$ 6 bei der Seilfahrt, der Obersteiger soll das fester kontrollieren. Und wieder die ganze Parteileitung wegbeordert, kommen vor Anleitung nicht zur ideologischen Arbeit. Wichtig ist Kali. Von 2 000 Tonnen pro Tag auf 9 000 jetzt. Noch Möglichkeiten. Rentabilität, straffe Leitung. Zuschüsse 65 gegen 64 auf ein Drittel gesunken, 66 erstmals Gewinn: einige Millionen. Anders als in Ihrer Schule: hier wird angeordnet. Deshalb Rundgespräch, von Mansfeld importiert: persönlicher Rapport provoziert Debattierklubs. Rauchen: eine Arbeiterzigarette? (Marke *Casino*.) Werkdirektor Schirmer sagt: ob einer Werkleiter wird oder Minister: muß Arbeiter bleiben. Isn't it? Hält mir ein Pistolett vors Gesicht, drückt ab. (Später, bei Parteisekretär Hackel, rührt sich die Klinke, Schirmer erscheint in der Tür, leicht vorgebeugt als wäre die Füllung zu niedrig, verharrt, grüßt, murmelt: ob Hackel schon gehört hätte, unter Tage sei eine Kiste Sprengstoff verschwunden, die Kriminalpolizei im Werk. Hackel hat gehört. Wird schon keiner gestohlen haben. Wohl nur nicht eingetragen. Wahrscheinlich. Schirmer nickt, wendet sich, langsam, zur Tür: da sehe ich er hält in der Rechten das Feuerzeug, winkelt, Finger am Abzug, die Hand aufwärts, senkt sie, geht, die Schultern nach vorn, der Pistole nach, jetzt eiliger, schließt die Tür ohne hinzusehen.)

Über einen anderen Direktor, aus der Zeit der nach 1945 in unregelmäßigen Abständen, aber auf das halbe Jahr sicher voraussagbar einander ablösenden Werkleitungen erzählt man: Von der nach den Westzonen geflüchteten Leitung des Salzdetfurth-Konzerns mit der Drosselung der Produktion beauftragt, dieser Aufgabe in, aus der Sicht der vormaligen Besitzer, treuer Pflichterfüllung obgelegen, habe er beim Herannahen eines Fahrzeugs der Sowjetischen Militär-Administration (Hupen, Bremsen, aus dem gepanzerten Gefährt ein Major in Uniform, oder einfach jemandes Telefonat aus dem Pförtnerhäuschen) zum Glas gegriffen, geschluckt, sei von einer Lähmung des Atemzentrums unverzüglich ergriffen worden: Zyankali, ein Tod zwar mehr aus der Chemiebranche. Sei auf dem Roßlebener Friedhof ordentlich (ob mit oder ohne letzten Beistand der Kirche wäre zu erfragen) begraben worden, überraschte Besucher hätten, nach Verlauf von 8 Tagen, das Grab geleert gefunden, je weiter die Jahre ins Land ziehen, desto weniger, meint mein Gesprächspartner, bestünde Aussicht diesen Fall bis ins letzte zu klären, die Leiche wurde nie wieder gesehen. Über Direktor Schirmer sagt man, er sei *nicht nachtragend;* auch ich bin es nicht, bin freilich durch die Art meiner Tätigkeit kaum veranlaßt, zu Direktoren, und vielleicht jeden Morgen, laut zu werden, grundsätzlich scheint mir diese Art zu leiten nicht ohne über gemeinsame Zielstellung und Anerkenntnis gegenseitiger Tüchtigkeit hinausgehende *Zuneigung* praktizierbar. Zudem möchte ich, bekräftigt ein im Umgang mit Industriekadern erfahrener Freund, die Unterschiede des Temperaments in Rechnung stellen, die zwischen Leitungskräften der Grundstoffindustrie, darunter Kali, und der chemischer Betriebe hinreichend wahrscheinlich anzutreffen seien, bei letzteren häufig eine mit korrekter Höflichkeit gepaarte Kühle, während im Bergbau: nun, meine Beobachtungen sind damit im Einklang; der zur Gewinnung von Kalidünger (und bedenkt man den damals äußerst geringen Grad der Mechanisierung!) vergleichsweise etwas zu elegante Tod erwähnten, dem Kapitalismus bis übers Grab verschworenen Direktors wird als statistische Ausnahme oder als durch besondere Umstände bedingt passieren dürfen. Hier, Januar

1966, oder Februar, ist es so: beispielsweise ein Roter Treff:
eine breite Treppe abwärts

(ans Geländer gedrückt die um ein Viertel bis Drittel verkleinerte Nachbildung einer Litfaßsäule, rot bespannt, am Fahnenstoff auf Saugpapier abgezogene Mitteilungen der Direktion, oder original mit Maschine, Prämienausschüttung, namentliche Liste: unentschuldigte Fehlschichten, immer die gleichen, sagt mein Begleiter, was tut man mit ihnen, versucht zu erziehen, dreht man sie andern Betrieben an ist keinem geholfen, hier kennen wir sie wenigstens, eine Art Kontrolle also, aber) Kaliarbeiter von der Schicht kommend, Gesichter, die mir bekannt scheinen, Schichtzug oder Dorf oder Leuna, müde? dennoch nicht unfroh, begrüßen die sie ablösend Einfahrenden mit einer Art Augurenlächeln: jetzt ihr also, die Erschöpfung setzt, nach dem Bad, im Schichtzug ein. Treppab also, schwarz grundgefärbte, nun grau bestaubte schwere Schuhe, Arbeitshose und -jacke ehemals weiß, die Helme, länglich verformte halbe Hohlkugeln mit mondsichelförmigem steifem Schirm, blau oder weiß oder orangen, die Farben bezeichnen Tätigkeitsmerkmale, Rettungsgerät (in einer Art Gasmaskendose) und Bergmannslampe sind schon abgelegt. Der Rote Treff geschieht hinter einer gegen die Flurwände zurückgeschlagenen Flügeltür, man drängt aus, ein, lehnt, treppauf, am Geländer, könnte auch im Hof vorm Direktionsgebäude eine Zigarette nehmen: was, hinter der Flügeltür, der Grubendirektor oder sein Stellvertreter ins nur am Kabel befestigte, also jedem zureichbare Mikrophon ruft, neue Prämienordnung, Materialeinsparung, »daß Werkzeug noch immer wenn nicht mehr gebraucht liegenbleibt, so gehen uns jährliche Werte verloren von« wird vom Werkfunk ohnehin übertragen, ein Nachteil dieser einzigen Methode eine Belegschaft annähernd vollzählig zu erreichen: selten traue einer zur gewünschten Diskussion ins Mikrophon zu sprechen sich zu.

Aber das müssen Sie nicht verallgemeinern. Sehen Sie in unserem Büro für Neuererwesen: die Zahl der eingereichten Verbesserungsvorschläge –: wenn etwas von Literaturtheorie populären Charakter gewann, dann der Ausdruck »typisch«; einen Autor des den Abschnitt einleitenden Satzes anzugeben unterlasse ich nur, weil er so häufig mir nachgereicht wurde, und zwar jeweils zu einer Geschichte, die der Betreffende, ohne eigens aufgefordert zu sein, des Mitteilens wert hielt, beispielsweise jener Ingenieur, der mir Unfälle schildert und unvermutet in Bitterkeit verfällt.

> »sind Sie nämlich verantwortlich« (aus Hilfsbereitschaft hatte ein Elektriker eine Grubenlokomotive, wie üblich ohne Berechtigungsschein, gesteuert, die Verletzungen waren tödlich) »kennt kein Freund Rücksichten, bloß mit dem Rücken zur Wand, die wollen ein Papier sehen, daß der Mann belehrt war, oder daß Sie den Mißstand angezeigt haben, schriftlich, nur Schriftliches, ist der Mann selbst schuld sind alle zufrieden, an Sie denkt andernfalls keiner, ein halbes Jahr Prämienentzug«

oder ein anderer, manches läßt sich schwer aufschreiben. Drittes ist ungewiß, zum Beispiel Abiturienten: »Früher hörten wir Radio Luxemburg, dann DT 64, seit die nun lahm sind müssen wir eben auf Luxemburg zurück«: das Ministerium, warnt ein Freund, ließe das möglicherweise durch, jedoch der Schulrat, und dann auf den Kopf von Direktor Bösemüller. Indes könnte ich der Wahrheit entsprechend dazustellen, daß ich keinen finde, der in der Bundesrepublik leben möchte, freilich mit dem Zusatz zum Nein: mal hinfahren, ansehn. Wiederkommen. Dann möglicherweise das Bild, das auf Direktor Bösemüller während eines abendlichen Rundgangs von der Wand einer Knabenstube zugleich fremd und vertraut anmutend schaute, ich weiß nicht der Porträtierte im weißen Mantel oder sich die Pfeife anzündend, Sie erraten: nicht Bismarck, sondern Josef Wissarionowitsch, er würde doch rehabilitiert, wußten die Schüler, oder seis schon. Mein Freund rät mir einzurücken, der Abgebildete habe schließlich auch mehrere nicht unbeachtliche Schriften verfaßt. Ich berichte den ausgedehnten Briefwechsel mit ausländischen Schülern, eine teils auf-, teils abflauende die Sprachfertigkeit fördernde Beschäftigung nicht ohne modischen Akzent, einer, künftiger Journalist, rechnet 24 Partner auf, England, Australien, Sowjetunion, Schweiz (von wo eine Siebzehnjährige schreibt wie unterdrückt wir hier sind, darauf höflich aber fest aufgeklärt wird). Vietnam ist nicht darunter, dorther schrieb eines Tags einem andern ein Mädchen. Nahm dieser fälschlich an, der Brief war fingiert, der folgende begann mit einer Entschuldigung: die Absenderin habe nicht eher sich zu melden vermocht, because the Americans bombed down our village and my poor old grandfather was burned within the flames, oder ähnlich, der Empfänger merkte es am schwachen Englisch, die halbe Schule habe da tagelang gelacht, sagt man mir.

Kompliziert, aber die meisten entwickeln sich. Werkdirektor Schirmer nennt Beispiele, der Klub Junger Techniker, 170 Jugendliche, meist Lehrlinge, 30 Ingenieure als Betreuer, die Abteilungsleiter verantwortlich für ihre Abteilungsklubs, eine Anlage zur schnellen Bestimmung des K_2O-Gehalts im Rohsalz, eine zentrale Meßstation, aus der sich durch Anwählen jederzeit die wichtigen Werte erfragen lassen, von Lehrlingen, Klubmitgliedern erbaut, die Liste ist lang, das K_2O-Meßverfahren in der gesamten Kaliindustrie eingeführt, vieles wird ausgestellt, Messe der Meister von morgen: im Betrieb, Bezirk, in Leipzig (zentral).

> »aber dann ein paar, fahren von einer Ausstellung zur andern, haben (in der Arbeitszeit) gut gearbeitet, unter Anleitung, nie selbst konstruiert, und halten sich für Erfinder, werden ausgezeichnet, verlieren die Maßstäbe: ein Jahr lang in Referaten als Beispiel verallgemeinert bis das nächste anfällt«

Wie dem sei: erweist sich einer als begabt und interessiert, schlägt ihm die Betriebsleitung vor, an der Berufsschule das

Abitur zu erwerben, schickt ihn (1 Jahr) durch die Abteilungen, delegiert ihn (unter Vertrag) zum Studium (Freiberg in Sachsen), in diesem Jahr 25; ob aber das Werk nicht, wie anderswo die Genossenschaften, Fangbecken ist für aus der 6. oder 7. Klasse Entlassene, nach dem Spruch Dafür Reichts? Es reiche nicht, widerspricht der Werkleiter, zum Beispiel über Tage: kaum einer, Verwaltung ausgenommen, doch selbst da geht vieles an eine zentrale Rechenstation, tut hier die gleiche Arbeit wie vor 3 Jahren, Modernisierung, Rekonstruktion, das wissen wir, registrieren dennoch Schirmers Unsicherheit: haben wir doch mit Zwischenblick auf haarwärts gezogene Stirnhaut, Skepsis andeutend abwärts gepreßte Mundwinkel eines in der Berufsschule lehrenden Ingenieurs dort verfertigte schriftliche Arbeiten eingesehen, erraten daß karmax, Orthographie original, Karl Marx meint, uns, ihn gefragt, ob wohl der Verfasser wisse daß es sich um eine Person handelt, sodann nach der siebten ähnlich oder derber die Phantasie beanspruchenden Arbeit, von der vorangegangenen Grubenbesichtigung erschöpft, die Lektüre eingestellt, möchten Sie Berufsschullehrer sein (500 Jugendliche in Ausbildung, weitere 600 im Werk, und was verbringen die nach Feierabend?)?

Morgen wäre Gelegenheit, abgesehen von den Hospitationen Staatsbürgerkunde (12 b) und Russisch (12 a)

– die Inkongruenz subjektiver und objektiver Zeit dann anschaulich, begründen Sie die Überlegenheit der sozialistischen über die kapitalistische Gesellschaftsordnung, in 45 Minuten, bei bisweilen heftiger Diskussion (obgleich man, ab 7 Uhr, die leicht säuerliche Luft des Klassenraums atmet): der Arbeiter in Westdeutschland ist an Produktionssteigerung nicht interessiert, weil dann die Krise droht; na; auf Claudias Einwand betreffend das bei Roßlebener Kaliarbeitern durchaus nicht gleichmäßige Interesse an Mehrproduktion antwortet der Lehrer: da zeige sich, welche

Überzeugungsarbeit noch vor uns liegt – so emulgieren die Kategorien, Wesen Erscheinung, Subjektives Objektives, und weshalb ist das Gesetz der Übereinstimmung von Produktivkräften und Produktionsverhältnissen das allgemeinste? weil es überall gilt! richtig!, die allgemeinste Eigenschaft von Dreiecken ist: sie haben drei. Aber Russisch: wird auf Russisch gelehrt von Direktor Bösemüller, zügig mit gelegentlich sarkastischen Einlagen unter Benutzung der *Pionerskaja Prawda*, ein Organ das mit seiner Heimatsprache kaum anders verfährt als hiesige Blätter mit der ihnen ausgelieferten deutschen, seitdem argwöhne ich, irgendwelche sympathischen Fremdländler möchten an Texten der *Tribüne* in deutsch ausgebildet werden, oder nach der *Neuen Deutschen Literatur* –

morgen also wäre Gelegenheit die Pfarrer aufzusuchen. Werkdirektor Schirmer wird in der Bezirkshauptstadt Halle beschäftigt sein, der Bezirkstag beschließt den Plan 1966 und, hofft Schirmer, damit den Schulneubau Roßleben (zehnklassige Oberschule); »muß sehn, einen Beschlußentwurf zu erwischen, steht die Schule wieder nicht drin schleunig aufs Rednerpult.« So fragen wir abschließend kennt Werkleiter Schirmer Zeichenlehrer Schüttenhelm (ja), dessen Geschichte länger zurückzuhalten schiene unbillig.

Die Staatssicherheit rief an.

Oder eine Stimme, die sich auf glaubwürdige Art auswies. Nun war Schüttenhelm, wie sich aus den Fragmenten der Berichte folgern läßt, bereits nicht mehr anwesend, doch konnte die Richtung in der er sich entfernt hatte ermittelt werden, die Genossen, es bot keine Schwierigkeit, holten ihn ein, er entstieg dem PKW in der Kreisstadt, wurde, wie das zu gehn pflegt, in einen Raum geleitet, wohl bleich. Verständnis, jedenfalls, wäre aufzubringen, Schüttenhelm sah sich Ölbildern gegenüber, es sollen 80 gewesen sein,

Postkarten nachgemalt, Waldseen, Alpen, Wälder im Herbst, Rosen und brünstiges Wild, falls das eine Vorstellung ungefähr zu vermitteln geeignet ist. Die Gemälde sollen von zwei in einem Wartburg vorgefahrenen Männern in Landwirtschaftlichen Produktionsgenossenschaften tätigen Bauern überbracht worden sein, mit der ich weiß nicht in welchem Ton gegebenen Versicherung, dies sei eine Prämie des Landwirtschaftsrates, verliehen für Einsatzfreude auf den genossenschaftlichen Feldern, das Bild komme 1 000 Mark der Deutschen Notenbank, da es jedoch als Anerkennung gedacht sei, begnüge sich die Behörde mit der Erstattung der Material- und Transportkosten in Höhe von DM 200 (zweihundert), im übrigen sei das Werk, von hohem künstlerischen Rang, mit französischen Farben auf westdeutsche Leinwand gemalt, was es gegen bei gängigen minderen Qualitäten zu gewärtigenden Verfallserscheinungen von vornherein immun mache. Die Sicherheitsorgane ihrerseits wurden, heißt es, aufmerksam durch eine vom Kreislandwirtschaftsrat weitergeleitete Beschwerde eines Bauern, der, seine im Fleiß ihn keineswegs übertreffenden Kollegen rundum ausgezeichnet, sich übergangen fühlte. Sei es in einer Anwandlung ungezielten Argwohns, sei es in Zweifel über die Exaktheit der Kalkulation hatte einer der ausgezeichnet Geschädigten die Nummer des vorgefahrenen, um ein Kunstwerk erleichtert sich entfernenden Wartburg notiert; das rückhaltlose Vertrauen der Betrüger in das mehr als 1 zu 80fache Vertrauen der Bauern zur Kunstpolitik unserer Landwirtschaftsräte erwies sich als Verhängnis, sie wurden gefaßt. Zeichenlehrer Schüttenhelm bestimmte, als Experte, den Kunstwert der sichergestellten Objekte durch eindeutige Handbewegungen. Ihr seht, leitet er vorm wöchentlich für 2 Stunden sich zusammenfindenden Zeichenzirkel, 2 Jungen 12 Mädchen, den Übergang zur Arbeit ein, wie viel noch zu tun bleibt den Kunstsinn unserer Menschen zu entwickeln; wir wollen heute erstmals ein Porträt versuchen.

Kalium ist ein silberweißes, sehr weiches Metall, das sich leicht schneiden läßt; seine Dichte ist 0,6, sein Schmelzpunkt 63,5 °. Es muß unter Petroleum aufbewahrt werden, da es sonst sofort durch den Sauerstoff der Luft oxydiert wird. Im periodischen System der Elemente gehört das Kalium in die Gruppe der Alkalimetalle: Lithium, Natrium, Kalium, Rubidium, Caesium. Man stellte schon frühzeitig Pottasche (kohlensaures Kalium) dar, indem man Holzasche auslaugte, die Lauge in eisernen Töpfen (Pötten) eindampfte und in hölzernen Fässern erstarren ließ. Das Wort Kalium selbst stammt aus dem Mittelalter; es leitet sich von der arabischen Bezeichnung »al kali« für Asche her. Die Kalisalze haben sich in der Zechsteinzeit beim Austrocknen eines Meeresteils abgeschieden, der damals Mitteldeutschland bedeckte. Die wichtigsten Kaliminerale sind der Kainit, das Hartsalz und der Sylvinit. Nach dem Austrocknen des Meeres wurden die Salzlager durch Staubstürme mit Staub bedeckt, der bei späterer nochmaliger Überflutung dieses Gebietes eine Schicht von Salzton bildete, welche die Salze vor Wiederauflösung bewahrte. Justus von Liebig hatte im Jahre 1840 beim Studium der Gesetzmäßigkeiten der Ernährung der Pflanzen festgestellt, daß Kali neben Stickstoff und Phosphorsäure zu den Hauptnährstoffen gehört. Besonders stark ist das Kali angehäuft in den Zentren des Wachstums, also an Stellen, an denen Zellteilungen oder Neubildungen vor sich gehen oder Stoffwechselprozesse besonders intensiv verlaufen. Kalireich pflegen vor allem Samen und Früchte zu sein. Im Rahmen der üblichen Fruchtfolge muß man bei landwirtschaftlichen Kulturen mit einem jährlichen Kalientzug von rund 125 kg je Hektar rechnen. Die Auswaschungsverluste an Kali liegen je nach Bodenart zwischen 10 bis 45 kg/ha. Eine Stallmistgabe von 300 dz/ha, die alle 4 Jahre verabfolgt wird, führt dem Boden, auf das einzelne Jahr berechnet, etwa 45 bis 50 kg K_2O wieder zu; der Boden verarmt somit jährlich um 95 bis 120 kg K_2O, wenn ihm nicht Kali in Form mineralischer Düngemittel wieder zugeführt wird. Der Mechanismus der

Kaliaufnahme kann wie folgt dargestellt werden: Wenn in den lebenden Zellen organische Säuren mit großen Anionen gebildet werden, so treten deren H-Ionen entlang dem entstehenden osmotischen Druckgefälle infolge ihrer Beweglichkeit rasch aus den Zellen in die umgebende Lösung aus. Die Zellen laden sich dabei negativ auf und ziehen K-Ionen an. Dieser Austausch von K- und H-Ionen hält bei der Veränderung der Intensität der Säurebildung die H-Konzentration in den lebenden Zellen konstant, was eine wichtige Voraussetzung für den Ablauf der vielfältigen fermentativen Umsetzungen in den Zellen ist. So erklärt sich, daß bei der Atmung in den Geweben eine K-Anreicherung erfolgt, die dem Sauerstoff-Partialdruck parallel geht –

ähnlich könnte es während der Seilfahrt (grubenwärts) von Diplom-Ingenieur Enderlein mir erklärt worden sein, zum Ausgleich der bei raschem Höhenwechsel am Trommelfell jäh spürbaren Druckdifferenz zwischen Körperhöhle und Außenwelt verhilft kräftiges Schlucken, die Kalibehälter, an die 10 Tonnen fassend, werden mit 12 oder 14 m/sec gefüllt aufwärts, leer abwärts gerissen; wo sie oben ihre Last auf ein weiteres Band entleeren, sitzen zwei Arbeiter, deren einer, ob aus Mißtrauen in die automatische Anzeigevorrichtung oder weil diese überprüft werden soll? für jeden eintreffenden, seinen Inhalt auskippenden Behälter einen Strich auf ein aus einem Heft gerissenes Blatt zeichnet; die Anlage kann automatisch arbeiten, jetzt steuert er von Hand: »am Morgen muß sie erst warm werden«; der Förderturm, neu, ist über dem alten errichtet während dieser 2 Jahre und 3 Monate noch in Betrieb war, eine Leistung auf der Erde ohne Beispiel, die Förderung ruhte statt 36 nur 9 Monate, 13 waren geplant. In der Grube geschieht der Transport des vorgebrochenen Rohsalzes (dieses von schmutzig-rötlichem Grau) auf Bändern, der von Arbeitskräften und Besuchern hingegen auf Lastkraftwagen, Motorrädern oder einem ausrangierten Jeep der sowjetischen Armee; ins unter dem Kali gelegene Steinsalz ist eine Autoreparaturwerkstatt geschlagen, in wirtschaftlichen Abständen sind Zapfstellen für Benzin aufgestellt. Die höchstzulässige Geschwindigkeit von 30 Kilometern pro Stunde dürfte eine psychologische Grenze markieren: besonders dem rechts außen plazierten Insassen stürzen im bräunlichen Halbdunkel Decke und Wand so rasch entgegen, daß einen festen Punkt zu fixieren schwierig wird.

Oder ich beziehe mich auf die Schwierigkeiten der Verständigung, als wir über Berge abgesprengten Rohsalzes, die Korngröße zwischen 0,05 und 50 Zentimetern, vor Ort stiegen, um das Bohren der Sprenglöcher zu beobachten: beredt erklärt mir der Lehrhäuer was bei seiner Arbeit zu beachten ist, leider scheint der semantische Gehalt der wichtigsten Wörter vom üblichen derart different, daß mehr als ein Eindruck heftiger Kompliziertheit nicht blieb. Schon eher verstehe ich die beiden Häuer, die wortreich Beschwerde führen, weil der Schrapperfahrer (er bedient eine Art Stahlschlitten, der das freigesprengte Salz aus dem Stollen zieht) nach *ihrer* Leistung entlohnt wird, ob er nun eine Schicht braucht das Salz aus dem Stollen zu holen oder zwei; ihre Vorschläge: rechnen Sie nach – (sie rechnen vor) blieben ignoriert; die Bemerkung alles sei wohl zwecklos veranlaßt den Haupttechnologen zu einer mit Beispielen belebten Rede, man müsse bis man sich durchgesetzt habe kämpfen, wo wäre er hingekommen, nehmen wir den Fall als ...

Oder ich gebe zu ich habe es abgeschrieben. Ich könnte dann hinweisen, daß bei Jacob* von *Flotation* bereits die Rede ist; nachdem ein Band das Rohsalz in die Mahlanlage transportiert hat (vor der zimmergroßen Schaltwand des fünfstöckigen Gebäudes zwei angelernte Arbeiter, »keine

---

* *Prof. Dr. A. Jacob, Kali, Gewinnung und Anwendung der Kali-Düngersalze, Neudamm-Melsungen 1955.*

Angstzustände allein mit der Riesenanlage?«, er lächelt dünn, mag nicht erzählen wo er zuvor gearbeitet hat, wozu auch) wird es angemaischt, das ist mit einer hier Lauge genannten neutralen Lösung verrührt; *früher* nutzte man (siehe Pottasche) die unterschiedlichen Siedepunkte um die kaliumhaltigen von unerwünschten anderen Salzen zu scheiden, die Schwere der Arbeit soll der in herkömmlichen Karbidfabriken vergleichbar gewesen sein. Das Prinzip der Flotation von der Erzaufbereitung auf Kali ausgedehnt zu haben ist das Verdienst der Roßlebener und des ihnen behilflichen Freiberger Instituts, laienhaft ausgedrückt besteht es darin, daß erwähnter Maische Amine beigegeben werden, sie haben, sind es die geeigneten in geeigneter Konzentration, die Eigenschaft um die kaliumhaltigen Moleküle eine Art Film zu bilden, so daß diese, ein rötlicher Schaum, nach oben treiben und in einer Halle, durch die man ans andere Ende zu kommen eine Weile zu gehn hat, in nebeneinandergeordneten Wannenreihen von sich ohne Pause bewegenden Klingen abgeschöpft werden können. Nun wäre zu erklären, daß das Auffinden der optimalen Variante der Zusätze einem unablässigen Ratespiel gleicht, statt der Reinamine mit Erfolg ungereinigte eingesetzt werden, was die Kosten senkt, die einstige Pilotanlage benutzt wird, einen bisher von auswärts bezogenen teuren Zusatzstoff selbst herzustellen, oder was Amine sind, doch ich lasse die Kirche im Dorf.

Pfarrer werden von Reportern wahrscheinlich selten aufgesucht, nicht anders erklärt sich mir die beim unterschiedlichen Temperament beider Herren auffallend sich ähnelnde Reaktion auf meine Vorstellung: berufsbedingt Herzliches wechselt zu unschlüssiger, mit schmalem wenig beweglichem Lächeln bewehrter Reserviertheit. Dennoch weist mir Pfarrer Lange unter persönlichen Mühen (eine schwere Bank ist zu rücken, ein Schlüssel zu finden) das einzige Baudenkmal des Orts, das zu besichtigen gelegentlich Kunstprofessoren mit ihren Schülern erscheinen: eine zum Hinterhof oder von dort ins Haus führende Renaissancepforte. Weiter einen Kanonenofen, der den mit wenigen Kirchenbänken bestellten unter Hinzunahme von Stühlen 100 Personen Platz bietenden Estrich für den sonntäglichen Gottesdienst zu erwärmen bequem in der Lage sei, zwar könne die Kirche, einst über einer kleinen Kapelle errichtet, freilich nicht bei laufendem Betrieb, elektrisch beheizt werden, doch sinke die Voltzahl allzuoft unter den Normalwert, so daß man winters vorliebnehme – obwohl das Pfarrhaus zu jenen zählt die betretend der Besucher die eignen Bronchien zu hören glaubt, der älteste Stein mag vor 1 000 Jahren eingemauert sein.

> »– wie anderswo hat äußerlicher Rückgang auch hier Selbstbesinnung, also Festigung wenn nicht bewirkt, so doch eingeleitet, ein vielleicht heilsamer Prozeß, zuversichtlich: ein beständiger regsamer Kern«

ihre Sprachregelung haben sie hier also auch. Kontakt zur Jugend? kein schlechter; aus der Oberschule? mal ja, mal nein – Pause – zur Zeit nein; »es heißt den Ton finden, *Aufgaben*, einer repariert hingegeben unsere Turmuhr, andere betreuen alte Gemeindemitglieder«. (Mein Wunsch: 1 Turmuhr für die FDJ, oder 2.) »Wäre ich weniger eilig, hätte ich abzulegen Sie bereits gebeten«; dennoch kommen wir ins Gespräch, Erinnerungen, 1953 (was eigentlich macht ein Gesicht, nun in unverwundener Bitterkeit gerötet, so prägnant evangelisch?): wer wollte, was wir mit der Entlarvung der Jungen Gemeinde damals uns leisteten, rühmlich nennen? daß unser Abitur so zeitig lag, nenne ich eine glückliche Fügung, anders hätte ich möglicherweise Grund hier nicht vorzusprechen. Immerhin einigen wir uns, 1953 sei, im Vorwärtsschreiten, überwunden, so daß ich bemerken kann, nun hätte ich Ofenwärme unterm Mantel ausreichend akkumuliert; zum Ausgleich bekomme ich das Renaissanceportal zu sehn, »und, um es zu wiederholen, die Kirche lebt, ein Konzentrationsprozeß statt früherer Extensität«.

»Geschichte studiert: hier? Leider ist dann das Ihnen vermittelte Bild nicht objektiv; leicht zu beweisen, ich hatte Gelegenheit auch Schriften aus dem anderen Teil Deutschlands einzusehen. – Die Kirche? Wie Sie wissen seit der Reformation der Welt im großen zugewandt, wir begreifen unsere Arbeit als Verantwortung: Aufgabe des Glaubens führt zu Maßverlust und Subjektivismus. Beispiele Hitler oder auch Stalin, die zu Verbrechern wurden, nachdem sie von der Kirche sich gelöst hatten. Franz Josef Strauß? Folgt er den Geboten der Kirche, wird was er tut richtig sein. Manche möchten die Kirche für den Aufbau des Sozialismus benutzen – wir lassen uns nicht zum eigenen Totengräber machen. – Unvorstellbar: unser Bischof darf nicht herein aus Fulda! Staatsgrenze? Die Kirche kann zeitweisen Änderungen nicht mitlaufen, mit Politik hat das nichts zu tun. Im Gegenteil, man trägt sie hinein: der Brief der polnischen Bischöfe. Den Bischöfen ging es um Versöhnung, statt dessen verlangt man Stellungnahme zur Oder-Neiße-Grenze: das ist als Politik nicht Sache der Kirche. (Pius XII. hat viel für die Juden getan, man muß auch schweigen können.) – Marxismus, leider: nichts als katholische Religion mit negativem Vorzeichen. Ich kenne mich aus, habe mehreres gelesen. – Religion unter anderem aus Magie und Animismus hergeleitet?: Pseudowissenschaft, der Vormensch hatte den *reinen* Glauben, Animismus war bereits Dekadenz. Beweis: Ein Priester erwarb sich das Vertrauen der als polytheistisch angesehenen Feuerländer, erlernte die Sprache, entdeckte ihren heimlichen Monotheismus! – Zum Gemeinderat? führt lediglich Anweisungen aus. Der Bau einer Kirche wird uns nicht genehmigt, da wir die evangelische nur zu ungelegenen Zeiten benutzen können möchten wir eine eigene: man läßt uns leben, doch gibt uns nichts zum leben. – Arbeit mit der Jugend? Intensiv. Heilige Schrift, Dogmatik, Vorbereitung aufs Leben. Familie, Ehe, Brautschaft. Wie man sich in der Öffentlichkeit bewegt. Allgemeinbildendes: Baustil. Twist lernen bei mir? woher haben Sie das? Ich selbst bin total unmusikalisch. Wenn gelegentlich, dann um den modernen aufs Sexuelle gerichteten Tänzen einen Sinn zu geben, veredelnd. Politik? Wie ich schon sagte überhaupt nicht –«

das war der katholische Kollege, ein wenig jünger als ich, der die Dorfjugend um sich schart. Wenn Sie objektiv berichten, wird es wohl nicht gedruckt, meint er zum Schluß. Manchmal fällt es schwer Zorn unterzuschlucken. (Auf wen denn?) Ich hätte zuvor den Weg beschreiben sollen. Hinter dem Bahnhof nämlich setzt sich Roßleben fort:

Tag, Mittag, auf den Schlamm fällt Sonne, Arbeiter graben die hügelan führende Straße auf für die neue Wasserleitung, rechts zweigeschossige Siedlungshäuser, deren Abfluß noch im Rinnstein endet, ich halte mich links: die Neubauten. Zunächst drei-, dann vier-, schließlich fünfstöckig, wild nach offenbar mehrmals geändertem Plan in die Gegend gesetzt (der für Kinderhort und Löschteich-Planschbecken vorgesehene Platz mußte, erfahre ich im Gemeindeamt, mit Wohnblocks bebaut werden, da ein Teil bereits aufgeschlossenen Baugrunds sich als ungenügend fest erwies) umgeben von feuchtem braunem durch Gefährte und Schuhwerk mit Mustern unterschiedlicher Art überzogenem Acker: die Wege sind noch nicht hergerichtet, die Jahreszeiten gehn ins Land, doch eine andere Firma ist zuständig. Zwingen Sie sich dennoch, wie ich, vorbei am einzigen für die 2 000 neuen Einwohner errichteten Lebensmittelladen, fertigen oder halbfertigen, dementsprechend in Gelb oder rohem Grau die Sonne mehr oder weniger rückstrahlenden Großblockhäusern, Traktoristen, Kindern die in Pfützen rühren, oder waten, gelangen Sie schließlich zum flach in eine Senke vorspringenden, mit abgelegtem Werkzeug, Moniereisen, Kabeltrommeln, zerspitterten oder anderswie unbrauchbaren Betonteilen belegten Gerümpelplatz; von dort haben Sie das (neue und hohe) katholische Pfarrhaus im Blick, vor dem ein geschätzt 4 Meter aufragender Christbaum bei einbrechender Dunkelheit das Licht seiner elektrisch gespeisten Kerzen übers Dorf sendet als ein Zeichen.

Da lob ich mir meine Arbeiter- und Bauern-Macht.

Sie heißt in Roßleben Bürgermeister Stockkamp und Bürgermeisterstellvertreterin Vethke; Stockkamp, an die 40, nach Gesicht und Gestik Arbeiter, leitet sachlich und auf Kürze drängend die Ratssitzung, Genossin Vethke assistiert freundlich energisch, beide haben ihr Amt im Oktober übernommen und wünschen sich vom Ratssitz zur Wohnung einen unterirdischen Gang: auch ich habe den Wind aus seit 7 Tagen unverrückt vor den Häusern wartenden Müllkübeln und -kartons die Asche übers Pflaster treiben sehn, die Arterner Müllabfuhr konnte des Glatteises, kann nun des Tauwetters wegen den Abladeplatz nicht befahren, so daß die Einwohner sich weigern die Abfuhrgebühren zu zahlen, oder sie schiefen Blicks auf dem Gemeindeamt abliefern, oder des Bürgermeisters und seiner Vertreterin Heimweg durch Schmähreden beeinträchtigen. Und sehen Sie, Roßleben:

wuchs in 10 Jahren um 2500 Einwohner auf 6000. Das Kaliwerk wirbt Arbeitskräfte, technisches Personal vor allem: Wohnungsbau. Die Leute reisen an, meist jung verheiratet, ein Kind, oder eins wird erwartet. VEB Heinrich Rau verliert die zur Arbeit eingesetzten Strafgefangenen – Zusatz- und Sonderpläne: Wohnungen. Ein Gesetz begrenzt nun die durchschnittliche Wohnfläche auf 49,5 m². Werkleitung, Parteisekretär Hackel, Bürgermeister verfassen vergeblich Eingaben. Zu dritt in einer Zweizimmerwohnung mag angehn? zu viert? und wenn die Kinder älter werden? Mittel für Nachfolgeeinrichtungen: Kindergarten, -krippen, Straßenbau und -beleuchtung, Läden, Dienstleistungsbetriebe von Jahr zu Jahr gestrichen. Die zehnklassige Schule lehrt in 2 Schichten in 6 Gebäuden, eins war früher ein Schuppen. Für die seit 1956 geplante Schule (ist sie nun genehmigt?) werden heute die Möbel geliefert: bestellten wir sie nicht verfiele das Geld. Eine einstige Gärtnerei außerhalb des Plans mit Industriegeldern als Kindergarten eingerichtet: 125 Plätze, aber zu wenig. Die Frauen, bei der Werbung hatte das Kaliwerk auch für sie Arbeit versprochen,

sitzen zu Hause, ausgehn wohin? verlangen Beschäftigung
– selbst wenn die Gemeinde alle Kinder unterbringen
könnte, fehlte es an Arbeitsplätzen: regelrechte Auftritte. So
unsere Probleme. Von früh bis nachts, können Sie mir glauben, und manchmal schläft man schwer ein.

16 Uhr tagt der Gemeinderat: die Dachrinnenreparatur für
die Goetheschule muß wieder gestrichen werden; eine
Hälfte der Turnhalle ist zu sperren, da die Balken faulen;
zur nächsten öffentlichen Ratssitzung Bericht der Direktion
des Kaliwerks über den Plananlauf 1966: gut wäre, die zuständige Kommission bereitete sich vor, möglicherweise ist
sie in gewissen Punkten anderer Meinung als der Berichterstatter. Familie Löffelholz lebt mit 6 Kindern in 3 Räumen, bei Frau A. steht eine geräumige Wohnung leer, doch
eine Decke stürzt ins Zimmer, die Baukommission? ist
bereit die Feierabendbrigade zur Reparatur zu schicken,
Kollegin Vethke setzt sich mit den Erben in Verbindung, andernfalls ein Zwangskredit; in den Kindergarten I müßten
Kachelöfen, das eingesparte Heizmaterial wiegt die Investitionskosten auf; der VEAB beantragt wie in den Vorjahren
die Spechtsche Mühle als Getreidelager, bietet einen Pachtvertrag –: allgemeiner Protest, VEB Induca Dresden will
dort einen Teilbetrieb einrichten, Blitzschutz und Ankerwickelei, Arbeit für 60 bis 80 Frauen: weit günstiger als die
bislang geplante Stoffärberei (5 Arbeitsplätze, erhebliche
Umbaukosten), wohin aber lagert der VEAB sein Getreide,
quartiert man VEB Induca besser zu Dr. Hötzold, wo früher
Parkett produziert wurde? dem VEAB jedenfalls wird einstimmig abgesagt, zunächst, 80 von 200 Frauen wäre geholfen. Ein Bäcker, guten Leumunds, beantragt Gewerbeerlaubnis und bekommt sie. Mittlerweile ist es Abend:
dunkel: Roßleben ein Dorf. Eine Reportage, wie hört man
die auf?

(Oder was immer es ist.) Mit dem Dorfpolizisten? (Viel
Randalierer, Kriminalitätsschwerpunkt im Kreis, Montage-

und Bauarbeiter in Baracken, Lehrlinge in Wohnheimen, freie Abende und 4 Kneipen.)

Oder gar nicht. Es möchte sein man geht einfach, tritt, morgens nach dem Fest, sehr früh, vor die Schulpforte, im Rücken das steinerne Gebäude (bedrohlich sich selbst ähnelnd), die 50 Schritte, zögert nicht neben der Glocke, CATHARINAE LUCIAE VON WITZLAEWEN, hier wäre Gelegenheit sich rückschauend umzuwenden aber ich behalte die Richtung bei, 0 oder 360 Grad, der Schnee nicht mehr glitzernd, auch nicht weiß, sondern als Wasser die Pflanzen nährend (seitab des Wegs jedenfalls), das Schwarz verwitterter Zäune, der von Tor und der senkrecht zum Hauptgebäude stehenden äußern Begrenzung des Wegs gebildete meines Erinnerns unverändert spitze Winkel, das Backsteinhaus, die Kirche: die Arbeitswoche beginnt morgen Montag. Mein Bus vermeidet den Weg durch den Ziegelrodaer Forst, an einer Kreuzung werde ich, nach einer Wartezeit von 35 Minuten, in die Linie nach Halle umsteigen können.

1967

Die Perlen der grünen Nixe

Ein mathematisches Märchen

Es war eine kleine grüne Nixe. Sie lebte im Meer. Bei Tage spielte sie mit den Fischen Fangen und Verstecken, nachts schlief sie auf einer Korallenbank, und wenn Sturm war und dem Meer Wellen schlug, schwamm sie ins Tiefe, wo das Wasser still war, in ihren Seegrasgarten und neckte den Tintenfisch, der dort wohnte. Der Tintenfisch ärgerte sich und färbte das Wasser schwarz, und die kleine grüne Nixe lachte und sang ein Lied:

> Grüne Wellen
> Ach, ihr schnellen
> Kommt von weit
> Seid mein Kleid
> Nacht ists schon zur Mittagszeit.

Am Abend kam ihr Vater, der Nix, der einen Bart wie Tang und auf der Stirn Sorgenfalten hatte, und erzählte eine Geschichte von Walen, von Zauberern oder über die Welt. Ist die Welt groß? fragte die kleine grüne Nixe. Groß, antwortete der Nix. Und gibt es seltsame Wesen darin? fragte die kleine grüne Nixe. Manche, sagte der Vater, sind uns ähnlich, nur haben sie keinen Fischschwanz, sondern Beine, damit bewegen sie sich auf dem Land. Keinen Fischschwanz, sagte die kleine grüne Nixe, das muß aussehen! Auch ich finde Fischschwänze schöner, sagte der Nix, aber man soll über nichts zu früh lachen. Dann schlief die kleine grüne Nixe ein.

Jedes Jahr, wenn die Aale nach Süden vorbeizogen, schenkte der Vater ihr eine Perle und ein Meerestier als Spielgefährten: einmal einen Laternenfisch, einmal einen Kugelfisch, einmal ein Seepferdchen, einmal eine Tritonmuschel, einmal den Tintenfisch, einmal eine Seenelke, die mit den Nesselfäden zitterte, und einmal einen Taschenkrebs. Danke, sagte die kleine grüne Nixe, warum schenkst du mir wieder etwas? Du hast Geburtstag, antwortete der Nix. Geburtstag, was ist das? fragte die kleine grüne Nixe. Du bist ein Jahr älter geworden, sagte der Nix. Dann bin ich so viele Jahre alt, wie du mir Meerestiere geschenkt hast? fragte die kleine grüne Nixe. Schlau gedacht, sagte der Nix, ich will dir für jedes deiner Tiere einen Kuß geben. Ach, sagte die kleine grüne Nixe, meine Tiere schwimmen durcheinander, du könntest eins vergessen. Gib mir für jede Perle einen Kuß. Denn wenn du mir jeden Geburtstag ein Meerestier und eine Perle geschenkt hast, müssen es genauso viele Perlen wie Meerestiere sein. Auch schlau, sagte der Vater und gab ihr die Küsse. Und jetzt, sagte die kleine grüne Nixe, lege ich dir eine Perle auf jede Sorgenfalte, vielleicht gehen sie davon weg. Sie tat es. Du hast so viele Sorgenfalten wie ich Perlen, sagte sie, bekommst du etwa jedes Jahr eine neue? Gut möglich, sagte der Nix, man wird klüger und sieht gefährliche Dinge. Bleibt man dann besser dumm? fragte die kleine grüne Nixe. Dumm bleiben ist auch gefährlich, außerdem macht es fett, sagte der Nix, aber jetzt solltest du schlafen.

Als die Aale noch öfter nach Süden vorbeigezogen waren, wachte die kleine grüne Nixe eines Nachts auf. Der Mond schien durchs Wasser auf die Korallenbank, das Seegras wiegte sich, und all ihre Meerestiere glänzten im Mondlicht und schliefen. Nur der Laternenfisch war wach und zog ein Maul, weil jemand heller schien als er. Laternenfisch, sagte die kleine grüne Nixe, ich will sehen, wie sich der Mond auf dem Meer spiegelt. Weißt du nicht, daß es gefährlich ist, nachts nach oben zu schwimmen, sagte der Laternenfisch. Gefährlich ist vieles, sagte die kleine grüne Nixe, bis bald.

Als sie auftauchte, sah alles anders aus als bei Tage. Die Bäume auf der Insel vor der Korallenbank hatten schwarze statt grüne Kronen und rührten nur dann und wann einen Zweig; auch das Wasser war dunkel und schwer, doch wo sich der Mond darauf spiegelte, schimmerte es silbern und golden. Hinter der Insel aber erschien ein Schiff mit Lichtern und weißen Segeln, und eine Musik klang vom Schiff, die sie noch nie gehört hatte. Wie schön die Welt ist! dachte die kleine grüne Nixe, sah sich noch einmal um und tauchte in das schimmernde Wasser. Das war ihr Glück, denn das Schiff gehörte dem Fürsten von Bethunien, der gerade schlechte Laune hatte, und sein Bootsmann hatte eben eine Harpune bereitgemacht, um das Wesen zu fangen, das da im Mondlicht schwamm. Wenn, sagte sich der Bootsmann, ich etwas Seltenes fange, wird der Fürst guter Laune und ernennt mich zum Oberbootsmann oder schenkt mir Gold, für das ich meinen Kindern warme Wintersachen kaufen kann. Doch die kleine grüne Nixe schlief schon wieder auf ihrer Korallenbank, und nur der Mond spiegelte sich auf dem Meer.

Am Abend sagte die kleine grüne Nixe: Vater, ich habe jetzt viele Meerestiere, also bin ich viele Jahre alt, also bin ich erwachsen. Ich will in die Welt. Ich habe es kommen sehen, sagte der Nix. Er nahm Muschelschalen und legte sie zu verschieden großen Häufchen. Hier und dort, sagte er, sind viele Muschelschalen, und doch sind es hier mehr als dort. Wer nur weiß, daß es viele sind, und nicht wie viele, weiß wenig. Denkst du, ich weiß nicht, wie alt ich bin, sagte die kleine grüne Nixe. Ich bin so viele Jahre, wie du Sorgenfalten hast, oder wie ich Meerestiere habe, oder wie du mir Perlen geschenkt hast. Perlen aber habe ich so eine Menge, wie Finger an meinen Händen sind, dazugenommen die Finger von einer Hand. Bin ich also erwachsen? Es wird so sein, sagte der Nix. Vor dem Seegrasgarten erschienen zwei Schwertfische, sie murmelten unverständliche Worte und verschwanden. Ich muß zum Nixenkönig, sagte der Nix. Bist du bald zurück? fragte die kleine grüne Nixe. Er wird dich zur Frau haben wollen, sagte der Nix, du kommst in einen durchsichtigen Palast auf dem Grund und hast alles, was du brauchst. Darf ich dann in die Welt? fragte die Nixe. Das nicht, sagte der Nix, alle Ausgänge des Palastes sind von Schwertfischen bewacht. Dann will ich nicht die Frau des Nixenkönigs werden, sagte die kleine grüne Nixe, richte ihm das aus. Ich ahne Schlimmes, sagte der Nix, vergiß nicht, daß ich dir letzten Geburtstag einen Delphin geschenkt habe. Er schwamm fort in die Dämmerung.

Die kleine grüne Nixe rief ihre Tiere. Es ist Schlafenszeit, sagte sie, aber mein Vater ist zum Nixenkönig bestellt worden. Oh! sagten die Tiere, außer der Tritonmuschel, die nicht sprechen konnte. Ich will in die Welt, sagte die kleine grüne Nixe, und euch nehme ich mit. Oh! riefen die Tiere, die sprechen konnten, und der Taschenkrebs ging vor Schreck rückwärts. Zuvor aber, sagte die kleine grüne Nixe, sollt ihr euch etwas ausdenken. Oh! schrieen die Tiere, die sprechen konnten, außer dem Delphin, der gerade Luft holen war, etwas ausdenken strengt an, anstrengen ist gefährlich! Papperlapapp, sagte die kleine grüne Nixe, seht her. Sie legte Muschelschalen auf verschiedene Plätze, auf den ersten eine, auf den nächsten eine mehr als auf den ersten, auf den nächsten noch eine mehr, und so fort, bis es so viele Plätze mit Muschelschalen waren, wie sie Perlen hatte. Schwimmt jedes vor einen Platz! sagte die kleine grüne Nixe. Vor dem Laternenfisch liegt eine Muschelschale, und auf jedem nächsten Platz eine mehr als auf dem vorhergehenden. Dann sind im letzten Häufchen so viele Muschelschalen, wie wir Tiere sind! rief der Delphin, der am schnellsten denken konnte. Stimmt, sagte die kleine grüne Nixe, es müssen aber nicht Muschelschalen sein, aus denen die Häufchen sind. Es können auch Striche sein. Sie zog vor jedem Tier so viele Striche im Sand, wie vor ihm Muschelschalen lagen. Striche, sagte der Katzenfisch und lachte, können es auch Taschenkrebse sein? Taschenkrebse nicht, schrie der Taschenkrebs und war beleidigt, aber vielleicht Seekühe! Taschenkrebse oder Seekühe, sagte die kleine grüne Nixe, oder versunkene Schiffe. Das verstehen wir nicht! riefen die Tiere, die sprechen konnten, was haben Muschelschalen, Striche, Taschenkrebse, Seekühe und versunkene Schiffe miteinander zu tun? Schlau gefragt, sagte die kleine grüne Nixe. Wenn auf einem Platz eine Muschelschale, ein Strich, ein Taschenkrebs, eine Seekuh und ein versunkenes Schiff sind, was haben sie gemeinsam? Nichts, antwortete der Delphin, außer daß von jeder Sorte eins da ist. Wieder schlau, sagte die kleine grüne Nixe, in jeder Menge sind gleich viel Stück. Damit wir uns in der Welt zurechtfinden, wollen wir für die Mengen Namen ausdenken: einen Namen für die Mengen, in denen nur ein Stück ist, einen für die, in denen ein Stück mehr ist, und so weiter. Laternenfisch, mach den Anfang. Der Laternenfisch sagte: In den Mengen vor mir ist ein Stück, ihr Name soll Eins sein. Ha! sagte der Kugelfisch, in meinen Mengen ist ein Stück und noch ein Stück, ihr Name soll Eins-Eins sein. Dann ist der für meine Mengen Eins-Eins-Eins! sagte das Seepferdchen, und der Delphin, der es nicht erwarten konnte, rief: Der für meine ist Eins-Eins-Eins-Eins-Eins-Eins-Eins-Eins-Eins-Eins-Eins-Eins-Eins! Dabei verschluckte er sich und mußte auftauchen, um Luft zu holen. Halt! sagte die kleine grüne Nixe, bevor man eure Namen ausgesprochen hat, ist man alt und grau, und wer soll sie unterscheiden? Denkt kurze Namen aus, von denen jeder anders klingt, damit man weiß, was gemeint ist. Der erste Name war Eins, und der nächste? Wenn er nicht Eins-Eins sein kann, soll er eben Bumm sein, murrte der Kugelfisch. Wieso Bumm? sagte das Seepferdchen, das den Kugelfisch nicht leiden konnte, weil er sich manchmal aufpumpte, der Name soll Schrumm sein! Nicht Schrumm, rief der Katzenfisch, Widebumm! Nicht Widebumm, Tarirumm! schrie der Taschenkrebs, und alle Tiere lärmten durcheinander, daß die kleine grüne Nixe sich die Ohren zuhielt. Als es still war, sagte sie: Das war nichts. Ihr schlaft, ich tauche auf und überlege, und in die Welt schwimmen wir morgen. Du findest uns in der Korallenhöhle mit den vielen Ausgängen, sagte der Laternenfisch leise, dein Vater ist zum Nixenkönig bestellt worden, es ist sicherer.

Als die kleine grüne Nixe auftauchte, schien kein Mond, und der Himmel war schwarz wie das Wasser. Auf der Insel aber sah sie ein kleines Licht, und als sie näher schwamm, saß am Ufer bei einer Laterne ein Wesen, das keinen Fischschwanz hatte, sondern Beine, und blies auf einer Rohrflöte eine traurige Melodie. Guten Abend, sagte die Nixe, wer bist du? Ein Fischerssohn, sagte das Wesen, aber ich kann dich nicht sehen. Ich bin eine Nixe, sagte die Nixe und richtete sich im Wasser auf. Du bist hübsch, sagte der Fischerssohn, aber vielleicht träume ich. Warum? fragte die Nixe. Nixen gibt es nicht, sagte der Fischerssohn. Soll ich dich mit Wasser besprizten, sagte die Nixe; ich habe so viele Meerestiere, wie Finger an meinen Händen sind, dazugenommen die Finger von einer Hand, und bin so viele Jahre, wie ich Tiere habe. Fünfzehn, sagte der Fischerssohn, ich bin siebzehn. Fünfzehn, siebzehn, was ist das? fragte die kleine grüne Nixe. Zahlen, sagte der Fischerssohn, weißt du das nicht. Und was sind Zahlen? fragte die kleine grüne Nixe. O du Weh, sagte der Fischerssohn und dachte nach, Zahlen zeigen an, wieviel von etwas da ist. Dann sind es Namen für Mengen, in denen gleich viele Dinge sind, sagte die kleine grüne Nixe, gut, daß ich dich getroffen habe. Bringst du sie mir bei? Der Fischerssohn sagte eins zwei drei vier fünf sechs sieben acht neun zehn elf zwölf dreizehn vierzehn fünfzehn. Das ging sehr eilig, sagte die kleine grüne Nixe, mach etwas Musik, und dann zählst du noch einmal langsam. Der Fischerssohn blies auf der Rohrflöte, Sterne schienen durch die Wolken. Du spielst schön und traurig, sagte die Nixe, hast du Kummer? Ich habe Sehnsucht, sagte der Fischerssohn, und weiß nicht wonach. Mir geht es wie dir, sagte die Nixe, ich will in die Welt. Vielleicht schwimmen wir zusammen? Unter Wasser ersticke ich, sagte der Fischerssohn, komm lieber du mit mir. Gern, sagte die Nixe, aber wie soll ich auf dem Land vorwärtskommen. Das ist traurig, sagte der Fischerssohn. Er zählte langsam von eins bis fünfzehn. Ach! sagte die kleine grüne Nixe, wenn etwas traurig ist, muß man nachdenken. Wohnt hier ein Zauberer, bei dem ich meinen Fischschwanz gegen Beine umtauschen kann? Zauberer gibt es nicht, sagte der Fischerssohn. Bist du sicher, sagte die Nixe, mich gibt es ja auch. Etwas stieß sie in die Seite, es war der Delphin. Es sind seltsame Geräusche im Wasser, sagte er, wir fürchten uns. Ich habe Namen für die Mengen gelernt, sagte die kleine grüne Nixe. Mit wem sprichst du? fragte der Fischerssohn. Ich muß zu meinen Tieren, sagte die Nixe; wenn es dir recht ist, treffen wir uns morgen abend am gleichen Ort.

Zur gleichen Zeit ließ der Fürst von Bethunien den Henker das Richtbeil schleifen und den Hofgelehrten rufen. Mein Fürst, was steht zu Diensten, fragte der Hofgelehrte. Kurz nach seiner Geburt ist mein Sohn geraubt worden, sagte der Fürst, du hast vorausgesagt, daß er nach siebzehn Jahren gefunden wird. Sind die siebzehn Jahre um? Sie sind um, sagte der Hofgelehrte und zitterte. Und ist mein Sohn da? fragte der Fürst. Er ist nicht da, sagte der Hofgelehrte und zitterte schneller. Also wirst du geköpft, sagte der Fürst, warum hast du etwas Falsches vorausgesagt? Hätte ich es nicht vorausgesagt, wäre ich schon vor siebzehn Jahren geköpft worden, sagte der Hofgelehrte und zitterte so schnell, daß man ihn kaum sah. Ich habe dir siebzehn Jahre viel Gehalt gezahlt, sagte der Fürst, mach dich bereit. Dafür habe ich siebzehn Jahre Angst gehabt, sagte der Hofgelehrte, das war schlimmer, als geköpft zu werden. Kann sein, sagte der Fürst, aber wenn ich dich begnadige, kommt der Henker aus der Übung. Gewährt mir einen letzten Wunsch, sagte der Hofgelehrte, laßt einen Wettbewerb ausschreiben. Wozu? fragte der Fürst. Ihr ladet alle jungen Männer zwischen siebzehn und achtzehn ein, um drei Fragen zu lösen, sagte der Hofgelehrte. Wer die Fragen löst, ist Euer Sohn. Wieso, fragte der Fürst. Der Hofgelehrte sagte: Ihr seid der Klügste im Land, denn wärt Ihr nicht der Klügste, wärt Ihr nicht Fürst. Na, na, sagte der Fürst. Seid Ihr aber der Klügste, sagte der Hofgelehrte, muß Euer Sohn die Klugheit geerbt haben und wird die Fragen lösen. Wer sie aber nicht löst, wird geköpft. Die Fragen, sagte der Fürst. Der Hofgelehrte nannte eine Frage und zeichnete die Lösung auf eine Tafel. Oho, sagte der Fürst, weiter. Der Hofgelehrte nannte die zweite Frage und flüsterte die Lösung dem Fürsten ins Ohr. Oho, oho, sagte der Fürst. Für die dritte Frage, sagte der Hofgelehrte, muß man wissen, daß Sie ein Fuchs sind, denn Sie regieren mit List. Wie soll ich sonst regieren, sagte der Fürst, sieh dich vor. Der Hofgelehrte sagte: Meine erste Behauptung heißt: ALLE FÜCHSE HABEN VIER BEINE. Meine zweite Behauptung heißt: DER FÜRST VON BETHUNIEN IST EIN FUCHS. Das ist bekannt, sagte der Fürst, langweile mich nicht. WENN ALLE FÜCHSE VIER BEINE HABEN UND DER FÜRST VON BETHUNIEN EIN FUCHS IST, sagte der Hofgelehrte, HAT DER FÜRST VON BETHUNIEN VIER BEINE. Wie? fragte der Fürst und sah an sich hinunter, aber ich habe nur zwei! Das ist ein Widerspruch! sagte der Hofgelehrte. Tatsächlich, sagte der Fürst, wie löst man ihn? Ich werde es herausfinden, sagte der Hofgelehrte. Schade, sagte der Fürst, hättest du die Lösung gesagt, hätte ich dich köpfen lassen und die Fragen selber gestellt. Laß den Wettbewerb ausschreiben. Damit du immer an den Tod denkst, sollst du jeden Abend mit dem Henker Wein trinken: Am ersten Abend eine Flasche, am nächsten zwei, und an jedem folgenden das Doppelte vom vorigen, bis mein Sohn gefunden ist. Der Hofgelehrte fiel auf die Knie, zitterte und weinte. Ich verstehe nicht, warum du heulst, sagte der Fürst, fort!

Als die kleine grüne Nixe in die Höhle mit den vielen Ausgängen kam, waren all ihre Tiere versammelt. Hörst du die Geräusche, sagte der Laternenfisch, es werden Schwertfische sein. Er ging aus, in der Höhle sah man nichts mehr. Ich habe unterwegs dem Delphin die Namen für die

Mengen beigebracht, sagte die kleine grüne Nixe, er soll schwimmen und die Ausgänge zählen. Der Delphin entfernte sich. Um die Höhle gurgelte und schmatzte es, dann verstand man: Herausgeben! Im Namen des Nixenkönigs! Wen? rief der Katzenfisch, der sich am wenigsten fürchtete. Die grüne Nixe! Die Höhle ist umstellt! gurgelten und schmatzten die Stimmen. Der Delphin kam zurück. Es sind acht Ausgänge, flüsterte er. Gut, sagte die kleine grüne Nixe, jetzt müssen wir wissen, wieviel Schwertfische es sind. Die Seenelke zitterte mit den Nesselfaden und rief: Und wenn wir sie nicht herausgeben? Werdet ihr von unseren Schwertern durchbohrt! gurgelten die Schwertfische. Weil sie aber rings um die Höhle verteilt waren, riefen sie nicht gleichzeitig, und das letzte Wort klang bohrtbohrtbohrtbohrtbohrtbohrtbohrt. Sieben, zählte die kleine grüne Nixe. Sie rief: Meine Tiere wollen zum Abschied den kleinen Chor singen, erlaubt ihr das? Aber schnellschnellschnellschnellschnellschnellschnell! gurgelten die Schwertfische. Wirklich sieben, also ist ein Ausgang frei, sagte die kleine grüne Nixe. Laternenfisch, schwimm zu den Ausgängen; wo ein Schwertfisch davor ist, leuchtest du stark und blendest ihn, kommst du aber zu dem freien Ausgang, leuchtest du ganz schwach. Der Laternenfisch entfernte sich, die Meerestiere sangen:

> Wilder Strudel
> Tiefe Sprudel
> Wie Korallen
> Uns gefallen
> O ihr Wasser feucht und grün.

Inzwischen hatte der Laternenfisch dreimal stark geleuchtet.

> Tang und Wogen
> Schaumumflogen
> Schwarzer Kraken
> Aug und Haken
> Sehn uns übern Grund hinziehn!

sang der Chor, dann aber leuchtete der Laternenfisch ganz schwach, und eins nach dem anderen schwammen die Meerestiere hinaus, wo er leuchtete. Die letzten sangen aus Leibeskräften:

> Grimme Hummer
> Stumm im Schlummer
> Haifischrachen
> Die nie lachen –

Da waren alle Tiere aus der Höhle, der Laternenfisch ging aus, und die kleine grüne Nixe schwamm ihnen nach, ohne die Strophe zu Ende zu singen. Seid ihr ferrrrrrrtig?! gurgelten die Schwertfische, und als niemand antwortete, fuhren sie von sieben Seiten in die Höhle. Die Nixe und die Tiere hörten ein Geschrei, das so gräßlich war, daß das Meer bebte, dann wurde es still. Das war ein langer Abend, sagte die kleine grüne Nixe, wir wollen zur anderen Seite der Insel schwimmen und schlafen.

Am nächsten Morgen fanden Taucher in einer Korallenhöhle sieben Schwertfische, die sich mit ihren Schwertern gegenseitig durchbohrt hatten; sie brachten den Fund dem Fürsten von Bethunien und kauften für die Belohnung ihren Kindern Wintersachen, ihren Frauen Kopftücher und sich selber Rotwein.

Am Abend schien der Mond. Als die kleine grüne Nixe zur Insel schwamm, wartete dort der Fischerssohn mit einem gepackten Bündel und sagte: Am Fluß auf der Insel soll ein Zauberer wohnen, besuchen wir ihn? Die Nixe schwamm, der Fischerssohn ging am Ufer. Nach einer Weile sahen sie am Flußufer einen Kahn, und ein Stück weiter saß ein Mann mit zerrauftem Haar neben einem Wolf, einer Ziege und einem Kohlkopf. Der Fischerssohn verbeugte sich und fragte: Sind Sie ein Zauberer? Ja, sagte der Mann, du störst mich. Mit mir ist eine Nixe, sagte der Fischerssohn, sie möchte ihren Fischschwanz gegen Beine tauschen. Das tut mir leid, sagte der Zauberer. Wie, rief die Nixe, können Sie keine Beine zaubern? Es ist mir ein leichtes, sagte der Zauberer, aber zuvor muß ich diese über den Fluß bringen, und in meinen Kahn passen nur zwei, nämlich ich und entweder der Wolf oder die Ziege oder der Kohlkopf. Lasse ich sie aber allein, frißt der Wolf die Ziege oder die Ziege den Kohlkopf. Zum Lachen, sagte der Fischerssohn, warum zaubern Sie sie nicht über den Fluß? Mein Lieber, sagte der Zauberer, was weißt du von der Welt, wir Zauberer können nicht alles. Ich zum Beispiel kann Kanonenkugeln in Suppenhühner verwandeln oder Fischschwänze in Beine, aber über Flüsse kann ich nichts zaubern. Falls ich die Lösung finde, bekommt die Nixe die Beine? fragte der Fischerssohn. Gewiß, sagte der Zauberer, aber spar deine Kräfte. Der Fischerssohn sagte: Wenn der Wolf mit der Ziege allein bleibt, frißt er die Ziege. Wenn die Ziege mit dem Kohlkopf allein bleibt, frißt sie den Kohlkopf. Wenn aber der Wolf mit dem Kohlkopf allein bleibt, frißt keiner den andern. Also rudern Sie zuerst die Ziege über den Fluß. So weit war ich auch, sagte der Zauberer. Wenn Sie dann den Wolf holen, sagte der Fischerssohn, und ihn am anderen Ufer bei der Ziege lassen, frißt er die Ziege. Wenn Sie aber den Kohlkopf holen und bei der Ziege lassen, frißt die Ziege den Kohl. Du siehst, es ist umsonst, sagte der Zauberer. Aha! rief der Fischerssohn, Sie nehmen beim zweiten Mal den Wolf mit! Dann frißt er drüben die Ziege, während ich den Kohlkopf hole, sagte der Zauberer, das hatten wir schon. Er frißt sie nicht; sagte der Fischerssohn, denn Sie nehmen die Ziege mit zurück, bringen den Kohlkopf zum Wolf, holen die Ziege, und alle sind am anderen Ufer. Bei allen Geheimnissen! rief der Zauberer, wozu habe ich mir das Haar zerrauft? Er sprach ein langes Wort, die Nixe kam ohne Fischschwanz auf zwei Beinen aus dem Wasser. Tut es sehr weh? fragte der Zauberer, im Märchenbuch steht, jeder Schritt schneidet danach wie Messer. Es geht, sagte die Nixe. Ich dachte mir, daß es übertrieben ist, sagte der Zauberer. Wir Menschen gehen nicht nackt, deshalb habe ich dir Kleider mitgezaubert; außerdem habe ich dir weiße Haut gegeben, weil unsere jungen Männer grüne Haut nicht gewöhnt sind. Aber ihre Augen sind grün geblieben, sagte der Fischerssohn, danke, was sind wir schuldig? Nichts, sagte der Zauberer, falls ihr den Kaiser von Tibet trefft, bestellt ihm, er nimmt ein schlimmes Ende. Warum? fragte die Nixe. Er hat mir ein Buch stehlen lassen, sagte der Zauberer, lebt wohl.

Als die Nixe und der Fischerssohn ans Meer zurückkamen, schwamm da im Mondlicht der Delphin und warf mit dem Maul eine Seegrastasche ans Ufer. Deine Perlen, sagte er, du wirst sie brauchen können. Es donnerte, eine Welle, höher als fünf Schiffe, erhob sich, auf der Welle saß der Nixenkönig. Sei vernünftig! rief der Fischerssohn, was hast du davon, wenn du uns umbringst? Der Nixenkönig lachte, die Welle rollte über sie. Haltet euch fest an mir! schrie der Delphin. Er trug die Nixe und den Fischerssohn auf den Kamm der Welle, die rollte und rollte. Nach einer Weile sahen sie wüstes Land, und inmitten des wüsten Landes stand ein Turm. Springt ab! rief der Delphin, und als die Welle am Turm war, sprangen die Nixe und der Fischerssohn auf den Turm, die Welle aber brach und rollte zurück. So kommt man in die Welt, sagte die Nixe und winkte dem Delphin nach. Der Fischerssohn stieg mit ihr eine Treppe hinab. Was soll das! rief eine Stimme hinter einer Tür, seit wann ist jemand im Turm und lebt?

Die Tür öffnete sich, ein alter Mann stand davor. Wir sind naß und hungrig, sagte die Nixe, gibst du uns zu essen? Der alte Mann schwieg. Die Nixe nahm eine Perle aus ihrer Seegrastasche. Ich habe Hirsebrei, sagte der alte Mann, und trocknen könnt ihr euch an der Sonne. Sie aßen und trockneten sich. Danke, sagte die Nixe, zeigst du uns den Weg zum nächsten Ort? Der alte Mann schwieg, die Nixe gab ihm noch eine Perle. Ich hätte ihn euch gezeigt, sagte der alte Mann und steckte die Perle ein, aber heute ist Inspektion. Pferdegetrappel ertönte, vor dem Turm erschienen Soldaten und ein Hauptmann. Nun? fragte der Hauptmann und sprang vom Pferd. Es sind alle verhungert, sagte der alte Mann, und diese zwei kenne ich nicht. Sie sollen die Probe bestehen oder in den Turm, sagte der Hauptmann. Welche Probe? fragte die Nixe. Ihr müßt die Höhe des Turmes nennen, ohne ihn zu messen, sagte der alte Mann. Wie kann ich das! sagte der Fischerssohn, wir wollen bis nachmittag Schach spielen, damit ich noch etwas vom Leben habe. Die Soldaten stießen ihre Speere in den Sand, schlugen ein Zelt auf und brachten ein Schachspiel. Während des Spiels ging der Fischerssohn von Zeit zu Zeit zu einem der Speere, der in der Sonne stand, maß etwas und kam zurück. Was bedeutet das? fragte der Hauptmann. Es hilft mir beim Schachspielen, sagte der Fischerssohn. Davon merke ich nichts, sagte der Hauptmann, du wirst verlieren. Als er gerade Schach! sagte, sprang der Fischerssohn auf, maß etwas bei dem Speer, maß mit dem Speer den Schatten des Turmes und kam zurück. Matt! rief der Hauptmann, du hast verloren. Das kann sein, sagte der Fischerssohn, wie lang sind eure Speere? Sieben Ellen! riefen die Soldaten. Dann ist der Turm zweihundertzehn Ellen hoch, sagte der Fischerssohn. Das hat dir der Teufel verraten, schrie der Hauptmann, wie hast du es herausbekommen? Ich habe gewartet, bis der Schatten des Speeres so lang war wie der Speer selbst, und habe dann den Schatten des Turmes gemessen, er war dreißig Speere lang, sagte der Fischerssohn; zeigt ihr uns den Weg zum nächsten Ort? Du willst besonders schlau sein, sagte der Hauptmann, du wirst dem Ungeheuer vorgeworfen. Das ist ungerecht! schrie der Fischerssohn. Was hier gerecht ist, sagte der Hauptmann, bestimmt der Kaiser, wenn der Kaiser nicht da ist, sein Minister, wenn der Minister nicht da ist, sein General, wenn der General nicht da ist, sein Oberst, und wenn der Oberst nicht da ist ich. Ihr dürft ihn nicht dem Ungeheuer vorwerfen, rief die Nixe, und wenn, will ich mit ihm sterben! Der Hauptmann sagte: Ich wäre nicht Hauptmann, wenn ich etwas Hübsches wie dich fressen ließe. Du kommst mit und wirst die fünfundzwanzigste Nebenfrau des Kaisers von Tibet. Ist Tibet nicht weit? fragte der Fischerssohn. Es ist weit, sagte der Hauptmann, aber wir erobern die Welt. Wir sollen dem Kaiser von Tibet etwas ausrichten, sagte der Fischerssohn. So, sagte der Hauptmann, wem, dem Rechtmäßigen oder dem Wahrhaftigen Kaiser von Tibet? Ist da ein Unterschied? fragte der Fischerssohn. Wer den Unterschied nicht weiß, ist ein Feind, sagte der Hauptmann, packt ihn. Fünf Soldaten fesselten den Fischerssohn, die übrigen führten die Nixe fort.

Als der Fischerssohn aufwachte, sah er vor sich ein Ungeheuer mit sieben Köpfen, das laut seufzte. Warum seufzt du? fragte der Fischerssohn. Ich muß dich fressen, sagte das Ungeheuer, dabei hätte ich lieber in Öl geschmorte Auberginen. Warum frißt du dann mich, sagte der Fischerssohn. Es ist so eingerichtet, sagte das Ungeheuer, ich muß dir drei Aufgaben stellen, und wenn du sie nicht löst, werde ich wütend und fresse dich. Dann laß die Aufgaben, sagte der Fischerssohn. Schon wenn ich daran denke, werde ich wütend, brüllte das Ungeheuer, addiere die Zahlen von eins bis hundert, ehe ich meine sieben Köpfe gekratzt habe, sonst bist du verloren! Das Ungeheuer kratzte sich den ersten, zweiten und dritten Kopf, da sagte der Fischerssohn: fünftausendfünfzig. Wie? rief das Ungeheuer und zog seine sieben Mäuler breit, kannst du so schnell rechnen? Ich hätte es nicht gekonnt, sagte der Fischerssohn, wenn ich nicht die Zahlen zu Paaren geordnet hätte. Die erste und die letzte Zahl ergeben zusammen hunderteins, die zweite und die vorletzte auch, und so fort; aus hundert Zahlen bekomme ich fünfzig Paare, und fünfzig mal hunderteins macht fünftausendfünfzig. Das schreib mir auf, sagte das Ungeheuer und zerriß die Fesseln des Fischerssohnes. Der Fischerssohn schrieb in den Sand *Summe* 1 *bis* $n = n/2$ *(n + 1)*. Hübsch, sagte das Ungeheuer, aber wo ist die Hundert? Hättest du nicht auch verlangen können, daß ich die Zahlen von eins bis achtzig addiere? fragte der Fischerssohn. Darum habe ich n geschrieben; es bedeutet, daß du für n jede natürliche Zahl einsetzen kannst, hundert oder achtzig oder irgendeine andere. Du hast neue Zeichen für Zahlen erfunden, sagte das Ungeheuer und seufzte; nenne sie Variable, das ist lateinisch und bedeutet »veränderlich«. Es ist mir recht, sagte der Fischerssohn, aber weshalb seufzt du jetzt? Du weißt es, sagte das Ungeheuer; trotzdem danke ich dir, daß ich dich erst morgen früh fressen muß. Du könntest als Dank meine Freundin herholen, sagte der Fischerssohn, sie ist zum Kaiser von Tibet entführt worden, allerdings weiß ich nicht, ob zum Rechtmäßigen oder zum Wahrhaftigen. Zur Zeit arbeite ich für den Rechtmäßigen, sagte das Ungeheuer und zog die Luft durch die Nasenlöcher, daß ein Wirbelsturm aufkam. Als es ausatmete, stand die Nixe vor dem Fischerssohn und umarmte ihn. Freut euch nicht zu früh, sagte das Ungeheuer, bis Sonnenaufgang müßt ihr die Pflanzen auf meinem Tabakfeld gezählt haben. Es zeigte nach links, da lag das Feld und war so groß, daß man kein Ende sah. Daß ihr nichts umtretet, sagte das Ungeheuer, die Pflanzen stehen längs und quer genau hintereinander, und ich liebe die Ordnung. Es legte sechs Köpfe in den Sand und begann zu schnarchen.

Bis Sonnenaufgang können wir die Pflanzen nicht zählen, sagte die Nixe, fliehen wir. Gern, sagte der Fischerssohn, aber ein Kopf des Ungeheuers wacht. Zähle die Pflanzen dieser Querreihe, und ich nehme die Längsreihe. Ich weiß nur noch die Zahlen bis zehn, sagte die Nixe. Pflück von jeder zehnten Pflanze ein Blatt, und jedesmal, wenn du zehn Blätter hast, wirf sie weg und nimm eine Perle aus deiner Seegrastasche, sagte der Fischerssohn.

Als er zurückkam, saß die Nixe am Feldrand und hielt vier Perlen und ein Blatt in der Hand. Vierhundertzehn, sagte der Fischerssohn, in meiner Reihe waren es sechshundertdrei. Er rechnete im Sand, die Sonne ging auf, das Ungeheuer reckte sich und gähnte, der Fischerssohn sagte: zweihundertsiebenundvierzigtausendzweihundertdreißig. Träume ich, rief das Ungeheuer und ohrfeigte sich, um zu sehen, ob es träumte; kein Mensch kann so schnell zählen! Keiner, sagte der Fischerssohn. Weil aber die Pflanzen längs und quer genau hintereinander stehen, muß in jeder Querreihe die gleiche Menge Pflanzen sein und in jeder Längsreihe die gleiche. Also haben wir nur eine Querreihe und eine Längsreihe gezählt. In der Querreihe stehen 410 Pflanzen, in der Längsreihe 603; also sind es 410 mal 603 Pflanzen oder 603 mal 410, das macht das gleiche. Das Ungeheuer schüttelte seine Köpfe und betrachtete, was der Fischerssohn gerechnet hatte. Dabei bekam es Sand in die Nasen und mußte niesen, und als die Sandwolke sich verzogen hatte, war die Nixe verschwunden. Entschuldige, sagte das Ungeheuer, sie ist wieder beim Kaiser. Es ist auch besser so, denn die dritte Aufgabe ist zu schwer. Nenne sie, sagte der Fischerssohn. Sofort, sagte das Ungeheuer, aber riechst du nichts? Nichts, sagte der Fischerssohn, höchstens, daß jemand etwas schmort. Auberginen! schrie das Ungeheuer, in Öl! und so schnell es konnte, watschelte es davon. He! rief der Fischerssohn, blas mich zum Kaiser, wie soll ich sonst meine Freundin finden? Das Ungeheuer wandte im Laufen die Köpfe; weil es aber vor Gier schlucken mußte, blies es nur aus vier Nasenlöchern, und der Fischerssohn flog über das Tabakfeld und zwei Berge und landete im dürren Gras. Er ging, und am Morgen des dritten Tages kam er in eine Stadt mit einem Palast. Vor dem Palast stand jemand in einem Mantel; der Fischerssohn trat auf ihn zu und fragte: Wohnt hier der Kaiser von Tibet? Der im Mantel wandte sich um, es war der Hauptmann. Bist du nicht gefressen! brüllte er, einen Speer, daß ich ihn durchlöchere! Die Tür des Palastes öffnete sich, heraus trat ein kahlköpfiger Greis. Erhabener Kaiser! rief der Hauptmann und warf sich auf die Palaststufen, dieser hat die Höhe des Hungerturmes genannt und die Aufgaben des Ungeheuers gelöst, gestattet, daß ich ihn für Euch hinmache. Na, na, sagte der Greis und lächelte, sind wir Unmenschen? Der Fischerssohn verneigte sich und sagte: Meine Freundin ist zu Ihnen entführt worden, ich will ohne sie nicht leben. Aha! brüllte der Hauptmann; der Greis aber hob die rechte Augenbraue und sagte: Laß die neue goldbeschlagene Kutsche bringen. Die Wache wachte auf, rannte und brachte die Kutsche. Deine Freundin befindet sich zweihundertzehn Meilen von hier, sagte der Greis, steig ein, die Kutsche fährt hundert Meilen am Tag. Ohne Pferde? fragte der Fischerssohn. Ohne Pferde, sagte der Greis und lächelte, nur mußt du am fünften Tage zurück sein, sonst erstickst du in der Kutsche. Danke, sagte der Fischerssohn, aber ich bin drei Tage ohne Essen. Mach mich nicht ungeduldig, sagte der Greis, nun?

Der Fischerssohn stieg ein, die Kutsche rollte schnurstracks durch das Stadttor nach Norden. Unter dem Sitz fand er Hühnerfleisch, Weißbrot, Wein und Früchte, aß sich satt, sah aus dem Fenster und zählte die Meilensteine. Abends hielt die Kutsche, und er legte sich auf dem Sitz schlafen. Als er aufwachte, kam ihm die Gegend bekannt vor, und als die Kutsche abends wieder anhielt, legte er sich nicht schlafen und merkte, wie sie sich um Mitternacht drehte, neunzig Meilen zurückfuhr und sich am Morgen wieder drehte. Zwei Tage sind um, und ich habe erst zwanzig Meilen hinter mir, sagte er, mir muß etwas einfallen. Als die Kutsche abends hielt, drehte er sie um, und um Mitternacht drehte sich die Kutsche noch einmal und fuhr darum weiter nach Norden. Zwanzig plus hundert plus neunzig macht zweihundertzehn, rechnete der Fischerssohn, als es am Morgen des vierten Tages dämmerte; da hielt die Kutsche vor einem kleinen Lustschloß, und aus dem Fenster sah die Nixe. Steig ein! rief der Fischerssohn, aber die Bediensteten erlaubten es nicht. Die Nixe warf eine Handvoll Perlen unter sie, und während die Bediensteten sich gegenseitig die Ellenbogen in die Bäuche und die Fäuste in die

Augen stießen, um eine Perle zu erwischen, sprang sie in die Kutsche, die sich drehte und schnurstracks nach Süden rollte. Abends drehte der Fischerssohn die Kutsche, und um Mitternacht drehte sie sich selber und rollte weiter nach Süden; und weil sie morgens nicht vergaßen, die Kutsche noch einmal zu drehen, fuhren sie am Vormittag des fünften Tages in die Stadt ein.

Als sie anhielten, hörten sie Heulen und Weheklagen, und aus der Tür des Palastes trat der Kaiser und lächelte nicht. Ich dachte nicht, daß ich dich wiedersähe, sagte er, wenn du aber einmal hier bist, rette mich vor meinen Feinden. Ich wußte, er nimmt ein schlimmes Ende, sagte eine Stimme. Der Fischerssohn erkannte den Zauberer. Mein Buch habe ich schon, sagte der Zauberer, er hat danach die Kutsche bauen lassen; jetzt aber steht der Wahrhaftige Kaiser von Tibet vor der Stadt und wird sie mit Kanonen beschießen. So, sagte die Nixe, und wen werden die Kugeln treffen? Die Leute aus der Stadt und dich und uns. Das habe ich nicht bedacht, sagte der Zauberer. Rings um die Stadt donnerte es, von überall pfiffen Kanonenkugeln. Verwandle sie in Suppenhühner! schrie der Fischerssohn und warf sich mit der Nixe zu Boden. Der Zauberer sprach ein kurzes Wort, und auf die Straßen und Dächer regneten Suppenhühner. Die Stadtbewohner hörten auf zu heulen und zu weheklagen, sammelten die Suppenhühner ein und trugen sie in ihre Küchen; der Kaiser aber rief: Der Feind ist verloren, auf ihn mit Speeren und Pfeilen! Ha! sagte der Zauberer und sprach ein anderes kurzes Wort, und als die Soldaten aus der Stadt warfen und schossen, wurden die Speere Salamiwürste und die Pfeile gekochte Spaghetti, und die Soldaten vor der Stadt fingen sie mit Mund und Händen und aßen, obwohl sie nie im Leben Spaghetti gesehen hatten. Du bist gerettet, sagte der Fischerssohn dem Kaiser, laß uns gehen. Das hat noch Zeit, sagte der Kaiser und lächelte, begleitet mich. Er winkte der Wache und schritt zum Stadttor, wo der andere Kaiser wartete.

Als die Kaiser einander sahen, setzten sie einen Fuß vor den anderen, bis sie sich gegenüberstanden. Deine Kanonenkugeln sind Suppenhühner geworden, sagte der Rechtmäßige Kaiser. Deine Speere und Pfeile sind Salamiwürste und was weiß ich geworden, sagte der Wahrhaftige Kaiser. Also müssen wir Frieden schließen, sagten beide und reichten jeder dem anderen ein Glas Schnaps. Gesundheit! riefen die Kaiser und gaben die Gläser ihren Ministern; die Minister tranken und fielen tot um. Oh! sagten beide Kaiser, neigten ihre kahlen Köpfe und setzten sich, jetzt müssen wir wirklich Frieden schließen. Und wer ist schuld daran? schrie der Wahrhaftige Kaiser; der Rechtmäßige Kaiser aber lächelte und wies auf den Fischerssohn und die Nixe. Man sollte sie in die Wüste bringen und lebendig eingraben! brüllte der Wahrhaftige Kaiser, und der Rechtmäßige lächelte und sagte: Das soll man. Beide winkten ihren Wachen, die Wachen packten den Fischerssohn und die Nixe und führten sie fort.

So ist nun die Welt, sagte die Nixe, als sie zu einem Gesträuch kamen, hinter dem die Wüste anfing. Ich habe es nicht gewußt, sagte der Fischerssohn. Die Wachen hörten es und fielen vor Lachen um; da trat aus dem Gesträuch ein Trupp Bewaffneter und rief: Im Dienst des Nixenkönigs! Wir suchen eine verwandelte Nixe und einen gewissen Fischerssohn! Sie sind hier, antworteten die Wachen, wir werden sie für den Wahrhaftigen und den Rechtmäßigen Kaiser von Tibet lebendig eingraben. Das werdet ihr nicht! riefen die Bewaffneten und zogen ihre Schwerter, wir selbst werden sie töten, sonst kürzt uns der Nixenkönig den Sold! Sollen vielleicht wir um den Sold kommen! riefen die Wachen und stürzten sich auf die Bewaffneten. Während sie aufeinander einschlugen, verbargen sich die Nixe und der Fischerssohn im Gesträuch und fanden einen Weg, der in fruchtbares Land führte. Auf dem Weg trafen sie eine Gruppe junger Männer, die nach Bethunien wollten; die Nixe und der Fischerssohn wanderten mit ihnen, kauften für die letzte Perle Essen, Trinken, neue Kleider und ein Nachtlager und gingen am nächsten Morgen ins Schloß des Fürsten von Bethunien.

Im Schloß waren viele junge Männer versammelt. Nach einer Weile trat der Fürst ein, setzte sich, ließ eine Tafel bringen und sagte: Der Wettbewerb ist eröffnet. Ein junger Mann trat vor. Der Fürst sagte: Auf einem Weg geht eine Gans vor zwei Gänsen, eine zwischen zwei Gänsen und eine hinter zwei Gänsen. Wieviel Gänse sind auf dem Weg? Neun, antwortete der junge Mann. Falsch, sagte der Fürst, du wirst geköpft. Wie! schrie der junge Mann, und die anderen wurden bleich wie die Wand. Der nächste, sagte der Fürst. Weil keiner der nächste sein wollte, ging der Fischerssohn zur Tafel, zeichnete eine Linie mit drei Kreuzen und sagte: Die Linie ist der Weg, die Kreuze sind Gänse: eine geht vor zweien, eine zwischen zweien und eine hinter zweien. Nicht schlecht, sagte der Fürst, jetzt nenne die größte natürliche Zahl. Das kann ich nicht, sagte der Fischerssohn. Denke an den Henker! sagte der Fürst. Der Fischerssohn sagte: Nehmen wir an, irgendeine Zahl wäre die größte, so könnte ich zu ihr doch eins dazuzählen und bekäme eine größere; zu dieser könnte ich wieder eins addieren und bekäme eine noch größere, und so fort ohne Ende. Also gibt es unendlich viele natürliche Zahlen und keine größte. Nicht schlecht, nicht schlecht, sagte der Fürst; für die letzte Frage mußt du wissen, daß ich ein Fuchs bin, denn ich regiere mit List. Er sah sich um, der Hofgelehrte trat ein, schwankte und roch nach Wein. Nimm dich zusammen, sagte der Fürst, die dritte Frage. Der Hofgelehrte hielt sich am Sessel des Fürsten fest und sagte: Meine erste Behauptung heißt: ALLE FÜCHSE HABEN VIER BEINE. Die zweite heißt: DER FÜRST VON BETHUNIEN IST EIN FUCHS. Sind beide Behauptungen wahr? Wir wollen es annehmen, sagte der Fischerssohn. Wenn, sagte der Hofgelehrte, alle Füchse vier Beine haben und der Fürst von Bethunien ein Fuchs ist, hat der Fürst von Bethunien vier

Beine. Aber ich habe zwei! sagte der Fürst und zeigte seine Beine. Der Fischerssohn sah den Hofgelehrten an und lachte. Lache nicht! schrie der Hofgelehrte, löse den Widerspruch! Ich lache, sagte der Fischerssohn, weil du nicht weißt, was ein Beweis ist. Denn wenn du es wüßtest, wüßtest du auch, daß darin ein Wort nicht zweierlei bedeuten darf. In deinem ersten Satz bedeutet das Wort „Fuchs« ein Tier, in deinem zweiten einen listigen Menschen, also gilt dein Beweis nicht. Er hat es gefunden! rief der Fürst und umarmte den Fischerssohn, er ist mein Sohn! Entschuldigung, sagte der Fischerssohn, mein Vater ist Fischer. Wer dein Vater ist, bestimme ich! sagte der Fürst. Wenn es so ist, sagte der Fischerssohn und nahm die Nixe bei der Hand, ist diese deine Schwiegertochter; erfülle mir einen Wunsch. Bitte, sagte der Fürst, außerdem ernenne ich dich zum General, denn ich will einen Krieg anfangen, und diese jungen Männer werden deine Soldaten. Es sind vierzig, sagte der Fischerssohn. Gib mir für den ersten ein Goldstück, für den zweiten zwei und weiter für jeden das Doppelte vom vorigen. Bewilligt, sagte der Fürst, was macht das? Der Fischerssohn rechnete und sagte: Für den elften sind es tausendvierundzwanzig Goldstücke, das ist ein Beutel Gold; folglich sind es für den einundzwanzigsten tausendvierundzwanzig Beutel, das ist ein Faß Gold, und für den einunddreißigsten tausendvierundzwanzig Fässer, das ist ein Saal voll Gold. Der Fürst wurde rot vor Wut, packte den Hofgelehrten und schrie: Erkläre, wieso du noch lebst! Denn vor vierzehn Tagen habe ich angeordnet, daß du mit dem Henker Wein trinkst, und zwar jeden Abend die doppelte Menge vom Vorabend! Ich lebe noch, sagte der Hofgelehrte und rülpste, weil der Henker am sechsten Abend noch vom Tag vorher betrunken war und die Flaschen doppelt sah; am siebenten Abend sah er sie vierfach, am achten achtfach und so fort, so daß wir jeden Abend nur sechzehn Flaschen tranken. Den Henker! rief der Fürst. Der Henker trat ein und wetzte das Richtbeil mit einer Weinflasche. Schick den Henker fort, sagte der Fischerssohn, außerdem fängst du keinen Krieg an, solange du mir Gold schuldest. Willst du mir befehlen? sagte der Fürst und flüsterte dem Henker zu: Erschlage den. Wen? fragte der Henker und trat zum Sessel des Fürsten; der Fürst stand auf, atmete den Weindunst aus den Mündern des Hofgelehrten und des Henkers und war tot. Was tun wir jetzt? fragte der Fischerssohn. Du hast uns das Leben gerettet! riefen die jungen Männer, sei Fürst von Bethunien! In diesem Fall, sagte der Fischerssohn, bleibt im Schloß und nehmt der Wache die Waffen ab; ich will mit der Nixe ein Brautgemach suchen, und morgen ist Hochzeit.

Am Abend ging die Nixe mit dem Fischerssohn zum Meer. Seid ihr es, sagte eine Stimme, und aus dem Schatten trat der Zauberer; man erlebt seltsame Dinge, erst neulich hat mich ein Delphin besucht, der Gleichungen mit zwei Unbekannten lösen konnte und mir Grüße von einem Nix mit vierzehn Sorgenfalten auf der Stirn auftrug. Mein Vater, sagte die Nixe, aber er hat fünfzehn Sorgenfalten. Vielleicht, sagte der Zauberer, ist eine Falte verschwunden, denn er hat die Tochter des Nixenkönigs entführt und geheiratet, und der Nixenkönig hat sich vor Wut darüber zerrissen. Wir werden oft am Meer sein, sagte die Nixe, richte ihm das aus. Das will ich, sagte der Zauberer, und was tut ihr sonst? Wir müssen das Land Bethunien regieren, sagte der Fischerssohn. Könntest du uns das Wort verraten, mit dem man Kanonenkugeln in Suppenhühner und Speere in Salamiwürste verwandelt? Ich kann es euch nicht verraten, sagte der Zauberer, aber ich werde verbreiten, ihr wüßtet es, damit die großen Kaiser und Könige euch in Ruhe lassen.

Am nächsten Tag feierten die Nixe und der Fischerssohn Hochzeit. Sie bekamen drei Kinder, die gut schwammen und rechneten und jung in die Welt gingen, und solange beide regierten, lebte das Land Bethunien glücklich und in Frieden.

Editorische Notiz

Die Anordnung der Texte in *Sauna oder Die fernherwirkende Trübung* folgt der 1985 bei Hinstorff Rostock erschienenen, von Horst Hussel mit Vignetten versehenen Ausgabe; die dort enthaltene Erzählung »Der geschenkte Tag oder Der kleine lila Nebel« kam, illustriert von Johannes K.G. Niedlich, im gleichen Jahr auch gesondert im Kinderbuchverlag Berlin heraus.

Kopien nach Originalen war 1974 parallel bei Reclam Leipzig und bei Wagenbach in Westberlin gedruckt und enthielt neben der Reportage »Ansicht Roßleben/Unstrut« die Porträts »Der Chirurg Professor Schober«, »Der Professor für Schweißtechnik Werner Gilde« und »Der Philosoph Professor Loeser«; als Loeser, weil er sich im nachhinein »ungenügend als sozialistischer Kämpfer dargestellt« sah, mittels eines Schiedsverfahrens die Auslieferung stoppen wollte, verfügte der für Kultur zuständige ZK-Sekretär Kurt Hager salomonisch, das Buch sei auszuliefern, dürfe aber künftig das Loeser-Porträt nicht mehr enthalten. Von der 2. Auflage (Reclam 1978) an erschien so *Kopien nach Originalen* mit dem Porträt »Der Verhaltensforscher Professor Tembrock«, das ich auf Bitte des Verlags neu geschrieben hatte; in der hier vorgelegten Endfassung stehen die beiden Porträts erstmals nebeneinander.

Die Perlen der grünen Nixe erschien, illustriert von Ruth Knorr, 1975 in einer populärwissenschaftlichen Reihe des Buchverlags Junge Welt Berlin und hatte bis 1988 eine Gesamtauflage von 130000.

Inhalt

Sauna oder Die fernherwirkende Trübung 5
   Die Rettung des Saragossameeres 7
   Erste Niederschrift 17
   Der geschenkte Tag oder Der kleine lila Nebel .. 28
   Sauna oder Die fernherwirkende Trübung 39

Kopien nach Originalen 79
   Der Chirurg Professor Schober 81
   Der Professor für Schweißtechnik Werner Gilde . 112
   Der Philosoph Professor Loeser 137
   Der Verhaltensforscher Professor Tembrock 169
   Ansicht Roßleben/Unstrut 200

Die Perlen der grünen Nixe 235

Editorische Notiz 259

Werke · Überblick

Band 1
Gedichte & Lieder
Ausflug machen, Gedichte 1959-1979
Kunst in Mark Brandenburg, Gedichte 1979-1987
Ich-Soll 1991
Petrarca hat Malven im Garten, Gedichte 1996-2003
Kleine Herbstmotette
Adressen an Jubilare
Reglindis, Lieder 1963-1979
Anna Katarina oder Die Nacht am Moorbusch
Gedichte für Kinder

Band 2
Erzählungen & Porträts
Sauna oder Die fernherwirkende Trübung, Erzählungen
Kopien nach Originalen, Porträts und Reportage
Die Perlen der grünen Nixe

Band 3
Stücke & Libretti
Der Soldat und das Feuerzeug
Heinrich Schlaghands Höllenfahrt
Von einem, der auszog, das Fürchten zu lernen
Das Land Bum-bum
Münchhausen
Frau Holle
Der Mehrzweckschreibtisch

Band 4
Essays & Gespräche
Das Wort und seine Strahlung
Amt des Dichters
Die Talare der Gottesgelehrten

ISBN 3-359-01494-4
(für alle vier Bände)

© 2004 Eulenspiegel · Das Neue Berlin Verlags-
gesellschaft mbH & Co. KG
Rosa-Luxemburg-Str. 39, 10178 Berlin
Umschlagentwurf: Peperoni Werbeagentur, Berlin
Druck und Bindung: Salzland Druck Staßfurt

Die Bücher des Eulenspiegel Verlags
erscheinen in der Eulenspiegel Verlagsgruppe.

www.eulenspiegel-verlag.de